U0037564

INJURY-FREE RUNNING

無傷跑步
全方位指南

田徑協會馬拉松學院路跑指導員培訓師

✕

全馬成績252大滿貫2星跑者

教你跑步技術優化與提升技巧訓練

戴劍松・鄭家軒 著

笛藤出版

免責聲明

　　本書內容旨在為大眾提供有用的資訊。所有材料 (包括文本、圖形和圖像) 僅供參考，不能替代醫生診斷、建議、治療或來自專業人士的意見、所有讀者在需要醫療或其他專業協助時，均應向專業的醫療機構或醫生進行諮詢。作者和出版商都已盡可能確保本書技術上的準確性以及合理性，並特別聲明，不會承擔由於使用本出版物中的材料而遭受的任有損傷所直接或間接產生的與個人或團體相關的一切責任、損失或風險。

內容提要

　　本書歷時 5 年完成創作，是一本在對大眾跑者展開大量研究的基礎上所形成的理論與實踐相融合的「跑步訓練手冊」。本書包括了無傷跑法的原理篇、技能篇和訓練篇。原理篇深入分析了大眾跑者的技術特徵，講解了無傷跑法理論：技能篇則透過近 200 個動作指導跑者如何進行身體靈活性和穩定性評估及養成合理的跑姿：訓練篇全面解析了大眾跑者科學訓練的原則、方法和技巧。本書不僅適合初級跑者，能夠幫助初級跑者從一開始就能夠以一整套科學正確的方法開啟跑步，也適合成熟跑者，能夠幫助成熟跑者發現、彌補自己的短處並有效提升跑步運動表現，最終幫助不同水準的跑者實現無傷、健康、持久奔跑。

聽聞南京體育學院戴劍松老師繼《無傷跑法》之後,推出最新力作《無傷跑法全方位指南》,在此表示祝賀。作為上海體育學院的優秀校友,戴老師一直從事大眾科學跑步研究,他本人也非常熱愛跑步,並且將自己多年服務高水平運動員的實踐經驗應用於跑步領域,真正做到了知行合一,理論與實踐充分融合,難能可貴。

我從事中長跑教學、研究和訓練工作四十餘年,可以說見證了這項運動從「默默無聞」到「如日中天」,感慨頗深。隨著社會的發展和人們的生活日漸富裕,越來越多的人加入路跑運動中,馬路上、公園裡,跑步健身的人明顯增多,同時馬拉松比賽也十分熱門。跑者為了增強體質,為了健康的體魄,正在不斷投身於路跑,投身於馬拉松賽事。很多賽事往往有十幾萬人報名,只有透過抽籤,其中的兩三萬幸運者才能獲得參賽資格,上述現狀證明馬拉松、路跑運動在中國正急速發展。

可以說,大眾跑者對於路跑運動的熱情、認真的態度、訓練的自覺性,以及在跑步方面所傾注的心血,都讓我深感佩服,我經常用大眾跑者對馬拉松、路跑的執著精神教育我的運動員。大眾跑者都有本職工作,訓練時間有限,相較於運動員缺乏專業保障,缺乏系統訓練。但他們對於這項運動發自內心的喜愛和自律精神值得稱讚!大眾跑者為健康奔跑,為健康中國建設添磚加瓦,他們理應與專業運動員在奧運會上獲得獎牌時一樣受到人們的尊重。

儘管大眾跑者熱情高漲,但由於缺乏指導,加之大眾普遍身體素質存在不足,導致大眾跑者傷痛發生率較高,訓練效率有待提升。而本書恰好可以彌補這一問題,是一本極好的指導大眾跑者健康、持久、無傷跑步的訓練指南。

戴老師及其團隊在多年研究跑步技術的基礎上,創造性地提出了無傷跑法理論和訓練體系,該體系將大眾跑者的訓練分為跑者身體靈活性、穩定性以及

核心控制訓練，跑步技術訓練和跑步耐力訓練等三大方面。我認為這個體系非常適合大眾跑者，我個人也高度認同這套理論，它有效地解決了大眾跑者應該如何科學跑步這個重大問題。也就是說大眾跑者要想跑得快、跑得好、跑得無傷，除了要在跑步這件事情本身上下功夫，很多時間也要花在跑步之外的訓練上，這就是所謂的「磨刀不誤砍柴工」。

本書系統地為大眾跑者講解了無傷跑法的原理，跑者如何進行身體靈活性和穩定性自我評估及如何改善，如何訓練合理的跑步技術，以及如何循序漸進地提升耐力。我認為本書邏輯清晰，框架完整，數據豐富，內容全面詳實，操作性很強，是一本不可多得的優質跑步實用圖書。而且本書不同於其他跑步書籍，其具有一整套完整的從跑步原理到方法的詳細講解，同時配有大量訓練動作的演示，實用性很強。跑者如果能夠認真閱讀，一步步跟練，相信將大有裨益。可以說，這本書可以幫助大眾跑者實現從跑步認知到跑步實踐的全面提升和進步。

我們常常說跑步很簡單，那是指跑步運動很少受到場地或器材的限制，但跑步這件事情本身並不簡單。對於大眾跑者而言，要想真正實現無傷、健康、長久地跑步，在跑步訓練中少走彎路，並非易事。希望跑者都能夠閱讀這本高品質的跑步著作並有所收穫。

李國強

中國國家馬拉松隊教練
上海體育學院教授

作為一名從事運動醫學和復健醫學的醫生及科研工作者，我一直在向大眾傳遞要「多運動、主動復健」的科學理念。而我本人真正身體力行、積極投身運動，是從 64 歲時開始的。之前由於工作繁忙，運動往往停留在嘴邊，身體明顯發福，時不時感冒，還受到帶狀皰疹的困擾，而帶狀皰疹的產生與免疫力下降有著密切的關聯。此時我開始考慮要改變現狀，而最簡單有效的方式就是慢跑。4 年多來，慢跑給我帶來了巨大的健康收益：體重下降 14 公斤，骨質密度恢復正常，脂肪肝消失，血脂恢復正常，無病無傷，精力充沛。我在正式比賽中完成了 33 次全馬、33 次半馬，今年的月跑量已達到 300 公里。全程馬拉松的最好成績是 4 小時 09 分。

2016 年 9 月 12 日，我在晨跑時不慎摔倒，被診斷為右足第五蹠骨基底部骨折。為了嘗試骨折復健的快速方法，我沒有一天臥床休息，也沒做固定和手術。骨折後一直保持每天 6000 步以上的步行。骨折後的第 12 天，登山 15 公里；第 18 天，慢跑 10 公里；第 70 天參加了首屆中國康復馬拉松賽（半程）；第 80 天在廣州馬拉松賽上完成了人生第一次全馬。之後沒有任何後遺症。這個案例告訴大家：骨折的癒合是可能加速的，這種方法值得進一步研究和探索，用實踐證明「運動是醫藥」的道理。

2020 年 9 月初，我在南京、成都兩地順利完成了 7 天 7 個半馬的挑戰。戴教授長期從事高水平運動員的體能復健服務工作，具有高超的專業技能和豐富的實踐經驗。我這次挑戰成功也得益於他的專業保障，在這個過程中，我們兩人對無傷跑步的話題進行了深入的交流，形成了很多共識。

醫藥的特質是，既有治療作用，也有副作用。「運動是醫藥」不僅說明運動可以帶來有益的效果，也說明可能有副作用，包括運動性傷病。大眾跑者在跑步過程中，的確會由於方法不正確而造成傷痛，甚至產生「跑步百利唯傷膝」

等錯誤認知。而事實上，科學研究表明經常慢跑的人髖膝關節的關節炎發生率僅為 3.5%，而久坐不動人群的關節炎發生率竟高達 10.2%。也就是說慢跑不僅不會傷害膝蓋，科學正確地跑步反而有助於增加肌力、減少軟骨退變、維護關節健康。所以說不是跑步傷膝，而是錯誤的跑步才會傷膝。任何錯誤的運動都有可能導致傷病。

《無傷跑法全方位指南》針對大眾跑步運動的特徵，介紹了系統化的跑步方法：首先應當加強身體的靈活性和穩定性，再形成合理跑姿，以及進行科學訓練的無傷跑法體系。這套基於科學循證的邏輯和方法，可以幫助大家一步步學習和掌握跑步，預防和減少跑步傷病，充分享受跑步。我曾經閱讀過《無傷跑法》，頗有收穫。在看過本書後，我認為它集中展現了戴教授團隊長期研究的豐碩成果，既有大量科學數據來佐證和深度分析跑步運動，又有非常完整的方法和實操，循序漸進地教授大眾如何實現科學、無傷跑步。

人的潛能和適應能力都是巨大的，只要採用科學的方法，人人皆能獲得很大的進步。我想透過自身的實踐，探索人類運動的年齡極限、耐力極限、速度極限，爭取活到 100 歲、跑到 100 歲！期盼著到那時和大家一起舉辦一場百歲馬拉松賽！

資深醫師跑者
美國國家醫學院國際院士
南京醫科大學第一附屬醫院康復醫學中心主任，博士生導師

專家力薦

讀了南京體育學院體能復健專家，同時也是一名資深跑者的戴老師所著的《無傷跑法全方位指南》，深有感觸，原來跑步和其他運動項目一樣，也有如此多的學問。回想自己的排球運動員生涯，我們除了進行排球訓練，也會進行很多身體功能訓練，對於訓練前熱身、訓練後恢復放鬆、訓練監控也十分重視。戴老師將精英運動員系統化訓練的理念和方法應用於大眾跑者，教授大眾如何一步步評估和訓練身體的靈活性與穩定性，改善跑姿並強化力量，從而進行科學有效的跑步訓練。這套訓練邏輯已經被無數運動員證明是延長運動壽命、提高競技表現的最佳路徑。這本書有對於跑步的深度研究和闡述，有實用的訓練方法和訓練技巧，相信對大眾跑者將大有裨益。強烈推薦大眾跑者閱讀本書。

惠若琪　前中國女排隊長，里約奧運會冠軍

作為一名跑步愛好者，在不斷地受傷的過程中，我才認識到跑步是一項專業性極強的運動。本書通俗易懂，相信無論是跑步大神還是新手都能從中受益，在熱愛跑步的道路上遠離傷痛、科學跑步，跑得更加健康、長久和快樂。

李文　知名企業家跑者

作為一個後半生才真正理解和開始跑步的跑者，可以說跑步已經完全融入了我的生命，「活到老、跑到老」將是我的追求。能夠跑一輩子是一件充滿幸福感的事情，而前提是跑者要能夠做到無傷和健康地跑步。那麼怎樣才能做到呢？本書就提出了系統的、完整的解決方案：首先，跑者應當加強身體靈活性和穩定性，這就是所謂的「磨刀不誤砍柴工」；然後進行跑姿訓練和力量強化

訓練，最後才能科學跑步。但遺憾的是，很多跑者卻只注意到了最後一個環節。戴老師的團隊經過多年的研究所提出的無傷跑法體系，科學、實用且經過嚴格循證和驗證，而這本書就是戴老師的團隊多年研究成果的結晶，是中國跑者都應該閱讀的一本跑步佳作。

李小白　大滿貫六星跑者，新絲路時尚集團創始人

前兩年我曾經推薦過慧跑的《無傷跑法》，這次新出版的《無傷跑法全方位指南》就更要推薦了。奔跑應該是一種幸福，它不應該給我們留下傷痛。這不僅是對自己負責，更是對家庭、對親人負責。祝福每一位跑者。

曲向東　行知探索創始人

也許很多大眾跑者認為跑步只要去跑就好了，這樣的理解不能說錯，但往往比較片面，盲目跑步的帶來的傷痛、提升慢等問題困擾著很多跑者。跑步是一門學問，如果想成為一名成熟、理性、專業並希望持久健康跑步的跑者，強烈推薦大家閱讀本書，它系統講解了無傷跑步的原理、技能和訓練，內容實用且專業。

申加升　越野跑運動員，香港 100 越野賽冠軍

戴老師多年來一直擔任我的體能復健教練，從 2015 年備戰裡約奧運會直到現在，戴老師幫助我克服傷痛，幫助我多次取得不錯的運動成績，特別感謝戴老師對我的幫助。戴老師不僅理論功底扎實，研究能力強，而且有豐富的體能復健實踐經驗。同時，他自己知行合一，也是一名運動達人和跑步愛好者。戴老師所著的這本書將很多針對我們運動員的系統化訓練和體能強化的理念、方法、思路應用於大眾跑者的訓練，如果大眾跑者閱讀此書並按照其中的方法進行更加科學的跑步訓練，相信一定會收穫頗豐。

許安琪　倫敦奧運會女子重劍冠軍

作為大眾參與度最高的運動之一，跑步是許多人強健體魄、享受健康生活的重要方式。而注重保護與訓練，避免運動損傷，是每位跑步愛好者需要學習

的第一課，也是享受運動樂趣的基本前提。本書提出的「無傷跑法」理念正是健康運動的題中之意。推薦廣大跑步愛好者閱讀本書，在跑步中學習健康運動的方法，享受陽光樂跑生活。

郁亮　萬科企業股份有限公司董事會主席

這本書首先系統講解了無傷跑步的基本原理，其中對於跑步技術的深入分析是我看到過的目前最為專業和科學的，這對於大眾跑者理解跑姿非常有幫助。跑姿好不好既是技術的體現，也是身體能力的體現。該書詳細講解了大眾跑者應當如何加強身體靈活性和穩定性這些基本運動能力，如何進行力量強化、技術訓練以及跑步訓練，如何一步步實現科學、健康、無傷跑步。本書將這些知識都清晰地呈現在跑者面前，還提供了完整的從訓練理念到訓練方法的解決方案，特別適合大眾跑者學習。

姚妙　越野跑運動員，環勃朗峰越野賽 CCC 組冠軍

作為一名曾經征戰多年的老運動員，多年的實踐告訴我，大眾跑者乃至精英運動員遇到的一個最為棘手的問題就是傷痛。大部分大眾跑者跑步的目的是獲得健康，所以，用一個健康的身體去參加訓練才能力爭好成績，這一點特別重要。本書系統講解了如何打好跑步基本功，以及如何循序漸進地進行跑步訓練，是一本科學性和實用性很強的大眾跑步指南，相信會讓跑者大有收穫。

周春秀　倫敦馬拉松冠軍
目前中國唯一一位奪得世界六大滿貫馬拉松賽冠軍的運動員

（以上推薦語按推薦人的姓氏音序排列）

作者序

　　《無傷跑法全方位指南》終於在《無傷跑法》出版兩年後正式與讀者見面了，如果說《無傷跑法》是一本跑步百科大全，那麼《無傷跑法全方位指南》就是一本以操作為主的跑步指南。這本書更加強調實踐性、實用性，是基於無傷跑法理論的跑步訓練手段、方法和技巧的整合與創新。本書的最終目的是幫助從新手跑者到精英跑者的不同水平的跑步人群能夠健康、無傷、持久地跑步。

　　本人多年來一直從事運動科學的研究以及高水平運動員的體能與復健訓練服務工作：科學研究讓我可以針對很多有待解決和證實的問題進行科學實驗與求證；而長期與運動員在一起摸爬滾打、長期服務在訓練一線，又讓我能夠將理論與實踐反覆結合，在實踐中發現和提煉科學問題，同時將研究成果應用於實踐。

　　事實上，隨著競技體育水平的發展和科學技術的進步，高水平運動員的訓練近十年來已經取得很多進步，比如更加重視運動員競技能力的全面構建，重視基礎體能訓練，重視科技手段在訓練監控與疲勞恢復中的應用等。如何將這些好的理念和成果惠及大眾，也成為許多體育界人士談論的「軍轉民」的問題。

　　回到大眾跑步這個話題，以跑步作為最易開展、最不受場地與器材限制的運動，成為大眾參與人數最多、最受歡迎的運動之一。跑步熱在中國已經有好些年了，而且其熱門程度依舊有增無減，跑步人數、馬拉松賽事的數量仍然在高速增長之中。這是隨著國家富強、人民富裕，人們更加關注身體健康、追求高品質生活的一種自然表現。預計中國路跑運動的高速發展仍然將持續相當長的一段時間。

　　我們需要注意的是，除了高速發展，也要重視高品質發展。對於大眾跑者而言，我們除了希望更多的人加入跑步運動之中，還希望大家都能夠健康、無

傷、持久地跑步，而不是因為盲目、不科學地跑步，結果跑出一身傷，最後不得不放棄這項運動，還得出諸如「跑步百利唯傷膝」這樣的誤解。

　　據慧跑聯合江蘇省田徑運動協會、悅跑圈針對大眾跑者展開的跑步傷痛調查的數據顯示，曾經或者正在經歷跑步傷痛的大眾跑者的比例有高達 88.3% 之多，這一數字與目前已知的國內外跑者傷痛研究數據顯然基本一致。一項大家都認為挺簡單的運動，為什麼會有如此之高的傷痛發生率？這不得不引起我們的反思。另一方面，雖然大眾跑者的跑步訓練不同於專業運動員，但能不能借鑒專業運動員科學訓練的一些基本理念和方法，建立一套適合大眾跑者的訓練體系，進而有效解決困擾大眾跑者的傷痛問題，就成為我的團隊一直在深入思考的問題。

　　2014 年年底，因為機緣巧合，我與一群熱愛跑步的企業家、資深跑步教練們結緣，我們共同發起成立了慧跑。當時的願景就是希望透過專業的方法解決大眾跑者的傷痛問題，進而讓大家更好地享受跑步、愛好跑步的活動。借助自己多年從事運動科學研究與實踐所累積的認知、方法以及經驗，我帶著團隊在慧跑微信公眾號撰寫了大量關於跑步的科普文章，涉及跑步的方方面面，比如跑步的基本技能、跑步姿勢、傷痛預防與復健、跑步的力量訓練、跑步營養、減肥、裝備等。很快，憑藉「把科學跑步這件事從原理到方法講清楚」這一獨樹一幟的風格，慧跑在跑者中形成了口碑。直到今天，「專業」、「可靠」依舊是跑者認為的慧跑最重要的形象與目標。2018 年，我們將科學跑步的知識技能進行了整理和分門別類，出版了《無傷跑法》這本書。作為國內比較少有的全面性講解科學跑步知識的原創圖書，它受到廣大跑者的肯定和歡迎，出版至今已經累計印刷十餘次，一直穩居跑步書籍銷售榜的前幾名，現在成為名副其實的暢銷書。

《無傷跑法》雖然取得了不錯的成績，但我們認為，僅僅依靠可循證的知識集合還不能從根本上解決大眾跑者建立科學跑步、避免傷痛的問題。建立一套系統化、標準化、流程化的跑步體系，這才是幫助大眾跑者實現健康、無傷、持久奔跑的終極解決之道。而且這套體系是基於科學循證的，是經得起實踐檢驗的，而不是自說自話、自吹自擂而已。

　　經過近 5 年的研究和探索，我們最終提出了無傷跑法體系的概念。這套體系的提出既是基於現代運動訓練基本邏輯框架在跑步運動上的應用創新，也是以我們展開的跑步科學實驗所得到的數據和驗證為支撐，這就使得無傷跑法與體系具有較強的科學性。我們的研究成果也可以在中國知網上進行查詢。

　　無傷跑法是一個體系，這個體系從構建跑者健康跑步能力的角度出發，將跑步訓練提煉為金字塔模型訓練理論。

　　目前各個運動項目的國家隊運動員都在強化基礎體能，彌補體能缺點，其目的就是要加強身體功能這，「樓蓋得越高，地基就要越紮」說的就是這個道理。良好的身體靈活性可以讓跑者在全幅度下自由、協調、靈活地運動，而良好的身體穩定性亦可以提升跑步的經濟性，提高承受負荷的能力。對於新手跑者來說，我們建議不要一開始就猛跑亂跑，而是首先應當加強身體的基本運動功能訓練，當身體的靈活性和穩定性都達到一定條件後，再增加跑量也不遲，這就是人家所謂的「磨刀不誤砍柴工」。而對於已經跑得比較多的成熟跑者來說，同樣需要重新評估自己的身體靈活性和穩定性，彌補缺點，因為當身體靈活性和穩定性不足的時候，跑者就非常容易發生運動傷痛。傷痛光靠治療和復健是遠遠不夠的，要從根源上找到引發傷痛的身體功能缺點，並加以矯正，這是當代運動科學和運動復健的重要理論。

　　當有了基本的身體靈活性和穩定性之後，跑者再進行技術訓練（即跑姿訓

練）就會可以具備很好的身體基礎，這就是位於金字塔塔身位置的所謂「跑步動作模式」。合理的跑步技術可以讓跑者更省力地奔跑，有效緩衝跑步騰空落地時的衝擊力道，最大限度地減少受傷的風險。探討跑步技術時發現，大眾跑者很容易糾結於某種特定的動作特徵，比如足前腳掌著地還是後腳跟著地、小腿是否要提拉折疊等等這些問題。其實，跑步技術並不是一成不變的，而是隨著跑步速度的變化而隨著動態變化的，所以把跑步技術歸結於一種特定的動作外觀，盲目模仿，就會發生明顯的邏輯錯誤。比如很多跑者以為中長跑運動員小腿充分提拉折疊、前腳掌著地就是好的跑姿，殊不知運動員奔跑的速度遠遠比大眾跑者來得快很多，所以模仿運動員其實意義並不大，因為速度不同，跑姿就有所不同，運動員速度快表現出來的跑姿自然與速度比較慢的大眾跑者有所不同。所以，大眾並不需要去模仿運動員的跑姿，而是要學習合理跑姿背後共通的生物力學原理。從無傷跑法來看，與其用某種特定動作外觀去理解跑姿，還不如用最終動作的呈現效果好不好來理解跑姿來得科學。

　　無傷跑法中對跑姿的介紹不是某個特定的動作特徵，而是將跑姿的關鍵動作劃分為軀幹動作、蹬擺、落地三個動作模式，而三個動作模式呈現的效果表現為跑步時核心穩定、蹬擺協調、落地輕盈。所謂核心穩定是指跑步過程中良好的核心穩定性可以為上肢擺臂下肢擺腿提供最佳的力學支點，進而減少力的損失，提升跑步的經濟性；所謂蹬擺協調是指跑步過程中兩腿的蹬擺動作協調才做得到，跑步動作的基本特點是雙腿在時間和空間上交替往前邁出，這就需要高度的動作協調性；落地要輕盈是因為跑步過程中沉重的著地會導致地面衝擊力增大。上述就是無傷跑法對於跑姿的基本理解。

　　有了良好的身體功能和合理的跑步技術，剩下的就是科學訓練了。很多跑者以跑得多或跑得快為榮，但這些其實屬於訓練層面的內容，但在無傷跑法的

理念中卻並非優先級最高的事情。根據無傷跑法的理念，跑者首先需要具備良好的身體功能和跑步技術，再循序漸進地跑步，這樣才能獲得最佳的跑步體驗和良好的跑步效果。若只是盲目地跑，忽視身體能力的功能和合理跑步技術的形成、忽視跑步配套輔助訓練，而這剛好是跑者傷痛發生的重要原因。在身體存在缺點、跑步技術不合理的情況下，盲目追求跑量和配速，會導致對身體過大的負荷，引發過量運動，傷痛於是就這樣發生了。

回想慧跑創立以來的日子，我們深感內心充實而強大。充實是源於無數個日日夜夜我們專注於研究跑步這一件事，力爭把一件事做到極致；強大則是源於長期的累積和學習，我們能自信地說對於大眾科學跑步這件事，我們的認知水平和實踐能力在國內是處於比較領先的地位。從向大眾傳遞科學跑步知識到提出適合大眾跑者的體系化方法，這一步的跨越非常不容易，但可以說我們做到了；而能讓無數大眾跑者從無傷跑法中受益，這一點就足夠讓我們備感欣慰了。

由於本書的出版將幫助大眾跑者用全新的視角重新理解和認識跑步。跑步看似簡單，但其實從加強跑者的基本能力、掌握合理跑姿到科學訓練，這裡面的學問方方面面非常多，跑步絕不僅僅只是跑步，而是一門綜合技能。本書就是要教會大眾跑者這項綜合技能，從而實現健康、無傷、持久的奔跑。本書適合從新手跑者至精英跑者的全體跑步人群，同時也可以作為田協中長跑教學的輔助教學用書。

這本書是團隊智慧的結晶。在此，我想感謝許多人。首先感謝慧跑 CEO 顧曉明先生和總教練鄭家軒先生。作為慧跑三人核心創始團隊，我們始終保持著旺盛的學習欲望和極強的凝聚力，經歷了很多考驗，也經歷了很多艱難的時

刻。這正是使得在無數的歷練中，三人團隊變得越來越成熟和強大的原因。相信我們三人還能勇敢地、堅定地繼續研究下去。感謝淩東勝先生、童甯先生、洪翔先生、劉勝先生、李淑君女士、俞慧洵女士、張愛娟女士等眾多企業家一直以來對於慧跑的支持和厚愛；感謝我的好友顧忠科老師對於本書的特別支持，他也是本書中的圖片的拍攝者；感謝我的學生陳鋼銳、高雅、田楊、朱健、辛東嶺、裴豐傑、趙一帆、李佳壕、尹曉芸等對於本書的貢獻；感謝唐英楠教練作為模特兒在本書中出鏡；感謝特步對於本書的支持；感謝華為終端有限公司，我們和華為一起展開了大眾跑者的跑步技術研究；感謝慧跑眾多同事的支持和幫助；感謝中國著名中長跑教練李國強教授在專業上的指導和無私幫助；感謝中國康復醫學權威專家，資深跑者勵建安教授為本書作序；感謝眾多知名人士、專家和頂級運動員為本書撰寫書評、推薦本書；感謝所有曾經和正在幫助慧跑的人！輕如羽，跑無傷；學跑步，找慧跑！

2020 年 12 月於南京

使用说明

　　本書包括了無傷跑法的原理篇、技能篇和訓練篇，為了幫助不同水平的跑者更好地閱讀本書，獲得更好的閱讀體驗，特向讀者介紹本書的使用說明。

　　原理篇主要講解了無傷跑法是什麼，以及無傷跑法的基本原理。無傷跑法並非大眾跑者通常所理解的「一種跑步訓練方法」「一種跑步姿勢」，如果僅僅只是一種訓練方法或一種跑步姿勢，那麼是不足以解決大眾跑者頻發的跑步傷痛問題的。無傷跑法是基於慧跑團隊多年系統研究大眾跑步的基礎之上，借鑒精英運動員系統化訓練的某些思路，所提出的一整套適合大眾的階梯化、漸進式的跑步訓練體系化方法。

　　為了講清楚無傷跑法是什麼，第一篇將用很大的篇幅（即第 2 章）重點講解大眾的跑步技術特徵，包括大眾跑者關心的步頻、步幅、著地時間、著地技術、著地受力等重要跑姿技術特徵，這是國內少有的針對大眾跑者的深度技術分析，它們取自於不同水平的大眾跑者多達三萬步數據的統計分析，其結果的科學性和可信度很高，只有明明白白地講清楚這些內容，大眾跑者才能深刻理解跑步技術及其背後的科學原理，這構成了無傷跑法的邏輯基礎，是基於數據實證和科學研究對跑步的歸納、總結和提煉。此外，我們還透過實驗充分驗證了無傷跑法的有效性和科學性。因此，無傷跑法是基於科學循證，而非突發奇想或者自說自話。第一篇的專業性和邏輯性很強，成熟跑者如果認真閱讀，對於深刻理解跑步，尤其是理解跑步技術將大有裨益，而對於初跑者來說，本篇內容可能顯得較為專業晦澀，這時則可以跳過第一篇，直接從第二篇開始閱讀，待經過閱讀和一段時間的實踐後，再回頭閱讀第一篇，這時就能更好地理解裡面的內容。

　　本書第二篇為技能篇。跑步的技能是什麼呢？其核心就是跑步技術的掌握

能力。跑步技術即大眾跑者所理解的跑姿，大眾跑者都知道跑步技術很重要，但對於如何形成科學合理的跑步技術卻並不十分瞭解。這就是無傷跑法金字塔模型的精髓。跑步技術看上去無非就是跑步時的身體動作技術，但跑步技術合理與否、是否優美、流不流暢卻在很大程度上與身體的基礎運動功能有關。這裡的身體運動功能就是指身體的靈活性和穩定性，如果身體在靈活性和穩定性方面存在這樣那樣的問題，就會導致跑姿不佳，而跑姿不佳又會導致跑步時身體受到異常應力作用，以及跑步費勁吃力等問題，從而大大增加受傷風險。所以跑步技術不佳看上去是動作問題，動作可以透過學習來改進，但如果不去解決背後的根源——身體靈活性和穩定性的問題，那麼改進跑姿註定還是會竹籃打水一場空。

因此，想要形成科學合理的跑步技術，首先需要解決身體靈活性和穩定性、核心控制等方面的問題，這就是無傷跑法金字塔的塔基，而塔基構成了跑步的基礎。因此技能篇「第四章無傷跑法身體功能評估」首先向跑者講解了如何進行身體靈活性和穩定性評估。無評估不訓練，透過評估可以發現身體在髖關節、膝關節、踝關節、胸椎等重要部位是否存在靈活性不足的問題，如果有，那麼就可以對應看「第五章無傷跑法身體功能訓練」中髖、膝、踝、胸椎各節的靈活性改善內容，即便靈活性是正常的，也不證明跑者就不需要進行這些部位的靈活性訓練，因為放鬆和恢復不足，往往會導致身體靈活性的下降。

而穩定性主要與力量和控制有關，跑者同樣可以透過穩定性測試，來發現自己是否存在身體局部乃至整體穩定性不足的情況，透過第五章的第五、第六、第七節來提升身體穩定性。很多人把跑步理解為是用腿跑，這是錯誤的認知，跑步是一項全身運動，因此加強全身所有部位，包括上肢、核心和下肢訓練，對於改善和提高穩定性都很重要。

透過靈活性和穩定性評估發現問題，在相應章節找到改善方法，提高了靈活性和穩定性之後，這時才進入了所謂真正的跑步技術訓練環節（第六章）。根據難度不同，我們將跑步技術分為初級、中級和高級 3 個級別，跑者可以根據個人實際情況進行循序漸進地訓練，建議大眾跑者按照初級、中級和高級 3 個難度級別依次進行訓練。正如前文所說，技術的背後是身體能力，想要改進

和優化技術，除了技術訓練本身，加強身體能力也很重要。

　　技能篇的第七章重點講解了跑步專項的力量強化。力量強化的目的是支撐科學、合理的跑步技術。無傷跑法對於跑姿的要求不像其他跑法那樣，提出一種所謂標準、刻板的動作樣式，因為最佳跑姿、標準跑姿也許是不存在的，即便精英運動員的跑姿也並非一模一樣，但跑姿沒有標準，不等於說跑姿沒有要求，無傷跑法用最終呈現結果——核心穩定、蹬擺協調、落地輕盈來表達我們對於跑姿的要求，跳出了傳統的就跑姿而論跑姿，將跑姿刻畫為一種統一刻板動作的弊端。要形成核心穩定、蹬擺協調、落地輕盈的跑姿，在加強身體靈活性和穩定性基礎的上，還要進行結合專項的跑步力量訓練，這就是第二篇第七章的內容。**第二篇全部為實操內容，建議所有跑者都要仔細閱讀，並且進行實操訓練。有問題糾正，無問題強化，是閱讀和實踐第二篇的基本原則。**

　　理解了第一篇的跑步原理，又按照第二篇進行了跑步技術訓練，應該說跑者就基本具備了無傷奔跑的身體基礎，最後一步是科學訓練的問題。但很多時候，跑者卻是反其道而行之，一上來先猛跑，即做了大量的訓練，當出現問題是才意識到是身體靈活性或穩定性不足造成的，或者說是跑步技術不佳導致的。如果我們按照無傷跑法金字塔模型，先進行基本的身體靈活性和穩定性訓練，然後進行技術訓練和專項力量強化，最後再進行跑步訓練，就能在很大程度上避免傷痛的發生。所以本書的訓練篇放在最後，就是要強調不要急於進行跑步訓練，先把身體基礎打牢，再訓練也不遲。而如果地基不牢，跑得也許是挺多挺快的，但隨之帶來的問題就是傷痛。訓練篇從訓練原則、訓練方法、恢復方法等多方面講解了究竟如何實現真正的科學訓練。**第三篇更加適合成熟的跑者閱讀，也適合那些對於馬拉松 PB 有強烈願望的跑者進行閱讀，而對於初級跑者，建議在加強身體靈活性和穩定性、形成合理跑姿的基礎上，跑一段時間再閱讀，效果更佳。**

目
錄
CONTENTS ●━━━━━━━━━━━━━━━━━━━━━━━━━━━━

第一篇　無傷跑法原理

第二篇　無傷跑法技能

第一章　進化是如何讓人類變得適宜奔跑的

◂◂ 第一節　天生會跑步 ▸▸

　　人類天生會跑步，奔跑是人類祖先的生存技能，無論是追捕獵物還是躲避危險，都需要具備良好的奔跑能力。雖然人類奔跑主要依賴雙足，相比四足行走的動物，人類在絕對速度方面毫無優勢可言，但人類在漫長的進化過程中，形成了一系列耐力適應機制。要說長時間持續奔跑耐力，人類在動物界是具有一定優勢的。進化是如何讓人類變得適宜奔跑的呢？這還真不是一兩句話能說明白的。

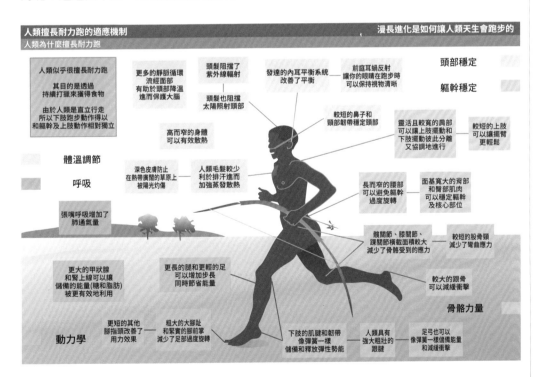

一、人類具有優良的體溫調節能力

　　人類具有良好耐力，在很大程度上與人類具有適應性極強的體溫調節能力有關。在這方面，人類相比動物優勢明顯。首先，人類體表毛髮較少，同時汗腺發達，如果毛髮較多會阻隔空氣，這樣就不利於對流散熱，此外，人類可以透過出汗的方式散熱，帶走跑步時體內產生的大量熱量。跑步時的單位能耗是安靜時的 8~10 倍甚至更多，所以跑步時體內會產生大量熱量，如果熱量無法及時被帶走，就會出現體溫急劇升高的情況，這將非常危險。很多四足行走的動物由於毛髮濃密且缺乏汗腺，所以不能長時間劇烈奔跑，否則會被自己熱死，如以速度極快著稱的獵豹。而人類可以透過大量出汗的方式散熱，這樣就保證了身體核心溫度的穩定。在夏季跑步時，人體每小時出汗量可以高達 1 升。

　　人體其他與體溫調節有關的機制包括：人類雖然體表毛髮較少，但頭上卻有不少頭髮，這樣可以避免陽光直接照射頭部，陽光如果長時間直接照射頭部可能會導致大腦溫度上升從而引發嚴重的顱內壓升高，這在某些情況下甚至會危及生命。中暑的一種類型——日射病就是這種情況。

　　人類高而窄的體型特點使得人體體表面積並不小，這樣也增加了散熱面積。如果在室外運動較多，人體膚色會變深，俗稱曬黑，其實黑色素的增加也可以防止紫外線灼傷皮膚。此外，頭部的靜脈非常多，這樣也可以依靠較為豐富的靜脈回流帶走熱量，從而保護大腦。

二、口鼻並用呼吸增加了通氣量也改善了散熱

　　人體在安靜時只利用鼻子呼吸，而隨著運動強度增加，人體會變成口鼻並用呼吸。張口呼吸減少了氣道阻力、增加了通氣量，同時隨著通氣量的增加，也改善了散熱。

三、人體運動系統的耐力適應機制

　　人體的運動系統，即骨骼、肌肉、關節，在進化過程中也產生了對於耐力的適應。跑步時下肢各關節受到的衝擊力較大，所以髖關節、膝關節、踝關節橫截面積較大。因為壓強等於壓力除以受力面積，所以較大的髖關節、膝關節、踝關節有助於在受力不變的情況下減少壓強，從而減少骨骼所受到的應力作用。而較大的跟骨更是可以直接減緩衝擊，這就有助於減少腳跟著地對於人體的應力作用。

　　由於我們的祖先都是赤足行走和奔跑，所以我們的祖先傾向於前腳掌著地，而人類發達的大腳趾和緊實的前腳掌可以緩衝著地衝擊、促進扒地發力以及增加抓地力防止打滑。

此外，人體還具有非常強壯的跟腱。跟腱是人體最為粗壯的肌腱，向上連著小腿三頭肌，跟腱具有極強的彈性，這樣就使得跟腱在被拉長時可以產生回彈力，這種回彈力是完全儲存在跟腱之中的。這也就意味著跟腱依靠自身的拉長－回彈就可以產生一定向前的動力，即透過釋放彈性位能產生力量，就可以達到減少肌肉做功的目的。馬以耐力優良著稱，這在很大程度上跟馬具有極長的跟腱有關。利用跟腱的拉長－回彈所釋放的彈性位能，馬就可以輕鬆奔跑而無須每一步都拼命收縮肌肉，人類同樣也是如此。

除了跟腱以外，足弓也可以像彈簧一樣儲備能量和減緩衝擊，所以良好的足弓對於跑步很重要，而足弓的塌陷如扁平足，從某種意義上會降低人體跑步時的效率，同時也不利於緩衝，從而導致人體著地時所受到的衝擊力增加。

在上肢和軀幹方面，人類的直立行走，造就了其獨有的跑步姿勢：下肢擺腿、軀幹相對穩定，而上肢靈活擺臂。人體肩關節非常靈活，因此上肢可以很好地發揮平衡、協調作用，防止因為打滑或者別的原因而失去重心。

人類長而窄的軀幹可以像麻花一樣產生一定的扭轉力，這樣的扭轉力可以從擺臂動作中產生，並經過軀幹傳遞到下肢。在跑步時我們說軀幹保持穩定，這種穩定是相對的，跑步時軀幹保持穩定不是說軀幹一定要像鐵板一塊，而是說軀幹不可以前後晃動及左右側傾。軀幹可以產生一定的旋轉。這種旋轉是伴隨擺臂而發生的非常自然的現象。這種旋轉還可以產生扭轉力，有助於提升跑步發力效果。

四、人體頭部平衡能力對於跑步也很重要

跑步時頭部穩定對於看清物體，以及全身張力均衡都非常重要。耳朵內部有一套內耳平衡系統。這套系統可以幫助我們在跑步時保持身體平衡，而前庭耳蝸反射則可以讓我們在跑步時，雖然不斷騰空落地，重心上下起伏，但始終可以看清楚眼前東西，而不是隨著重心起伏感覺整個世界在晃動，這會引發眩暈。

五、人體具有很好的進食能力和熱量儲備能力

人體的進化，使得我們具備高效地將吃下去的食物中的熱量轉變為糖和脂肪儲備起來的能力。此外，人類吃一頓飯花的時間很短，只需十來分鐘就可以吃飽。也就是說人類具有高效的進食能力，一天 24 小時人類只需要花很少時間就能攝入足夠熱量，其餘時間除了休息都可以跑步。而馬是食草動物，天然草中糖的含量很低，在正常情況下，馬一天中有差不多 60% 的時間用於進食。士兵帶一點乾糧可以維持幾天的工作，但戰馬的飼料準備就不同了，所以騎兵再快，也需要停下來等待後勤部隊。這就造成儘管馬能跑，但受制於馬的進食效率，最終導致騎兵的前進速度不見得比步兵快多少，其實這跟龜兔賽跑有點類似。

希臘超級馬拉松全程 246 公里，人類最好成績為 22 小時，一般成績在 23~25 小時；賽馬最快可以一天奔跑 300 公里，看起來馬的耐力還更好。而在國際馬術總會（International Equestrian Federation，FEI）耐力賽中，賽馬通常每天奔跑 80~120 公里，世界紀錄是單日 160 公里，跟人類相比優勢就不大了。

六、總結

人類不是以速度見長，但在耐力方面，人類可謂是陸地動物中的佼佼者。當初智人捕獵原始馬就是靠耐力，即使在現代，非洲一些部落也是靠長跑驅趕並且累死羚羊的方法來捕殺它們。所以說人類是天生的耐力型動物是有理有據的。有先天優勢不一定代表你就具有良好耐力，因為長期久坐缺乏運動會導致人體耐力嚴重退化，但只要經過合理訓練，你的耐力就能得到大幅度提升。祖先給了我們一副適合跑步的好身板，問題是我們能否將跑步這種能力發揚光大！

‹‹ 第二節 跑步的十大益處 ››

跑步是大眾參與最多的運動，堅持跑步，你會發生哪些重要改變？以下做了詳細的總結。從身體到行為，這 10 個改變是你可以看到的。

1. 心肺功能顯著增強

經常跑步的人的心臟有這些典型特點：安靜心率較低；跑步時同等配速下心率較低；極限強度下最大心率更高；心臟收縮能力和舒張能力強，每一次收縮射血能夠向全身提供更多血液，每一次舒張放鬆則可以收集更多來自靜脈的回血，從而為下一次射血做好充分準備。因此，安靜狀態下，跑者只需要較少的心跳次數就可以滿足全身供血需要，呈現節省化特點，而在極限強度下，心臟仍然能夠高效工作。

在 2016 年年底，美國心臟協會已經將心肺耐力作為「第五大」生命徵象。眾多科學研究強有力地支持，心肺耐力被證明是比傳統危險因素，如吸菸、肥胖、高血壓、高血脂和高血糖更有力的預測死亡風險的因素。換句話說，透過跑步提升心肺功能對健康將產生積極、深遠的影響。

2. 運動系統變得結實而又強壯

運動系統由骨骼、肌肉、關節三大部分組成，堅持跑步會對骨骼、肌肉、關節均形成積極影響。跑步會讓骨骼變得結實堅硬，這樣就可以有效對抗骨質疏鬆，減少骨折發生的風險。跑步可以讓白肌纖維向紅肌纖維轉化，從而讓更多肌肉纖維在耐力運動中被募集，紅肌纖維的特徵是肌纖維比較細長，而並非像白肌纖維那樣體積肥大，

這就是為什麼大多數跑者看上去瘦削，當然這並不是說跑者缺乏肌肉，而是跑者透過長期訓練，形成了特定的肌纖維類型，他們的肌肉形態不同於健美者罷了。跑步還有利於關節健康，能讓關節變得更加靈活且穩定，還能增加關節韌帶強度和軟骨厚度，所謂「跑步百利唯傷膝」是對跑步最大的誤解之一。健身跑者骨性關節炎發生率僅為3.5%，而久坐不動人群的骨性關節炎發生率為10.2%。

3. 能量代謝系統變得適合長時間運動

跑步使得粒線體數量和體積增加。什麼是粒線體？粒線體是肌纖維細胞內的能量工廠，來自呼吸的氧氣和來自肌肉、血液的糖原、脂肪最終被運輸到粒線體，在這裡完成氧化分解提供運動所需的能量。耐力運動使得粒線體數量和體積增加，因此有助於提高耐力表現。

此外，跑步使得有氧代謝酶活性也得到了增強。什麼是酶？酶是促進化學反應的催化劑，酶的活性增強，可以明顯加快糖、脂肪的分解，從而在單位時間為運動提供更多能量。換句話說，有氧代謝酶活性的增強可以提高你的輸出功率，讓你跑得更快。

4. 更低的體脂率，良好的身材

耐力好的人一般不會很胖，因為對於跑步這樣一項需要克服重力的運動來說，過多的脂肪只會增加身體的負擔，所以，較低的體脂率（男性9%~12%，女性14%~17%）是成為精英跑者的必備條件之一。跑步也是最佳的減肥運動之一，許多跑者剛開始跑步的目的都是減肥，在成功減肥後，逐步成長為成熟跑者。瘦而結實使得跑者成為身材最好的群體之一。

5. 更少生病，身體健康水平顯著提升

跑步不僅可以顯著提升健康水平，更可預防多種類型的慢性疾病。美國運動醫學會提出「運動就是良醫」，慢跑對於高血壓、冠心病、糖尿病、癌症等嚴重危害人類健康的慢性疾病都有很好的預防作用。眾所周知，慢性疾病是導致人類死亡最主要的原因，減少慢性疾病的發生就是延長人類健康壽命。跑步除了可以預防大量慢性疾病，對於體弱易感冒人群及患有慢性疲勞症候群的人群也有很好的改善作用。經常跑步，感冒發生更少，即使感冒，恢復得也更快。

6. 健康的情緒，更少產生心理問題

跑步不僅可以有效促進身體健康，也是改善心理健康的最佳方式之一。在如今這樣一個快節奏、高壓力的社會環境中，人們出現各種各樣的心理健康問題顯然已經成為一個高機率事件，焦慮和抑鬱就是其中最常見的兩種不良心理狀態，而跑步作為

對抗心理健康問題最有效的武器，正是緩解和消除焦慮、抑鬱狀態的良方。如果想要跑步減肥，你可能需要跑上一段時間才能見到效果，但是透過跑步改善情緒就不一樣了。如果你心情不好，那麼你只管去跑步，跑完後，糟糕情緒會一掃而光。這樣的感受，對於有跑步習慣的人來說，是真真實實能感受到的。

7. 更持久有效地工作，更快地從疲勞中恢復過來

跑步是典型的心肺耐力運動，透過跑步增強心肺耐力，不僅可以讓你更加持久有效地工作而不感到過度疲勞，疲勞後也可以更快「滿血復活」。這是耐力性運動對人們工作、生活方面的積極影響。運動有利於工作，運動改造大腦，在腦力工作成為人們主要工作方式的當今社會，運動能顯著提升大腦認知能力，包括記憶能力、思維速度、專注力和學習成績。具體表現為其可以幫助人們更有條理地組織日常工作和制訂工作計劃，能夠更好地自我管理，用最佳的方式執行工作和完成任務。

8. 形成堅定的信念、強大的意志

跑步在許多人眼裡是一項枯燥的運動，但跑者卻樂在其中。跑步的距離再長、路線再難、我們感覺再累，也要盡可能堅持到跑完的那一刻，這需要堅定的信念、強大的意志力。跑步培養了我們心無旁騖、專注努力的精神，也讓我們更有毅力、更有勇氣、更有信心去堅持做一件事並且把這件事做成。說白了，跑步的人更能扛！

9. 享受真正有品質的生活

運動是積極健康生活方式最重要的組成部分，沒有運動，營養補充得再好，睡眠再充足，也談不上健康的生活方式，運動如此重要，以至於我們把運動和健康相提並論。運動也許不能讓我們長生不老，跑步也不能讓我們長命百歲，但卻能讓我們高品質地享受每一天的健康生活。跑步的每一天，心情更好，工作更有活力，工作效率更高，更能克服困難，更滿意自己的表現，結交更多志同道合的朋友，這不就是享受品質更高的生活嗎？

10. 越跑步越理性

人類天生會跑步，「跑步誰不會」是不了解跑步的人對跑步的第一印象，但就是這樣一項看似簡單的運動，傷痛率高達 85%，不科學地跑步帶給人們的傷害還少嗎？跑得越多，走過的彎路越多，經歷的傷痛越多，懂得越多，你就越能理解科學、無傷跑步的重要性，你也會變得越來越理性。你會懂得量力而行，循序漸進。跑步是一項「你快永遠有人比你更快，你慢永遠有人比你更慢」的運動。跟自己比，有進步就很好，哪怕沒有進步，能保持好的跑步習慣，就是最好的自己！

跑步不是萬能的，沒有跑步、沒有運動的人生卻是萬萬不能的，跑步塑造了人類，人類不能沒有跑步。

第二章 跑步技術深度解析

··· 第一節　大眾跑者跑步技術研究：步頻與步幅 ···

　　跑步姿勢，簡稱「跑姿」。一直都是大眾跑者關注的熱門話題。對於訓練多年的精英運動員來說，跑姿已經定型，教練員和運動員認為這是很簡單的，但對於大眾跑者來說，就並非如此了。大眾跑者對於跑步還處於不斷探索、學習、體驗、實踐的過程中，形成和養成良好的跑姿，對於提升跑步效率、減少傷痛意義重大。

　　可以在實驗室中用高精密的設備，如測力台、光學動作捕捉系統測量跑姿，也可以用跑步 App、運動手錶等大眾普遍接受的方式測量跑姿。大眾能夠理解、探討最多的跑姿時空參數就是：**步頻與步幅**。步頻、步幅是否合理在很大程度上代表了你的跑姿是否合理，也就是說步頻和步幅從某種意義上能代表你的跑姿表現，甚至也能代表你的跑步水平。今天，我們就用來自科學研究的數據為大眾跑者深度解讀步頻與步幅。

一、什麼是步頻與步幅

　　步頻是指走路或者跑步時，每分鐘腳落地的次數。例如，在 1 分鐘內，左右腳共踏出 150 步，那麼你的步頻就是 150 步 / 分，如果左右腳共踏出 180 步，那麼步頻就是 180 步 / 分。

步幅則是指相鄰兩步的距離，也就是步與步之間的距離，步頻乘以步幅就等於速度，換句話說，速度是由步頻和步幅共同決定的。在相同速度下，可以採用慢步頻大步幅，也可以採用快步頻小步幅。在加快速度的過程中，可以步頻不變增加步幅，或者步幅不變加快步頻，抑或是步頻和步幅同時增加。當然，在跑步過程中，步頻和步幅兩個指標中的任意一個都不可能無限增加。

不同速度下最佳步頻是多少？不同性別跑者在同一速度下步頻相同嗎？不同水平跑者的步頻和步幅有沒有差別呢？南京體育學院運動健康學院戴劍松副教授帶領團隊進行了深入研究。

二、這項研究是如何做的

首先，我們從南京本地跑步團招募了一批不同水平的跑者，最終有 16 名高級跑者（男性 8 名，女性 8 名）、19 名中級跑者（男性 17 名，女性 2 名）、23 名初級跑者（男性 12 名，女性 11 名）加入本次研究。此外，我們還測試了 40 名平時不跑步的普通人，本項研究總計納入 98 名實驗對象。

高級組跑者：男子組全馬（全程馬拉松）在 3 小時 30 分鐘內完成，半馬（半程馬拉松）在 1 小時 30 分鐘內完成；女子組全馬在 4 小時內完成，半馬在 2 小時內完成。**經過問卷調查，高級組男性跑者全馬平均完賽成績為 2 小時 52 分鐘，女性跑者全馬平均完賽成績為 3 小時 24 分鐘。**

中級組跑者：男子組全馬在 3 小時 30 分鐘到 4 小時 30 分鐘完成，半馬在 1 小時 30 分鐘到 2 小時完成；女子組全馬在 4 小時到 6 小時完成，半馬在 2 小時到 2 小時 30 分鐘完成。**經過調查，中級組男性跑者全馬平均完賽成績為 3 小時 39 分鐘，中級組女性跑者人數較少，兩名女性跑者全馬平均完賽成績為 3 小時 41 分鐘。**

初級組跑者：剛開始跑步鍛鍊的人群，跑步經歷為半年以內，沒有跑馬（跑馬拉松）經驗。

實驗測試在南京體育學院步態實驗室進行，該實驗室擁有價值 120 萬元的美國產 Bertec 測力台跑步機（內建 2 塊測力板）、價值 100 萬元的瑞典產 Qualisys 3D 動作捕捉系統（含 8 個鏡頭），可以精確測量人體在跑步時的動力學、運動學參數以及時空參數，是測量跑步技術的「金標準」方法，精度高於現有所有運動手錶。測力台及動作捕捉系統的採樣頻率為 200 赫茲。

受試者換上無反光標誌的緊身服飾，熱身 10 分鐘。測試人員調節配速，遵循由慢到快的原則使受試者充分適應測力台，保持平時自然的跑步姿態。根據人體體表骨性標誌點，由測試人員對受試者下肢進行從下至上的貼點操作。共計 36 個反光標誌點。

受試者身上貼上反光標誌點用於動作精準捕捉

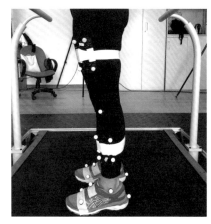

側面貼點　　　　　　　　　　　　　背面貼點

　　所有受試者完成了 10 個速度測試，即測試了 8:00（每公里用時 8 分，即配速 8 分 / 公里）、7:30（配速 7 分 30 秒 / 公里，以此類推）、7:00、6:30、6:00、5:30、5:00、4:30、4:00、3:30 共計 10 個配速下的跑姿（沒有跑步經驗的 40 名普通人及少數跑者由於能力有限，未進行 4:00 及 3:30 兩個速度測試），每個速度測試 15~20 秒。後期處理分析時，截取受試者各速度下的穩態跑姿進行步頻和步幅計算分析，98 名受試者總計提供 30000 步左右數據用於統計分析，從某種意義上說，可以近似視作 30000 人進行測試（每一步視作一個獨立樣本），這是一個大樣本的可靠統計。

一位跑者在進行跑步姿勢測試的畫面

採集的原始數據由 Qualisys 自帶的 QTM 數據管理軟體進行識別，使用 Visual 3D 生物力學分析軟體和 SAS JMP 對數據進行統計處理。垂直地面反作用力大於 10 牛頓時視為足觸地時刻，小於 10 牛頓時視為足離地時刻。根據標誌點能夠建立下肢各部位坐標系，膝關節中心是股骨內、外側髁連線的中點，踝關節中心是脛骨內側髁和腓骨外側髁連線的中點。各關節角度定義為相鄰兩個部位坐標系之間的歐拉角。髖關節角度定義為大腿坐標系與骨盆坐標系之間的歐拉角，膝關節角度定義為小腿坐標系與大腿坐標系之間的歐拉角，踝關節角度定義為足坐標系與小腿坐標系之間的歐拉角。

三、大眾跑者的步頻與步幅特徵是怎樣的

本研究從速度較慢的 8:00 配速一直測試到速度較快的 3:30 配速，這樣就可以全面分析大眾跑者不同速度下的步頻、步幅特徵。下圖顯示了不同配速下大眾跑者（含沒有跑步經驗的普通人）平均步頻和平均步幅的變化特徵。從圖中可見，隨著速度加快，步頻和步幅都呈現增加趨勢。但經過嚴格的統計學分析，在慢速情況下，從 8:00 到 6:30，步頻雖然有所增加，卻並無統計學差異；但從 8:00 至 6:30，步幅在各速度間均存在統計學差異，這**表示如果速度較慢，如配速在 6:30 以外，跑者傾向於透過加大步幅來提升速度，步頻變化並不明顯。**而當配速達到 6:00 以內時，隨著速度加快，步頻和步幅會同時增加，這也就意味著，**配速在 6:00 以內時，跑者提速時不僅步頻加快，步幅也會增大。**

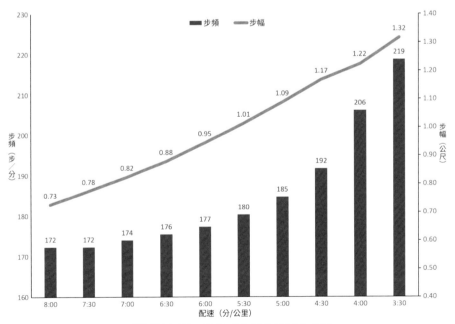

不同配速下所有受試者步頻步幅變化特徵

　　下表及下圖顯示了不同水平跑者步頻和步幅隨速度變化的特徵。**很有意思的是，沒有跑步經驗的普通大眾在各個配速下，步頻均顯著低於其他 3 個組別的跑者，與此相對應的是，步幅則顯著大於其他 3 個組別的跑者。**而各個配速下，其他 3 個組別的跑者步頻與步幅均不存在統計學差異，雖然看起來中級組跑者步頻較快，高級組跑者步幅較大。

各配速下不同水平跑者平均步頻（步／分）

配速（分／公里）	普通大眾	初級組跑者	中級組跑者	高級組跑者
8:00	169	174	175	176
7:30	168	174	177	176
7:00	170	175	180	177
6:30	171	178	181	178
6:00	172	180	185	179
5:30	174	184	187	183
5:00	177	190	191	188
4:30	182	199	201	196
4:00	未測試	208	209	202
3:30	未測試	231	221	210

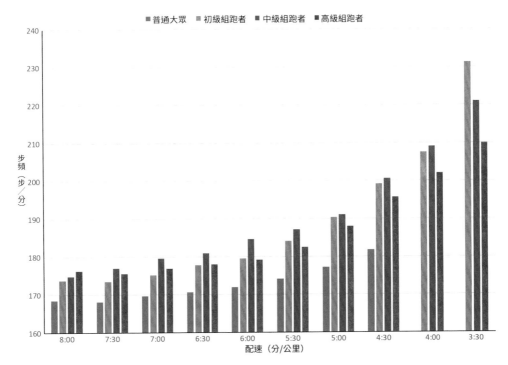

各配速下不同水平跑者平均步頻對比圖（步／分）

　　下表及下圖顯示，**沒有跑步經驗的普通大眾傾向於採用慢步頻大步幅的跑姿，經過一定訓練的大眾跑者，表現為步頻有了明顯的提升，而經過多年訓練的精英跑者，步頻在各組中不一定是最快的，其表現為既能夠保持足夠步頻，也能展現比其他跑者更大的步幅。**

各配速下不同水平跑者平均步幅（公尺）

配速（分／公里）	普通大眾	初級組跑者	中級組跑者	高級組跑者
8:00	0.74	0.72	0.72	0.71
7:30	0.79	0.77	0.75	0.76
7:00	0.85	0.82	0.80	0.81
6:30	0.90	0.87	0.85	0.87
6:00	0.97	0.93	0.91	0.93
5:30	1.05	0.99	0.98	1.00
5:00	1.13	1.06	1.05	1.07
4:30	1.23	1.12	1.11	1.14
4:00	未測試	1.21	1.21	1.25
3:30	未測試	1.24	1.30	1.37

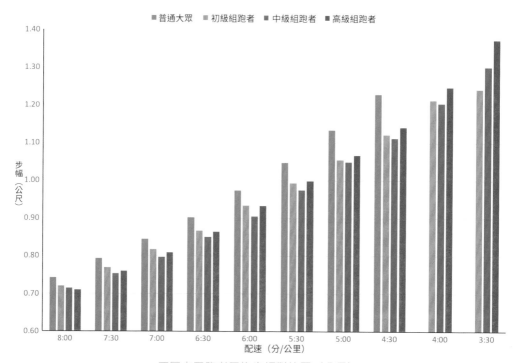

不同水平跑者平均步幅對比圖（公尺）

　　下圖顯示了不同性別跑者各配速下平均步頻與步幅變化特徵。經過統計學分析，很明顯女性幾乎在所有配速下步頻都快於男性，而步幅則小於男性，**說明女性跑者更多傾向於採用快步頻小步幅，即小步快跑的跑步方式。**

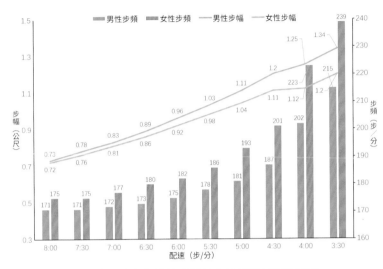

不同性別跑者各配速下平均步頻與步幅變化特徵

四、大眾精英跑者與專業運動員的差距更多在步幅方面

　　根據跑姿一般常識，180 步 / 分是相對合理的步頻。從本研究中我們可以發現，其實大眾精英跑者的步頻看起來也不會太低，在配速 6:00 以外基本可以達到 170 步 / 分以上，而在配速 6:00 以內基本可以達到 180 步 / 分，由此也可以看出經過多年訓練，大眾精英跑者基本都努力將自己的步頻加快到 180 步 / 分，在配速達到 4:00 左右時，步頻甚至已經達到 200 步 / 分，而基普喬蓋「破 2」時的步頻也僅為 180 步 / 分左右，顯然基普喬蓋的步幅很大，經過計算其步幅可以達到將近 2 公尺。從上述結果中，我們可以發現大眾精英跑者在速度最快的 3:30 時，步幅也僅為 1.3 公尺左右，而前長跑之王格布列塞拉希以自己 1.64 公尺的身高，同樣可以達到超過 2 公尺的步幅。

　　你肯定關心步幅是不是與腿長有關。本研究還做了步幅與身高的相關性研究（見右表），在各個配速下，步幅與身高的相關係數

配速 （分 / 公里）	步幅與身高的 相關係數
8:00	0.32
7:30	0.37
7:00	0.35
6:30	0.37
6:00	0.41
5:30	0.41
5:00	0.46
4:30	0.49
4:00	0.46
3:30	0.47

介於 0.3~0.5，屬於中低度相關。身高越高，一般腿越長。雖然腿長看起來容易實現大步幅，但腿長並不是步幅的決定性因素，身高越高也會帶來風阻越大的問題。基普喬蓋的身高僅為 1.67 公尺，基普喬蓋、格布列塞拉希等小個子運動員優良的步幅更多與其良好的身體柔韌性、靈活性、肌肉彈性及專項力量有關。

　　這也提示速度足夠快時，只靠加快步頻來加速顯然不是一種明智的方式，過快的步頻容易使得後蹬力量還未充分發揮就進入下一次著地，這樣就大大降低了跑步效率。而此時透過加大步幅，能夠實現充分後蹬，延長肌肉做功距離，也使得騰空期更長。

五、總結

　　速度越快，一般步頻越大，但這不等於速度慢時，步頻就允許更慢。本研究顯示即使速度慢時，也要努力讓步頻達到 170 步 / 分。當然，當速度足夠快時，如進入配速 4:30 以內，你就要注意加大步幅，加大步幅可能比加快步頻更難實現，對身體提出的要求也更高，但如果你想成為高水平跑者，只靠加快步頻顯然是不夠的。

　　大眾跑者與具有一定跑步基礎的跑者在跑姿上最主要的區別也在於步頻不同。在速度沒那麼快的情況下，加快步頻、小步快跑更加適合大眾跑者，即在速度慢時，也要盡可能達到步頻不低於 170 步 / 分。大眾跑者經過訓練，步頻會得到明顯優化。最後總結，速度慢時，小步快跑有優勢；速度加快後，注意步頻、步幅同時增加，精英跑者速度較快，尤其要更加注意訓練步幅。

◄◄◄ 第二節　著地時間 ►►►

　　跑步是雙腳輪番向前的運動，任何一隻腳從接觸地面的瞬間到完全離開地面這個過程所花費的時間就是著地時間。著地時間作為評估跑步整體效率的重要指標，在很多跑步手錶中都可以被測量到。

著地時間

著地時間非常短，通常只能以毫秒作為衡量著地時間的單位，著地時間為200~400毫秒，而1秒=1000毫秒。大眾跑者的著地時間一般為300毫秒，能夠達到250毫秒左右就屬於比較不錯的水平，而精英跑者的著地時間則能控制在200毫秒內。

大眾跑者著地時間究竟是多少？不同速度下著地時間發生了哪些變化？不同性別跑者在同一速度下著地時間相同嗎？不同水平跑者著地時間究竟有沒有差別呢？南京體育學院運動健康學院戴劍松副教授的團隊進行了深入研究，研究方法見本章第一節。

一、測試結果揭示了大眾跑者著地時間的很多特徵

我們根據測力台數據來分析著地時間，測力台上顯示有3D代表腳處於著地階段，沒有3D顯示代表腳處於騰空擺動階段，這種測量方式是「金標準」，因為測力台跑步機採樣頻率非常高，測量精準，是測量著地時間最為精確的方式。從下圖中可見，速度由慢到快，著地時間逐步縮短，從配速8:00時的264毫秒，逐步縮短至配速3:30時的157毫秒。根據統計分析，10種速度下的著地時間均存在顯著差異，這說明著地時間與速度高度相關，速度越快，著地時間越短。

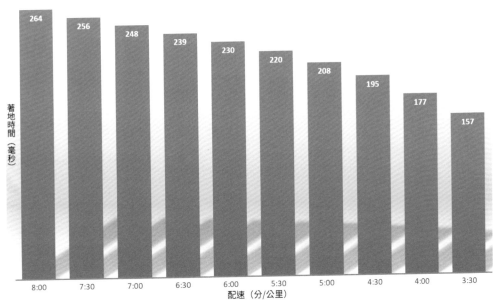

各配速下著地時間對比（單位：毫秒）

目前，只要內含加速度感測器的運動手錶都能提供著地時間這個參數，但多數運動手錶在給出著地時間評估報告時是不考慮速度的。顯然，用一個統一的標準去衡量不同速度下的著地時間是存在偏差的，如在速度比較慢的情況下，也許絕大多數跑

者著地時間都較長，這樣就會給跑者水平較低的評價。而當跑者速度比較快時，會導致著地時間縮短，這時評價又變成跑者個個都是高水平跑者。也就是說跑步速度較慢時，運動手錶會低估跑者表現；而跑步速度較快時，又會高估跑者表現，這就是一些專門研究手錶的跑者總結出來的：**速度不夠快，所有參數評價都很難看；速度夠快，所有參數評價都很好看**，其實不應該是這樣。所以建議未來的運動手錶能根據不同配速給出不同的著地時間評價標準。

　　下表為根據本研究的大樣本統計結果計算出的不同配速著地時間評價標準，百分位數是一個統計學概念，意思將跑者著地時間從短到長進行排隊，你的位置處於哪裡。如果你在 6:00 配速時，著地時間為 190 毫秒，小於 195 毫秒，你比 95% 的跑者都要優秀。同樣的道理，如果 6:00 配速時，你的著地時間為 260 毫秒，那麼你就屬於跑步效率比較低的跑者。

不同配速著地時間評價標準（毫秒）

配速 （分 / 公里）	優秀 ＞ 95%	良好 70%~95%	中等 30%~69%	較差 5%~29%	不理想 <5%
8:00	≤ 220	221~245	246~280	281~320	≥ 321
7:30	≤ 215	216~240	241~270	271~305	≥ 306
7:00	≤ 205	206~235	236~260	261~295	≥ 296
6:30	≤ 200	201~225	226~250	251~285	≥ 286
6:00	≤ 195	196~220	221~240	241~275	≥ 276
5:30	≤ 185	186~210	211~230	231~260	≥ 261
5:00	≤ 175	176~195	196~220	221~245	≥ 246
4:30	≤ 160	161~185	186~205	206~235	>235
4:00	≤ 150	151~165	166~185	186~210	≥ 211
3:30	≤ 130	131~150	151~165	166~182	>182

　　下一頁第一幅圖顯示了男性和女性跑者不同配速下著地時間對比，比較有意思的是女性跑者在各個速度下的著地時間都比男性要短，並且具有統計學差異，這改變了男性力量強、著地時間短的一般認知，測試結果就是如此。這提示著地時間可能與體重高度相關，體重較重需要更多時間進行緩衝和蹬伸，而體重較輕則可以相對減少著地時間。

　　本研究還比較了 3 個級別跑者的著地時間，無論速度是快還是慢，級別越高的跑者著地時間越短（見下一頁第二幅圖），這說明在不同速度下，著地時間相對越短，跑步效率越高。

　　為什麼高級組跑者在同一速度下，著地時間比水平較低的跑者短呢？原因可能是

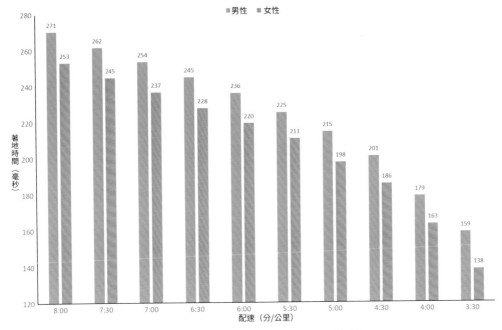

不同性別跑者各配速下著地時間對比（毫秒）

多方面的。首先，高級組跑者騰空高度較小，他們把更多力氣用在水平位移上，這樣就有效減少了騰空所帶來的能量消耗並且使得落地緩衝所需時間更短，而騰空高度越

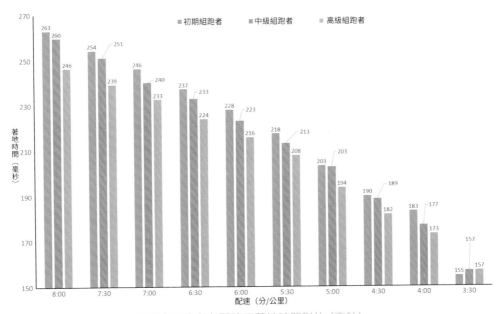

不同水平跑者各配速下著地時間對比（毫秒）

高，落地自然需要越長的緩衝時間。你試試看從一公尺高度跳下和半公尺高度跳下，看哪種情況落地緩衝屈膝時間長，嘗試過你就很容易理解這一點；其次，緩衝－蹬伸時間相對越短，銜接得越好，就越能利用筋膜、肌腱、肌肉等組織的彈性來省力，我們把這種收縮形式稱為超等長收縮。現在更流行的說法是**快速伸縮複合式運動**，而要讓緩衝－蹬伸時間縮短，就得降低騰空高度，騰空高度一旦變高，就必然帶來緩衝－蹬伸時間的延長，這就是所謂的環環相扣。

二、對於著地的深度解析

著地階段可以分為緩衝期、支撐期、蹬伸期 3 個階段。

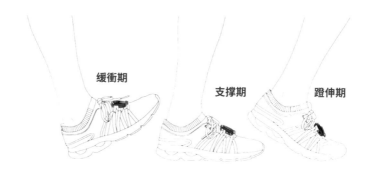

緩衝期　　　支撐期　　　蹬伸期

以大眾跑步通常採用的腳跟著地為例（見右圖），在著地瞬間會有一個陡增的地面反作用力，大約持續五六十毫秒，這一階段就代表著地衝擊。根據牛頓力學定律，人體給予地面多少作用力，地面就會給予人體多少作用力，所以學會緩衝，適度減少著地衝擊就成為預防跑步傷痛的關鍵所在。

在五六十毫秒之後，我們看到地面反作用力下降了，此時代表支撐期，此時重

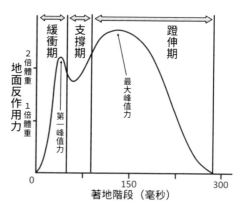

心從著地位置後方過渡到腳的正上方，並且繼續往前移，此時也可以代表全腳掌著地期，即無論你是腳跟著地，還是前腳掌著地，都會經歷全腳掌支撐階段。

隨後，重心繼續往前移，超越腳的位置，這時進入著地的最後一個階段——蹬伸期，這是跑步發力最主要的階段，透過蹬地產生向前、向上的動力，此時地面反作用力甚至大於著地緩衝期，所以整個著地階段的力學曲線呈現為雙峰型曲線。

三、著地是跑步緩衝和發力的核心環節，也是與傷痛有關的重要環節

　　從上述分析中可以看出，著地階段是跑步時
非常重要的一個階段，整個階段的目的是進行有效
緩衝，緩衝腳在落地時受到的衝擊力，避免過多速
度損失，同時透過將下肢肌肉離心拉長儲備彈性位
能，從而在蹬伸階段配合肌肉發力，獲得向前的動
力。

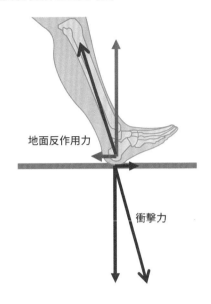

地面反作用力

衝擊力

　　在跑步過程中，一定的著地時間可以確保有效
緩衝和充分蹬地，沒有著地就意味著人飛起來了，
顯然這是不可能的。但過長的著地時間又會帶來明
顯的制動效應，為什麼這麼說呢？從右圖可見，著
地時，著地點通常在重心前方。從右圖中也可以
看到，著地時地面反作用力與跑步方向相反，發揮
摩擦制動作用，身體處於減速階段，只有當重心越
過腳後，變成蹬地發力，人體才從減速進入加速階
段，所以說，著地時間相對越長，在某種意義上會導致速度損失越多，並且會導致剪
切力的增加。由於著地時間延長使得剪切力持續作用於人體，大大增加了發生跑步傷
痛的可能性。

四、優秀運動員著地時間明顯比大眾跑者短

　　著地時間與比賽項目距離有關，距離越短則著地時間越短，距離越長則著地時間
越長。根據優秀運動員數據，博爾特在百米比賽中的著地時間不到 100 毫秒，只有
七八十毫秒，這一方面與短跑項目的性質有關，另一方面也說明博爾特具有極強的下
肢彈性和爆發力。中長跑乃至馬拉松項目運動員，由於速度明顯不如短跑運動員，所
以著地時間不太可能短於 100 毫秒，「萬米王」貝克勒在 5000~1000 公尺比賽中的著
地時間約 100 毫秒。

　　精英選手著地時間也明顯比大眾跑者短，大眾跑者著地時間多在 300 毫秒左右，
大眾跑者能達到 220~240 毫秒就算比較不錯的水平，而精英中長跑選手的著地時間絕
大多數都在 200 毫秒內。精英選手著地時間短在於其在緩衝期、支撐期、蹬伸期耗時
均短於大眾跑者，也就是說，精英選手在緩衝地面衝擊力、儲備和發揮肌肉彈性位能
方面用時較短，效率較高。這主要是由於精英選手經過長年訓練，已經在大腦控制、
神經肌肉協調配合、肌肉收縮拉長等方面實現完全的高效工作，這不是哪個單方面訓
練就能做到的，而是從身體功能到跑步能力的全面提升，這是多年訓練的結果。

五、大眾跑者如何適度減少著地時間

大眾跑者如果能減少著地時間，從提升跑步效率、減少傷痛角度而言，無疑是非常有益的，那麼怎樣才能適度減少著地時間呢？

1. 加快步頻

如果讓著地點靠近重心，身體重心就能更快通過支撐腳。那麼怎麼才能讓著地點靠近重心呢？那就是加快步頻。加快步頻後，著地時腳來不及往前伸，這樣就有利於著地點靠近重心，從而減少剎車效應，幫助重心快速前移，減少制動，且此時膝關節保持彎曲，也有利於肌肉離心收縮，促進有效緩衝，一舉兩得。

2. 重視發展肌肉快速伸縮複合能力

快速伸縮複合訓練的英文是「plyometrics」，之前翻譯過來的名稱有很多，如增強式訓練、彈震式訓練以及超等長訓練，近幾年我們更習慣稱其為「快速伸縮複合訓練」。**快速伸縮複合訓練是指最短時間產生最大速度或者最大力量的練習，主要是透過預先拉長肌肉，利用肌肉和肌腱的彈性位能以及牽張反射，實現更快、更強的向心收縮運動。**

快速伸縮複合訓練是提升爆發力的最為有效的訓練方式之一，它同樣可以提升神經肌肉協調性以及肌肉間的相互協同發力能力，從而提高你的跑步經濟性，讓你跑起來更省力、更輕鬆，當然也更快。

要理解跑者為什麼需要發展肌肉快速伸縮複合能力，首先你得理解這個概念：肌肉不僅具有收縮性，也具有彈性。所謂彈性就是被拉長後能夠回彈的能力，就如同皮筋一樣，肌肉在被拉長後，同樣具有回彈力。快速伸縮複合訓練恰恰就可以有效訓練肌肉循環拉長、縮短的能力，這樣就可以有效利用軟組織（肌肉、肌腱）在拉長過程中所儲備的彈性位能，從而減少肌肉直接收縮的能量消耗，提高跑步經濟性。

快速伸縮複合訓練的本質就是要求訓練者盡可能減少與地面的接觸時間，因此訓練者需要學會著地緩衝，並積極地對地面做出反應。而跑步過程中當支撐腳著地時，肌肉離心收縮進入緩衝階段，然後積極地向心收縮以蹬地推動身體前進。所以快速伸縮複合訓練中肌肉的工作模式與跑步中肌肉的收縮模式相同，它就是跑步專項力量訓練。**跑步中著地時小腿肌肉發生了典型的拉長、縮短彈性運動。**

有體育科研人員評定了 9 週快速伸縮複合訓練對中長跑運動員神經骨骼肌系統和運動成績的影響，結果顯示，經過 9 週訓練後，運動員 5 公里跑成績、跑步經濟性、5 級跳的距離以及 20 公尺跑成績顯著提高，同時跑步著地時間減少（跑步著地時間越短，速度損耗越小，肌肉、肌腱彈性位能運用得越好）。大眾跑者多做蹲跳、跳繩等練習可以有效提升肌肉快速伸縮複合能力。

當然，還有跑者會產生這樣的疑問：在同等速度下跑步，不管著地時間長短，總的受力幾乎都是一樣的——2~3 倍體重，著地時間越長，緩衝效果其實也應該越好，減少著地時間會不會導致緩衝不足呢？這裡面犯了一個概念性錯誤，首先在整個著地階段，只有前 1/3~ 1/4 階段才是緩衝期，後半程都在蹬伸發力；其次，時間只是決定著地衝擊力的一個因素，肌肉離心收縮能力、關節位置都會極大影響緩衝效果，所以精英運動員雖然著地時間短，但由於騰空高度低、肌肉能力強、跑步技術好，其著地階段的緩衝效果要優於大眾跑者。

六、總結

著地時間是反映跑步效率的重要參數。總體而言，速度較慢時，著地時間較長；而速度加快後，著地時間會縮短。太長的著地時間容易產生明顯的減速剎車效應，降低跑步經濟性，所以縮短著地時間有助於提高跑步效率。對於大眾跑者而言，適當加快步頻，加強力量訓練，特別是加強肌肉快速伸縮複合訓練，有助於縮短著地時間，提高跑步效率。

‹‹‹ 第三節　著地技術 ›››

如今跑者面臨的最大問題之一仍然是跑步傷痛。導致傷痛的原因有很多，跑量過大、跑姿問題、體重較大、力量缺乏、恢復不足等不一而足，最終這些因素都會以生物力學的形式呈現出來。跑步是單一動作不斷重複的運動，上述因素最終可能導致應力在身體局部（如膝關節）過於集中，並且超出身體的修復能力和承受能力，從而導致慢性勞損。

跑步過程中，人體受的力主要來源於騰空落地時的衝擊力。跑步與步行的最大區別是跑步存在雙腳騰空期，這樣人體在落地時，會給予地面一個撞擊力，根據牛頓第三定律，地面這時也會給予人體一個大小相等、方向相反的反作用力，這就是我們一般所說的地面衝擊力。衝擊力的大小以及產生快慢與速度、體重、人體緩衝能力高度相關，跑步時速度越快、體重越大、緩衝能力越差，當然所受到力的加載速率越大，反之則越小。只要是跑步，就有一定的速度，同時體重一般來說在短期內也不會發生大的變化，所以假定速度和體重這兩個因素不變，跑步時著地所受到的衝擊力在很大程度取決於人體的 *緩衝能力*。

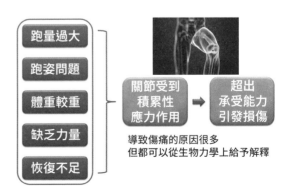

跑量過大
跑姿問題
體重較重
缺乏力量
恢復不足

關節受到積累性應力作用 ➡ 超出承受能力引發損傷

導致傷痛的原因很多
但都可以從生物力學上給予解釋

這種緩衝能力本質上是一種技術加上能力的體現。所謂技術就是指跑姿，所謂能力主要是指肌肉表現，既然跑步時人體主要在著地階段受力，那我們仔細來看一下在著地過程中究竟發生了什麼。

跑步時，雙腿交替往前邁出。一般來說，著地點位於重心前方，**著地時膝關節伸得較直（如右圖所示），同時又不注意積極彎曲下壓，這種跑姿對下肢關節傷害極大，也是導致跑步傷痛的關鍵**。這是因為著地時，如果膝關節伸得較直，在著地時，地面反作用力會因為缺乏緩衝作用直達下肢各關節特別是膝關節。你試試看從高處跳下，著地時膝關節伸直和彎曲兩種方式，哪種震動衝擊會更大。所以著地瞬間的**屈膝角度和著地階段的屈膝幅度**，就成為決定跑步時人體受到的地面衝擊力的關鍵指標。

南京體育學院運動健康學院戴劍松副教授的團隊對大眾跑者的跑姿進行了深入研究，這其中就包括對跑步時著地階段人體關鍵跑姿的分析，研究方法見本章第一節。

一、如何評價大眾跑者著地技術

由於著地技術在很大程度上決定了對受力的緩衝能力，所以本研究重點分析了衡量緩衝能力的 3 個指標，**分別是著地瞬間屈膝角度、著地階段屈膝最大角度、著地階段屈膝幅度**。

所謂著地瞬間屈膝角度是指腳剛剛著地時，大腿延長線與小腿的夾角。這個角度一般為 10 多度，它越小，說明膝蓋伸得越直，著地點距離重心相對比較遠，顯然這個角度越小，越不利於緩衝；而這個角度相對越大，說明著地時膝關節彎曲得越明顯，越有利於緩衝。

決定著地緩衝技術的三個關鍵指標

- 著地瞬間屈膝角度
- 著地階段屈膝最大角度
- 著地階段屈膝幅度

所謂**著地階段屈膝最大角度**則是指腳著地後，膝關節下壓緩衝能達到的最大角度，一般為三四十度，通常將整個著地階段分為緩衝期、支撐期和蹬伸期，而劃分的依據就是屈膝最大角度。屈膝角度從剛著地的 10 多度逐漸變大到 40 多度的過程代表緩衝階段，該角度從 40 多度逐漸變小的過程則代表蹬伸階段，轉折點就是著地階段屈膝最大角度，此時為支撐期。

著地階段屈膝幅度的計算則很簡單，該指標等於著地階段屈膝最大角度減去著地瞬間屈膝角度，這個角度代表著著地後膝關節下壓緩衝能力。

　　根據大眾跑者測試數據，本研究共研究了這批不同水平的大眾跑者將近 3 萬步有效數據（根據生物力學研究的一般約定，每一步的數據可以代表一個人，即雖然本研究只測試了不到 100 名大眾跑者，但事實上可以近似理解為完成了 3 萬人的數據測試），因此本研究從邏輯上說是一個大數據研究。

二、測試結果揭示了大眾跑者著地技術究竟好不好

　　從下圖可見，沒有跑者在跑步時膝關節處於完全伸直狀態，他們都會保持一定屈膝，只不過屈膝程度不同，當然這也代表了緩衝能力不同。隨著速度加快，著地瞬間屈膝角度呈現逐漸變大的趨勢，但總體變大的幅度不大，從最慢的 8:00 配速到最快的 3:30 配速，著地瞬間屈膝角度僅僅增加了幾度，基本上可以忽略不計。這說明著地時無論速度快慢，屈膝角度都是差不多的。但女性跑者著地

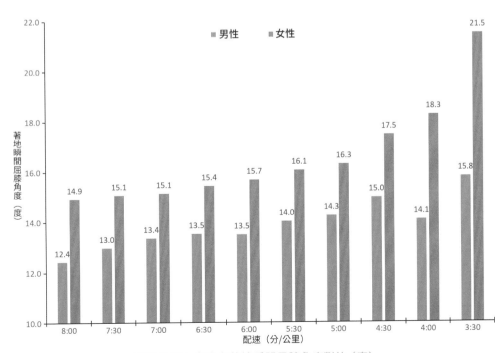

不同性別大眾跑者著地瞬間屈膝角度對比（度）

瞬間屈膝角度大於男性跑者，因為步頻快時，腿來不及充分往前伸就要著地，所以往往導致著地瞬間屈膝角度更大，這也顯示女性從跑姿角度而言，騰空剛落地的跑步姿態可能比男性更好一些，但女性肌肉本身的緩衝能力不佔優勢，此處埋下伏筆。

　　下圖的結果非常有意義，越是水平高的跑者著地瞬間屈膝角度越大，並且高級組跑者在各個速度下，屈膝角度均顯著大於中級組跑者；而中級組跑者屈膝角度大於初級組跑者，說明初級組跑者著地時屈膝不足，這就導致了他們緩衝能力不足，自然受力比較大就容易受傷，這也部分解釋了為什麼初級組跑者容易受傷，而高級組跑者受傷機率沒那麼高。那麼為什麼初級組跑者著地時屈膝不足呢？也許與他們跑步技術不熟練、步頻慢有關。同等速度下步頻慢，步幅就會增大，這就容易引發跨大步現象，隨之引發著地時膝蓋容易伸得比較直的現象。

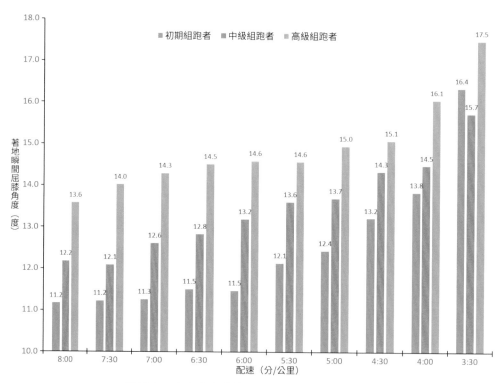

不同水平大眾跑者著地瞬間屈膝角度對比（度）

從下圖可見，隨著速度加快，著地階段屈膝最大角度也隨之增加，但增加幅度不大，也僅僅增加幾度，幾乎可以忽略不計。但當配速達到 4:00 以內時，屈膝最大角度反而減小，可能與這時速度較快，著地時間明顯縮短導致屈膝緩衝時間不足，即來不及屈膝緩衝有關，這也提示即使是高級組跑者也要適當控制速度訓練，因為速度訓練時，屈膝緩衝角度變小，受力就會明顯增大。此外，在配速 5:00 以外時，女性由於著地瞬間屈膝角度本身就比男性大，在緩衝期屈膝角度進一步增大，所以屈膝最大角度也比男性略大。

初級組跑者著地時膝關節容易伸得比較直

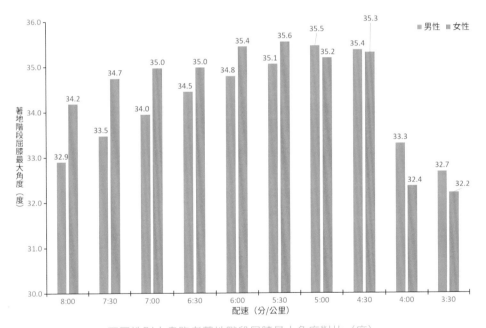

不同性別大眾跑者著地階段屈膝最大角度對比（度）

下一頁圖則顯示由於高級組跑者著地瞬間屈膝角度比初中級組跑者大，所以屈膝最大角度也比他們大。

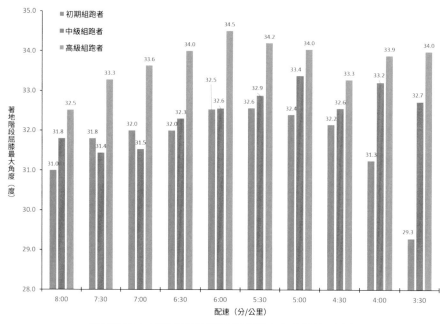

不同組別大眾跑者著地階段屈膝最大角度對比（度）

　　由於著地階段屈膝最大角度與著地瞬間屈膝角度有關，所以需要採用變化幅度來代表真正在著地緩衝期，膝關節彎曲了多少度，這個度數相對越大，則表示膝關節下壓越多緩衝能力越好。從下一頁第一幅圖可見，雖然女性著地瞬間屈膝角度和屈膝最大角度都大於男性，但真正代表屈膝緩衝能力的屈膝幅度指標，卻是男性優於女性，這說明雖然女性在著地瞬間跑姿這個技術環節上略優於男性，但男性由於肌肉力量強，實際表現出來的緩衝能力要強於女性。此外，從該圖我們還可以發現，隨著速度加快，屈膝緩衝幅度並沒有明顯增大，即各個速度下，屈膝幅度基本沒有太大差別，但當速度較快，如配速達到 4:00 以內時，緩衝幅度明顯減小，這顯然跟速度加快著地期縮短來不及緩衝有關。

　　從下一頁第二幅圖可見，各組間屈膝幅度差別不大，初級組屈膝幅度還要略大於中高級組，由於角度差異很小，所以這種差異也可以認為沒有實際意義，但這從某種意義上也說明即便是中高級組跑者也應當加強自身著地緩衝能力的訓練。

　　所以，綜合不同性別及不同組別跑者著地緩衝時的跑姿表現，我們可以總結：女性著地瞬間屈膝角度和屈膝最大角度都略大於男性，但真正代表屈膝緩衝能力的屈膝幅度指標，卻是男性優於女性；水平越高的跑者著地瞬間跑姿控制越好，表現為屈膝角度較大，這樣有利於緩衝。

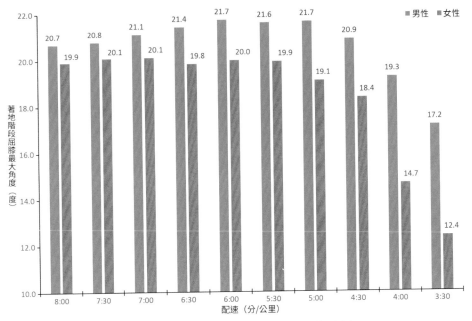

不同性別大眾跑者著地階段屈膝幅度對比（度）

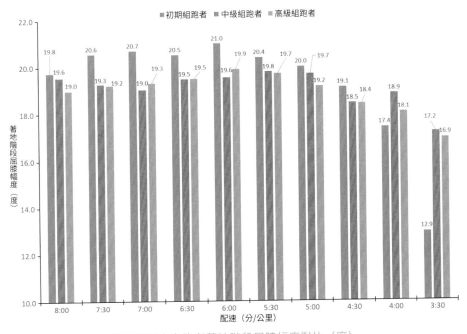

不同組別大眾跑者著地階段屈膝幅度對比（度）

　　落地緩衝能力是由著地時跑步姿態（著地瞬間屈膝角度）和緩衝能力（著地階段屈膝幅度）共同決定的，高級組跑者雖然著地時跑步姿態控制還不錯，但他們乃至所

有大眾跑者著地之後的緩衝動作都有不足，這也解釋了為什麼大眾跑者傷痛高發。所以大眾跑者仍然需要進行跑姿訓練，特別是要加強肌肉離心訓練。

三、加強跑步著地技術的兩個主要方法

正如前文所說，合理著地、學會緩衝、減小受力是跑步時預防傷痛的關鍵，那麼怎樣才是合理著地呢？合理的著地技術是由著地時跑步姿態（著地瞬間屈膝角度）和緩衝能力（著地階段屈膝幅度）共同決定的，前者的技術要領是著地時保持膝關節彎曲，不要伸直或者接近伸直，後者

則是強調著地後膝關節積極下壓緩衝。其實只有在著地時保持了膝關節彎曲，才能更加積極地下壓緩衝，如果著地時膝關節伸得比較直不利於接下來的積極緩衝。對於大眾跑者而言，合理緩衝的技術要透過**適當加快步頻和訓練肌肉緩衝能力兩方面加以掌握**。

四、總結

針對大眾跑者的著地緩衝技術進行測試發現：高水平跑者著地姿態優於初級跑者，表現為著地瞬間膝屈角度較大，但著地後膝關節下壓緩衝仍然存在不足；女性跑者著地瞬間姿態略優於男性跑者，但女性跑者由於肌肉力量不足，著地屈膝幅度不如男性跑者。加強緩衝是預防跑步傷痛的關鍵，針對性的解決方法是適當加快步頻和訓練肌肉緩衝能力。跑者最終可以透過腳步聲來判斷自己著地技術的好壞，正所謂慧跑提倡的「輕如羽，跑無傷」，輕盈成為著地技術良好的最終表現。

‹‹ 第四節　著地受力 ››

跑步是雙腳交替向前，整個身體不斷騰空、落地的週期性運動（所謂週期性運動就是指動作不斷重複的運動）。走路雖然也是雙腳交替向前的運動，但走路時至少有一隻腳始終在地面支撐體重，而跑步需要克服重力讓身體騰空，所以跑步比走路累多了。而同樣是由於騰空，落地時人體會給予地面一個比較大的作用力，牛頓第三定律指出，當我們對某物施加一個力的同時，必定會得到一個大小相同、方向相反的力，稱為反作用力，這個力就是我們一般所說的衝擊力。衝擊力如果過大或者不斷累積，可能會給骨骼、關節帶來損傷。根據愛燃燒公佈的《2019 年中國跑者調查報告》，在2019 年，超過 7 成的跑者經歷過運動損傷，運動損傷從根本上說是由負荷過大，身體難以承受造成的。

著地衝擊

換句話說，雖然導致傷痛的原因有很多，跑量過大、跑姿問題、體重較大、缺乏力量、恢復不足等不一而足，最終這些因素都會以生物力學的形式呈現出來。上述因素最終可能導致應力在身體局部（如膝關節）過於集中，並且超出身體的修復能力和承受能力，從而導致慢性勞損。

一、跑步著地時受力基本特徵

認真、細緻地研究大眾跑者跑步過程中，特別是著地階段的受力特徵，對於指導大眾科學跑步很有價值。首先給大眾跑者介紹跑步著地時地面反作用力的基本特徵，跑步時，地面垂直方向反作用力的經典曲線一般如右圖所示。

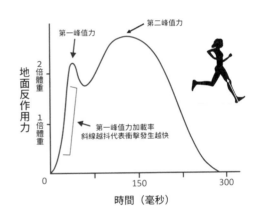

在腳剛著地時會有一個陡然上升的力，我們把這個力稱為第一峰值力，第一峰值力對跑步指導最有意義，它代表跑步騰空落地時所受到的地面衝擊力的大小及其產生的快慢。第一峰值力越大，曲線上升越陡，代表著地衝擊越大；當然這個力也代表緩衝能力，曲線上升相對越緩，幅度越小，則代表緩衝能力越好。**第一峰值力**在跑步生物力學中是最重要的指標之一，因為這個指標跟傷痛密切相關，受傷主要跟第一峰值力和第一峰值力的加載率（斜率）有關。

在第一峰值力之後，力的曲線會短暫下降或者不下降，然後再次上升，此時的力會比第一峰值力更大，稱之為第二峰值力。第二峰值力代表著地由緩衝期變成蹬伸期，第二峰值力通常表示蹬伸用力的程度。

　　南京體育學院運動健康學院戴劍松副教授領導的團隊對大眾跑者的跑姿進行了深入研究，這其中就包括對跑步時著地階段受力特徵的分析，研究方法見本章第一節。

二、大眾跑者著地時受力分析

　　下圖顯示了大眾跑者在 10 個速度下的著地受力曲線，很明顯隨著速度加快，受力逐漸增大，曲線逐漸升高。

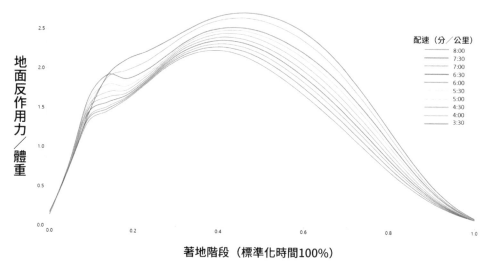

跑者在不同速度下的著地受力曲線

　　由於著地時受力大小與體重有關，體重越大，騰空落地時動量越大，自然第一峰值力也越大，所以需要將受力除以體重，下一頁圖的縱軸坐標顯示了體重的倍數，從最慢的 8:00 配速到最快的 3:30 配速，第一峰值力從 1.5 倍體重增加至 2~3 倍體重，經過計算配速每縮短 30 秒，平均受力增加 5%~6% 倍體重，這就意味著對於一個體重 60 公斤的跑者，配速每縮短 30 秒，每一步著地時受到的衝擊力將增加 3 公斤左右，看上去還不算多，但這只是每一步增加的衝擊力，1 公里大約 1000 步，這就意味著每 1000 步，配速每加快 30 秒，受力將增加多達 3 噸。跑步傷痛絕大部分都是勞損，即負荷累積性損傷，沒有人是因為慢跑幾百公尺受傷的，跑者往往都是在跑量不斷累積過程中出現傷痛的。

　　本研究用數據證明了，每一步受力增加一點點，看上去不多，但不斷累積就會產生天文數字。所以，跑者的配速和跑量一定要與自己的能力匹配，加快配速、加大跑量一定要以自身能力作為基礎，透過循序漸進的訓練，逐步提高身體對負荷的耐受能力。不考慮自身能力邊界，盲目追求配速和跑量，容易導致累積性負荷過大，從而超

過身體承受能力及恢復修復能力，引發傷痛。

本研究還發現女性跑者雖然體重較輕，但在對體重進行標準化處理（即受力除以體重）後，女性跑者在各個速度下第一峰值力都要大於男性跑者，這說明女性跑者著地後緩衝能力較弱，這跟女性普遍缺乏力量有一定關聯。

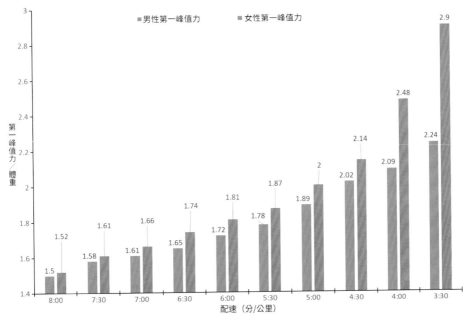

不同性別大眾跑者著地第一峰值力對比（BW）

下一頁第一幅圖顯示了不同水平大眾跑者第一峰值力，總體而言，似乎中級組跑者第一峰值力更大，初級組跑者第一峰值力相對最小，但各組間差別不大。

除了第一峰值力以外，第一峰值力加載率也是受傷風險的重要預測指標，這個指標從某種意義上說，比第一峰值力更有價值。所謂第一峰值力加載率就是用第一峰值力除以達到第一峰值力的時間，即第一峰值力加載率＝ΔForce/Δt，這個在數學上稱為斜率。斜率越大，代表第一峰值力加載率越大；反之則越小，從下一頁第二幅圖可見，隨著速度加快，第一峰值力加載率逐步增加，說明速度越快，著地初期所受到的地面反作用力瞬時衝擊越大。前文已經發現隨著速度加快，達到第一峰值力的時間沒有發生明顯變化，那麼決定第一峰值力加載率的關鍵就是第一峰值力本身的大小，而第一峰值力隨著速度不斷加大，自然就導致第一峰值力加載率不斷增加，由此也顯示速度越快，著地時所受到的瞬時衝擊越大，受傷風險越大。從第 55 頁第一幅圖中也能清楚地看到女性第一峰值力加載率更大，女性要更加注意著地衝擊問題。

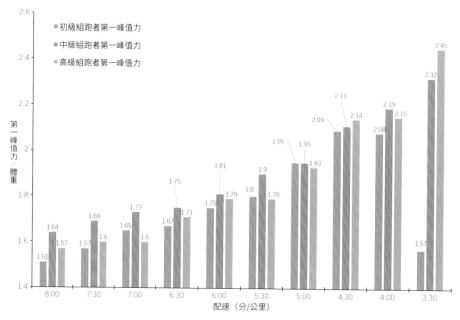

不同組別大眾跑者著地第一峰值力對比（BW）

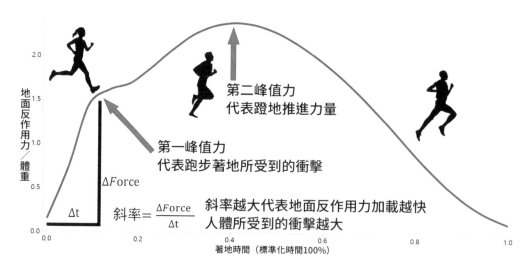

　　從下一頁第二幅圖可見，高級組第一峰值力加載率反而是最高的，這可能與高級組跑者步頻較快，著地時間較短有關，著地時間短雖然從某種意義上說提高了跑步效率，但緩衝期和蹬伸期的縮短，也造成了緩衝不足，從而產生第一峰值力加載率較高的問題。因此高級組跑者要重視緩衝不足的問題，特別是要加強肌肉力量，從而更多地靠肌肉吸能，減少著地對關節的衝擊。

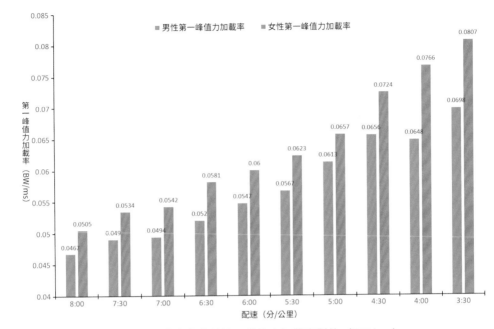

不同性別大眾跑者著地第一峰值力加載率對比（BW/ms）

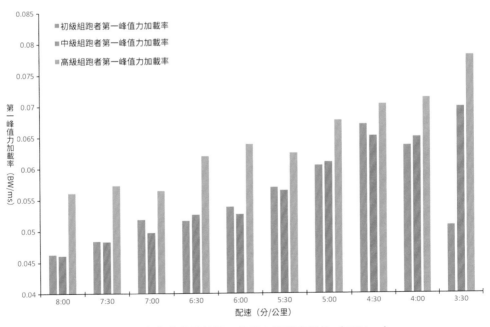

不同組別大眾跑者著地第一峰值力加載率對比（BW/ms）

不同組別第一峰值力加載時間對比

配速 （分／公里）	初級組第一峰值力 加載時間（毫秒）	中級組第一峰值力 加載時間（毫秒）	高級組第一峰值力 加載時間（毫秒）
8:00	33±4	36±7	29±4
7:30	33±5	36±7	29±5
7:00	32±5	35±7	29±5
6:30	33±4	34±6	29±5
6:00	33±5	35±7	29±5
5:30	32±4	35±8	29±5
5:00	33±5	32±5	29±4
4:30	32±4	33±7	31±5
4:00	33±5	35±7	31±6
3:30	31±2	34±7	32±6

三、成也靠力，敗也是力，無傷跑者如何將受力最大限度合理化

　　跑步通常被認為是心肺耐力運動，但心肺工作的目的是將氧氣運輸到肌肉，為肌肉收縮提供能量，而肌肉收縮產生的力量才是推動人體跑步的原動力。肌肉透過收縮以及合理的技術緩衝騰空落地時產生的地面衝擊力，也透過收縮產生蹬伸力量。換句話說，跑得快是靠肌肉收縮提供動能，跑步不受傷得靠學會緩衝作用在人體上的衝擊力。

　　本研究發現從慢到快，跑步騰空落地時受到的第一峰值力達到 1.5~3 倍體重，且隨著速度加快，第一峰值力上升迅速，跑者想要跑得更快需要更強的心肺耐力和肌肉力量這點毋庸置疑，但也要具備更強的承受和緩衝第一峰值力的能力。那麼，跑者如何才能將跑步時騰空落地的衝擊力控制在合理範圍，避免受傷呢？以下是最為重要的 4 條建議。

1. 科學、合理的跑步技術

好的跑步技術可以最大限度緩衝受力，這些技術包括：
- 著地時著地點距離重心不是太遠，膝關節保持適度彎曲，彎曲的骨骼排列才有利於緩衝。
- 著地後膝關節積極下壓，從而緩衝受力。

- 在同等速度（配速不是太快的情況下）下更推薦快步頻，這樣有助於降低騰空高度。一方面更省力，另一方面也減小落地時的動量，還能避免著地點距離重心過遠。

2. 強化肌肉力量

肌肉力量是產生動作的源泉，良好的肌肉力量一方面提供足夠動力，另一方面也能夠充分緩衝受力，女性跑者第一峰值力大於男性很大程度上跟女性肌肉力量較弱有關。

3. 循序漸進地跑步，逐步提高身體承受能力

再強大的肌肉力量、再合理的跑步技術也經不起超出自身能力的損耗，循序漸進地跑步本質就是逐步提高身體承受應力的能力。本研究證實了隨著速度加快，第一峰值力上升迅速，所以你想跑得更快，就要具備更強的身體承受應力的能力。循序漸進地跑步，為一場馬拉松比賽進行充分準備的過程就是逐步提高身體承受能力的過程。

4. 給予身體足夠的修復和恢復時間

身體在承受應力之後，可能會產生局部負荷累積，這種負荷累積對於身體而言是一種刺激，身體只有透過休息和恢復才能適應刺激，並且變得更強大，這就是所謂超量恢復。過量運動造成身體損耗，加之不給身體足夠的修復和恢復時間，很容易導致身體透支和衰竭，這就是所謂的沒有疲勞就沒有訓練，沒有恢復就沒有提高。

四、總結

透過對大眾跑者在不同速度下著地受力的分析，我們可以清楚地看到，隨著速度加快，人體所承受的應力增加很快，所以大眾跑者不必總想著為了跑快而跑快，而是先要打好自己的基礎。女性跑者尤其要重視力量不足帶來的第一峰值力和第一峰值力加載率過大的問題，精英跑者也要重視速度快帶來的緩衝不足、應力過大、負荷過度累積的問題。加強心肺和力量訓練，提高身體承受負荷的能力；控制跑量和配速，避免過大負荷連續累積在人體上。一正一反，有張有弛，才是科學跑步的王道。

◂◂ 第五節　「送髖」技術 ▸▸

跑步是一項軀幹相對穩定，上肢擺臂、下肢擺腿的全身性協調運動，其中上肢擺臂以肩為軸心，下肢擺腿以髖為軸心。很多跑者會認為跑步是用腿跑，其實髖關節，即大眾俗稱的「胯」才是下肢運動的軸心。胯的運動在跑步中往往被稱為「送髖」，「送髖」技術目前被跑步高手、中高級跑者討論得比較多，被認為是一項關鍵性的跑

步技術，在增加步幅、展現優美協調的跑姿等方面發揮重要作用。那究竟什麼是「送髖」呢？

一、「送髖」的本質是骨盆適度迴旋運動所帶來的抬腿幅度的加大

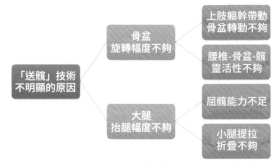

首先「送髖」這個詞就讓人感到困惑，聽上去很厲害，但似乎又解釋不清楚。送禮我們聽說過，就是把禮物給出去的意思，何為「送髖」？把髖關節送向哪裡呢？如果一個詞無法進行科學的解釋，那麼也就變成形而上學了。跑步時，大腿以髖關節為軸心，向前擺動隨後又落地蹬伸，髖關節的關節窩由骨盆構成，所以跑步時腰椎－骨盆－髖關節構成了一個較為複雜同時又很精密、微妙的聯動複合結構。跑步時，骨盆會產生適度向左向右的迴旋運動，這種迴旋運動，相當於間接增加了大腿即便沒有擺腿也向前運動的幅度；同時配合大腿前擺，就形成了大腿更加往前的趨勢，看上去抬腿幅度比較明顯，這就是所謂「送髖」。由於大腿運動以髖為軸心，髖往前多移動一點點，就能讓大腿往前擺動、著地時腳往前多移動比較可觀的距離，即增加步幅。

因此，「送髖」的本質就是骨盆適度迴旋運動所帶來的抬腿幅度的加大，抬腿幅度明顯是「送髖」的外在表現，但「送髖」絕不等於只是抬大腿。如果只是抬大腿而沒有骨盆的迴旋運動，那麼就不是「送髖」而是「抬腿」，換句話說，「送髖」表現為「抬腿」，但「抬腿」不等於「送髖」。

達到一定速度前提下的「送髖」技術不佳的原因

如果「送髖」技術表現得沒那麼好，首先要看速度，速度不夠快，如配速在 6:00 以外，那麼「送髖」不明顯也是正常現象，這也就意味著「送髖」需要以速度作為前提，脫離速度去討論「送髖」，要求所有跑者都去刻意「送髖」是不現實的。

在速度足夠快的情況下，「送髖」技術沒那麼好，主要基於兩點：一是骨盆迴旋幅度不夠，二是大腿抬得不夠高。對於第一個問題，骨盆迴旋幅度不夠又有兩個原因，一是上肢軀幹帶動骨盆轉動幅度不夠，二是腰椎－骨盆－髖關節本身靈活性欠佳；而對於第二個問題，大腿抬得不夠高同樣也有兩個原因，一是本身抬腿能力，即發揮屈髖作用的髂腰肌力量不足，二是小腿提拉折疊不夠，抬腿方式不經濟而過於吃力。

二、用數據告訴你為什麼「送髖」技術要以速度作為前提

最大屈髖角度

大眾在跑姿理解上很容易犯的一個錯誤就是認為跑姿是某種固定不變的刻板動作，如跑姿一定要「送髖」、一定要小腿提拉折疊，殊不知跑姿是跟速度有關的。短跑和中長跑都是跑步，顯然短跑運動員的動作幅度和力度都要比中長跑運動員大一些，這說明一個道理，隨著速度加快，跑姿有所改變，至少表現為跑姿的動作幅度，如抬腿、後蹬、折疊幅度都在增加。因此，用一個刻板動作作為標準去評價不同速度下的跑姿，就會產生理解偏差。很多跑者看到精英選手「送髖」明顯、小腿折疊漂亮特別讚嘆，認為自己做不到就是跑姿不好，其實並非完全如此，主要是因為你的速度達不到運動員的配速。讓運動員按照你的配速去跑，他們抬腿和小腿折疊幅度自然也會變小，跟你差不多了。南京體育學院運動健康學院戴劍松副教授透過測試不同水平大眾跑者的跑姿，驗證了這一點，研究方法見本章第一節。

下圖顯示了不同性別跑者的抬腿幅度，即跑步時最大屈髖角度，這裡的屈髖角度是指骨盆與大腿之間的夾角。由於骨盆本身就處於輕度前傾位，加之跑步時身體會適度前傾且骨盆本身會運動，所以這個角度是動態變化的。很明顯隨著速度加快，抬腿

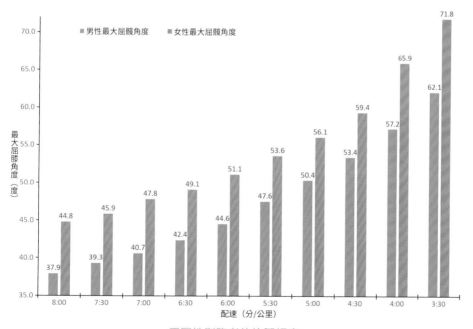

不同性別跑者的抬腿幅度

幅度越來越大，也就是說即便是大眾跑者，隨著速度加快也會表現出一定程度的抬腿「送髖」，速度慢時不必刻意強調抬腿，沒有抬腿自然也就談不上「送髖」。**女性抬腿幅度比男性還要更大一些**。

　　下圖對比了不同水平跑者的抬腿幅度，高級組跑者在各個速度下抬腿幅度都要大於初中級組跑者，說明高級組跑者表現出更好的抬腿「送髖」能力，這種能力隨著跑步能力的提升而變得更強。

　　下一頁第一幅圖顯示了不同性別跑者的後蹬幅度，大家可能奇怪為什麼角度會從大變小甚至變成負值，這是因為運動學研究本身就要對關節運動分正負方向。大腿相對於骨盆中立位向前運動為正值，表現為屈髖；相對骨盆中立位向後運動為負值，表現為伸髖。這裡所指的伸髖不是大腿相對於軀幹的位置，而是大腿相對於骨盆的位置。如果是大腿相對於軀幹的位置，那麼蹬伸時大腿肯定在軀幹的後方。但大腿相對於骨盆位置來說，由於跑步時骨盆本身就是前傾的，所以大腿相對於骨盆向後運動的幅度有限，也就是說蹬伸發力時，大腿並不會明顯位於骨盆後方。

最大屈髖角度

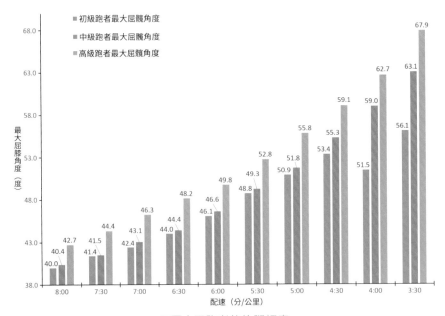

不同水平跑者的抬腿幅度

　　從下一頁第一幅圖可見，隨著速度加快，伸髖幅度加大，但加大的程度不如屈髖那麼明顯，這是因為解剖學的關係，大腿本身相對於骨盆向後運動幅度有限，你試試

看站立位單腿後伸就知道了。與女性屈髖幅度大於男性不同，男性大腿後蹬幅度大於女性，說明男性蹬地發力更為明顯。

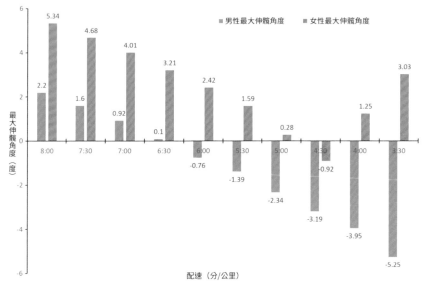

不同性別跑者的伸髖幅度

從下圖可見，初級組跑者後蹬幅度大於中高級組跑者，這可能與初級組跑者骨盆和身體前傾不夠有關，而骨盆相對越前傾，即使伸髖發力很明顯，角度也不會顯得很大。

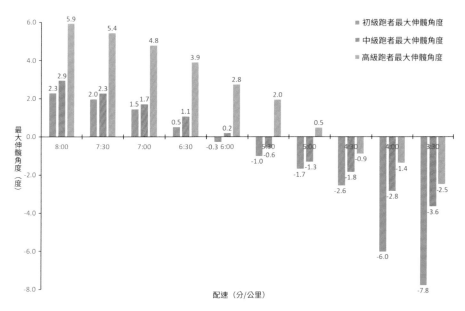

不同水平跑者的伸髖幅度

屈膝角度是指大腿延長線與小腿之間的夾角，這個角度越大，說明屈膝越明顯，也就是跑者理解的小腿提拉折疊越明顯。從下圖可見，隨著速度加快，小腿提拉折疊越明顯，並且女性小腿向上抬起的幅度要大於男性。

而從下一頁圖可見，在速度較慢的情況下，不同水平跑者小腿折疊幅度相差並不大，但當速度足夠快（配速達到 5:00 以內時），高級組跑者的小腿才會折疊得更緊，這也說明，小腿提拉折疊與速度高度相關。慢速時完全沒有必要強調小腿的提拉折疊，而速度加快時，水平高的跑者表現為更明顯的小腿提拉折疊，這跟高級組跑者技術更加熟練有關。

最大屈膝角度

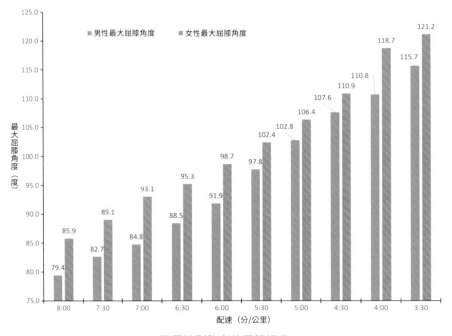

不同性別跑者的屈膝幅度

透過上述研究，我們可以清晰地看到，跑步時關節運動幅度與速度有關。速度越快，即便是普通大眾跑者也會表現出一定的抬腿「送髖」和小腿提拉折疊，因此「送髖」技術、提拉折疊技術必須以一定速度作為前提，脫離速度談技術，很容易陷入鑽牛角尖的誤區，而高級組跑者在速度較快時，由於專項力量更大，跑姿更加合理，所以往往動作幅度更大，這是他們的跑姿看起來比較漂亮、瀟灑的主要原因。

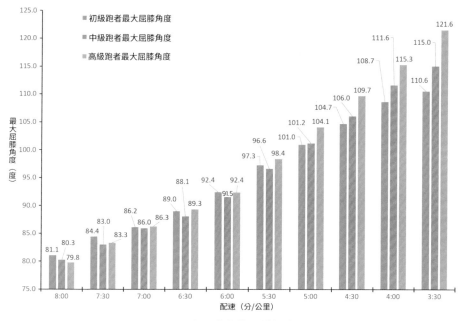

不同水平跑者的屈膝幅度

三、形成良好「送髖」技術的 4 個關鍵要領

　　「送髖」技術要以一定速度作為前提，表現為適度骨盆旋轉加上合理抬腿。並不是簡單抬腿就能做到真正的「送髖」，要實現這一技術動作，是需要從以下 4 個方面加以改進的。為什麼這麼說呢？

1. 加強擺臂

　　跑者一定會疑惑擺臂為什麼跟「送髖」有關，一個是手上動作，一個是腿上動作，怎麼可能有關係呢？還真別說，關係真的很大。跑步是全身運動，「送髖」擺腿能力增強一定要與加強擺臂相匹配，否則是無法形成「送髖」技術的。因為加強擺臂，特別是強調手臂的用力後擺可以帶動軀幹適度左右旋轉，而軀幹的左右旋轉借助腰椎－骨盆－髖關節複合結構，帶動骨盆左右旋轉，這就幫助形成了「送髖」技術。此外，上肢用力後擺可以有效牽拉腹內斜肌、腹外斜肌，從而形成軀幹牽張反射，促使骨盆在肌肉牽張反射作用下產生一定的左右旋轉。其實，配速快的時候，擺臂也會自然加強，所以加強擺臂透過軀幹適度扭轉幫助形成「送髖」技術。

2. 改善腰椎－骨盆－髖關節靈活性

　　如果沒有良好的腰椎－骨盆－髖關節靈活性，骨盆左右旋轉和抬腿幅度不夠，那麼

也無法形成有效的「送髖」抬腿技術。現在大部分跑者都是伏案職業人群，久坐所形成的姿態異常很容易導致使跑者屈髖的髂腰肌比較緊張，髖打不開就會表現為坐著跑。既然「送髖」的本質是骨盆左右旋轉配合抬腿，髖關節又連在骨盆上，一側伸髖另一側就會屈髖，進而帶動骨盆旋轉，一側髖無法伸展相當於就會限制骨盆旋轉，這就引發連鎖反應──導致另一側髖也就無法往前運動，所以改善腰椎－骨盆－髖關節靈活性是「送髖」技術的基礎之一。

3. 加強抬腿能力訓練

跑者都很清楚要多練臀肌、股四頭肌，但幾乎都會忽視一個重要部位──髖前部肌肉的訓練，髖前部肌肉學名髂腰肌，髂腰肌的主要功能是屈髖，也就是抬腿。跑步時，當一條腿蹬地結束後，就進入向前擺動階段，也就是大腿向前擺動。大腿前擺的動力就是來自髂腰肌，如果髂腰肌力量不夠，就會出現大腿前擺無力，拖著腿跑的情況。「送髖」不等於抬腿，但沒有抬腿也就談不上「送髖」了。

4. 促進小腿提拉折疊

如果你認為加強髂腰肌就能形成「送髖」抬腿，顯然你把問題想簡單了，如果小腿拖在地上，沒有一定程度地向大腿折疊，你的「送髖」抬腿就是「鋤頭鋤地」，尚未真正掌握精髓。合理的小腿折疊技術，大大縮小了大腿向前轉動半徑，轉動半徑的減小使轉動慣量隨之減小。根據轉動定律，轉動慣量的減小，增大了大腿繞髖關節轉動的角加速度，角加速度的增大，使擺動腿的角速度得到提高，這樣就能形成真正良好的「送髖」技術。可見，良好的「送髖」抬腿技術要以小腿折疊作為前提，否則你的腿就像鋤頭一樣向前抬，費力還難看。

抬腿前擺

提拉折疊

小腿折疊才能更有效地
「送髖」抬腿

所以，「送髖」技術是一項整合性技術，它需要全身協調性、身體靈活性和動作技術的配合。沒有擺臂和一定程度的軀幹扭轉，骨盆轉動不起來；沒有髖關節靈活性和髖部力量，腿抬不了；沒有小腿折疊，抬腿不可持續，一環扣一環。

四、總結

「送髖」技術作為一項比較高級的跑步技術，並不適用於所有跑步類型，將其作為速度較快情況下的技術完善和提升更為合理和現實。「送髖」技術表現為骨盆迴旋

和抬腿，但本質仍是全身性整合技術，如果借助「送髖」，每一步能增加的幅度僅僅為 10 公分，那麼跑 1 公里差不多 1000 步，所帶來的提升也將達到 100 公尺，獲益是可觀的！

‹‹‹ 第六節　快慢步頻對比 ›››

跑姿一直都是大眾跑者關注的熱門話題。好的跑姿主要有兩方面作用，一方面使能量利用效率最大化和能量節省化，另一方面則是減小跑步時人體受到的衝擊力，從而預防傷痛。大眾跑者在跑步過程中，除了透過跑步發展心肺耐力，提升個人整體健康水平以外，改進跑姿中不合理的地方，形成良好跑姿，對於長期健康、無傷跑步，提升跑步效率，減少傷痛同樣意義重大。

一、為什麼提倡大眾跑者使用快步頻

跑者很關心自己的跑姿好不好，對於大眾跑者而言，評價跑姿最重要的、探討最多的參數就是步頻。步頻在很大程度上可以代表跑步習慣和跑姿整體表現。所謂步頻，就是指跑步時，每分鐘腳落地的次數，例如，在 1 分鐘內，左右腳共踏出 170 步，那麼步頻就是 170 步 / 分。步幅則是指相鄰兩步的距離，步頻乘以步幅就等於速度，在相同速度下，有些跑者採用慢步頻大步幅，有些跑者採用快步頻小步幅。

通常接受的傳統觀點，包括專業跑步教練提倡的觀點就是：在速度不是足夠快的情況下，快步頻小步幅要優於慢步頻大步幅，即相對快的步頻更適合大眾跑者。步頻要多快？一般認為理想情況是至少達到 180 步 / 分，大眾跑者能學到的優化跑姿的方法就是加快步頻。

那麼為什麼快步頻更加適合大眾跑者？

快步頻和慢步頻區別在哪裡？

步頻是不是越快越好？

慢步頻會導致傷痛增加嗎？

這些問題一直缺乏有效的科學數據來驗證和支撐。南京體育學院運動健康學院戴劍松副教授的團隊進行了深入研究，並且透過研究大眾跑者的步頻與其他跑姿數據的關聯，得到了重要的科學證據，研究方法見本章第一節。

二、不同步頻究竟會對跑步產生哪些重要影響

1. 首先定義什麼是不同步頻跑者

為了研究不同步頻對跑姿的影響，首先我們需要對不同步頻的跑者進行定義，由於通常 180 步 / 分是推薦的最佳步頻，所以我們將是否達到 180 步 / 分作為分界線。

達到該步頻者為步頻較快跑者，反之則為步頻較慢跑者，本研究一共測試了 10 個速度下的步頻，但配速達到 4:30 以內時，幾乎所有跑者都達到 180 步 / 分（速度越快步頻越快），所以本研究只分析了 8 個速度下的步頻。下圖顯示了不同步頻跑者在 8 個速度下的步頻平均值，下一頁圖則顯示了 8 個速度下不同步頻跑者的人數比例。顯然在速度較慢時，70% 的跑者的步頻都無法達到 180 步 / 分，而隨著速度加快，步頻達到 180 步 / 分的跑者越來越多，但仍有相當一部分跑者步頻低於 180 步 / 分。

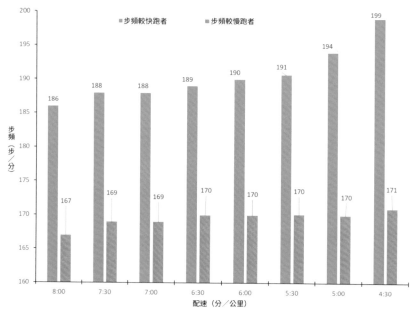

以是否達到 180 步 / 分定義步頻快和步頻慢的跑者

2. 步頻慢會導致著地時受到較大衝擊而受傷嗎

　　由於跑者的受傷風險在很大程度上取決於跑步著地時的緩衝能力，所以本研究重點分析了不同步頻對著地緩衝的影響，評價緩衝能力採用 2 類共 5 個指標，**分別是運動學指標——著地瞬間屈膝角度、著地階段屈膝幅度、著地距離，以及動力學指標——第一峰值力和第一峰值力加載率。本研究所有與力有關的指標都除以體重進行了標準化，這樣就避免了體重因素對結果的影響。**

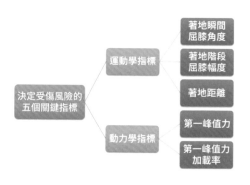

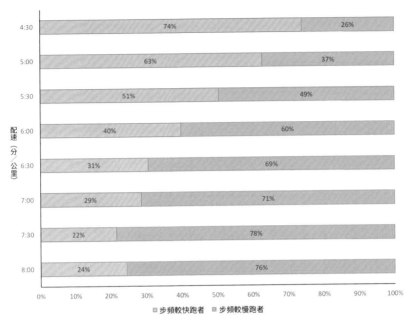

不同配速下達到 180 步 / 分的跑者人數比例

　　首先，我們看 3 個運動學指標。著地瞬間屈膝角度是指腳剛剛著地時，大腿延長線與小腿的夾角；著地距離則是指著地點距離重心的距離。著地瞬間屈膝角度越小，著地距離越大（表明此時著地點距離重心相對比較遠），著地階段屈膝幅度越小，這說明膝蓋伸得越直，緩衝越差，受傷風險越大；而這個角度相對越大，著地距離較小，說明著地時膝關節彎曲越明顯，越有利於緩衝，同時還能減少制動，保持速度。

　　從下一頁第一幅圖可見，隨著速度加快，著地瞬間屈膝角度有逐漸增大的趨勢，說明速度越快，跑者越會出自本能地增加著地瞬間的屈膝角度從而有利於緩衝。經過統計檢驗，8 個速度下不同步頻跑者的著地瞬間屈膝角度沒有統計學差異，說明步頻快慢並不會對跑者著地瞬間屈膝角度構成影響。在速度較快時，反而是步頻慢的跑者著地瞬間屈膝角度略大於步頻較快的跑者。

　　這個結果推翻了傳統認知，傳統認知認為步頻慢，跑者步幅就大，跨大步的方式容易造成著地時膝過伸（屈膝角度較小）。事實並非如此，即便是步頻慢跨大步，腳在下落著地時，還是會自然屈膝收腿準備著地，步頻慢會導致著地時膝過伸是錯誤認知，缺乏數據支持。有時候你看到很多跑者著地時膝關節伸得很直，那是因為腳還在空中尚未著地，著地時膝關節會本能地自然彎曲。

　　下一頁第二幅圖顯示了不同步頻大眾跑者著地時膝關節屈膝幅度，整個著地階段可以劃分為緩衝期和蹬伸期。所謂緩衝期就是指從著地瞬間一直到膝關節屈曲到最大角度，屈膝幅度越大，說明緩衝越好，就跟我們從高處跳下要充分屈膝緩衝是同個道

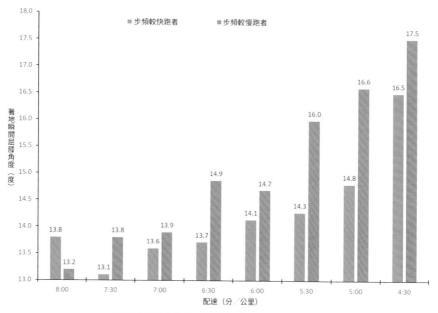

不同步頻大衆跑者著地瞬間屈膝角度對比

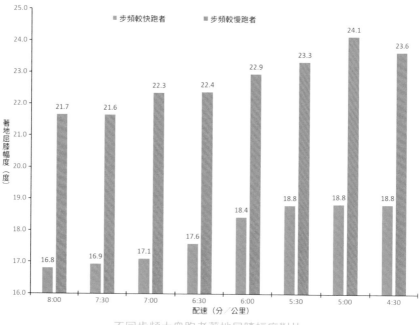

不同步頻大衆跑者著地屈膝幅度對比

理。同時足夠緩衝也可以儲備肌肉彈性位能，從而在蹬伸期得以釋放肌肉彈性，幫助發力，所以屈膝幅度是一個評價著地緩衝技術的重要指標。從上頁第二幅圖可見，速

度由慢到快變化時，屈膝緩衝幅度變化不大，並沒有隨著速度加快而加大，因為隨著速度加快，著地期變短，緩衝會受到著地時長的限制。**但非常有意思的是，慢步頻跑者屈膝緩衝幅度卻顯著大於快步頻跑者，**這說明步頻慢的跑者反而表現出更明顯的屈膝緩衝。這可能並不是因為慢步頻跑者技術更好，原因在於：一方面，步頻慢，著地時間變長，有足夠時間緩衝；另一方面，步頻慢，騰空高度更高，人體會本能增加緩衝。所以從這兩方面來看，慢步頻跑者雖然騰空高度高，但緩衝也更加明顯，目的是減少落地時的衝擊，這一結果也進一步驗證了步頻慢的跑者會本能地產生更強的緩衝動作。

　　從下圖可見，著地距離是由抬腿幅度、著地瞬間屈膝角度以及身高腿長共同決定的。隨著速度加快，著地距離增加，說明速度越快、抬腿幅度越大，著地距離就越大。著地距離越大則說明著地點距離重心越遠，這時候制動剎車效應就越明顯，所以從保持速度、減少剎車角度而言，著地距離不宜過大。在速度較慢時，不同步頻著地距離經統計學檢驗沒有差異；但當速度達到 5:30 以內，不同步頻著地距離就產生了統計學差異。這說明當速度較快時，如果步頻較慢，跨大步很明顯，就容易導致著地距離過大，增強制動效應。由此也顯示，當速度越來越快時，以慢步頻跳著跑肯定不是一種省力的方式。

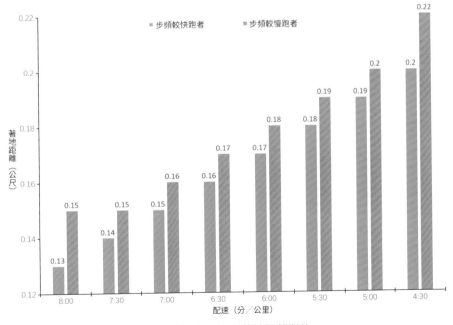

不同步頻大眾跑者著地距離對比

在腳剛著地時，會有一個陡然上升的力，我們把這個力稱為第一峰值力，第一峰值力對跑步指導最有意義，它代表跑步騰空落地時所受到的地面衝擊力的大小及其產生的快慢。第一峰值力越大，曲線上升越陡，代表著地衝擊越大；當然這個力也代表緩衝能力，曲線上升相對越緩，幅度越小，則代表緩衝能力越好。第一峰值力在跑步生物力學中是最重要的指標之一，因為這個指標跟傷痛密切相關，受傷主要跟第一峰值力和第一峰值力的加載率（斜率）有關。

從下圖可見，隨著速度加快，第一峰值力逐步上升，但讓人意想不到的是，快步頻跑者第一峰值力甚至略大於慢步頻跑者，7:00、5:30、4:30 3個配速下還具有統計學差異。**這進一步驗證了步頻越快，著地衝擊越小的傳統認知是站不住腳的，**究其原因，可能與步頻加快後著地時間縮短，緩衝也被迫減少有關。且前文講過步頻較快的跑者著地瞬間屈膝角度與屈膝緩衝幅度還不如步頻較慢的跑者，這也驗證了前文數據。**所以，大家不要想當然地認為，步頻快著地衝擊就小，未必！**

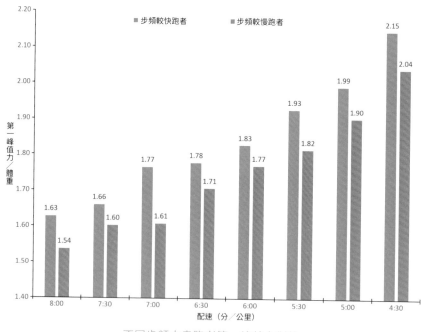

不同步頻大眾跑者第一峰值力對比

除了第一峰值力以外，第一峰值力加載率也是受傷風險的重要預測指標，這個指標從某種意義上說，比第一峰值力更有價值。所謂第一峰值力加載率就是用第一峰值力除以達到第一峰值力的時間，即第一峰值力加載率 = $\Delta Force / \Delta t$，這個在數學上稱為斜率。斜率越大，第一峰值力加載率越大；反之則越小。

從下圖可見，步頻較快的跑者第一峰值力加載率反而較高，即斜率較大，因為步

頻較快的跑者本身第一峰值力就較大，並且著地時間縮短導致其緩衝時間也縮短，所以第一峰值力加載率較高也就不難理解了。當然，經統計學檢驗，不同步頻跑者第一峰值力並無統計學差異，即可以認為不同步頻跑者第一峰值力加載率的差別不大。

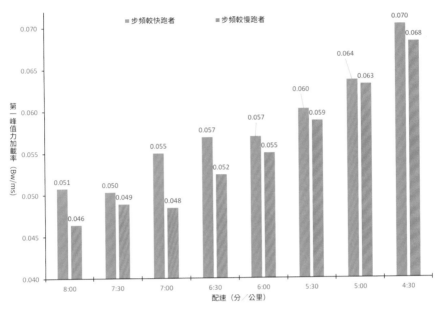

不同步頻大眾跑者第一峰值力加載率對比

　　對於決定跑步受傷風險的 2 類 5 個指標的深入分析，完全顛覆了之前對於步頻憑想像產生的認知。**在同等速度下，步頻達到 180 步 / 分以上，並不能減少受傷風險；步頻低於 180 步 / 分也不會增加受傷風險，因為現有指標缺乏有關的科學證據來支持「傳統觀點」**。步頻較慢的跑者雖然騰空高度增加，但著地時間延長也會使其有足夠時間進行緩衝，人的本能也會使屈膝緩衝增加。步頻較慢的跑者著地瞬間屈膝角度更大，屈膝緩衝幅度也更大，第一峰值力和第一峰值力加載率更小。步頻慢時，著地時跨大步動作的確更加明顯，但這並不表示著地瞬間膝關節會過伸。**本研究結果告訴我們：在一定範圍內的慢步頻不會明顯增加受傷風險，當然你不能步頻過慢，如步頻低於 150 步 / 分，那就是跳著跑了，那樣的跑姿是非常不自然的跑姿。**

3. 步頻慢的最大問題不是增加受傷風險，而是降低跑步效率

　　前文已經詳細敘述了在同等速度下，一定範圍內的慢步頻並不會明顯增加受傷風險，這是不是意味著慢步頻就比快步頻更好呢？顯然沒那麼簡單。步頻較慢時，步幅較大，會導致騰空高度明顯增加。從下圖可見，在 8 個速度下，慢步頻跑者明顯騰空高度大於快步頻跑者且步頻差異具有統計學意義。跑步是雙腳交替往前，身體重心不

斷起伏，騰空著地交替出現的運動，但跑步的本質是獲得更大的水平速度。當騰空過高時，事實上會對水平速度造成影響，因為你需要不斷地克服重力做功。你想想看如果做垂直縱跳，是跳 20 公分高更吃力還是跳 40 公分高更吃力？所以過大的重心起伏不得不讓更多能量消耗在垂直方向而不是水平方向上。這是一種吃力不討好的跑步方式。

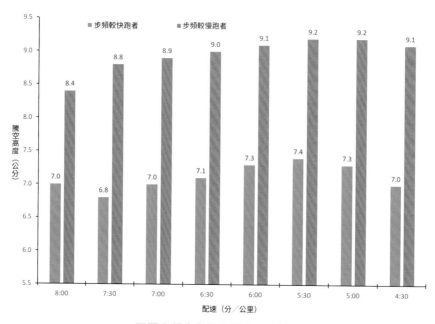

不同步頻大眾跑者騰空高度對比

　　從下一頁第一幅圖顯示的著地時間看，隨著速度加快著地時間縮短，步頻較快的跑者著地時間明顯短於步頻較慢的跑者，這一點很容易理解，因為步頻慢時騰空高度更高，需要更長時間來落地緩衝。另外，在這裡也要提醒大眾跑者，著地時間並非越短就一定越好，著地是獲得落地緩衝、積蓄位能和產生蹬伸效果的重要時間段，著地時間變短，並非一定意味著跑步效率提高。著地時間變短，落地緩衝和蹬伸發力時間也變短，受力更大容易受傷，因為速度快時，由於落地動量大（動量等於速度乘以人體質量），對地面衝擊力越大，當然獲得的地面反作用力也越大。

　　除了慢步頻使騰空高度增加導致費力這個問題以外，我們還要考慮慢步頻帶來的另外一個重要負面效應是在著地緩衝和離地蹬伸階段也會增加人體整體受力，我們用衝量這個指標來衡量，所謂衝量就是力乘以作用時間，在力的曲線中體現為力的作用面積。

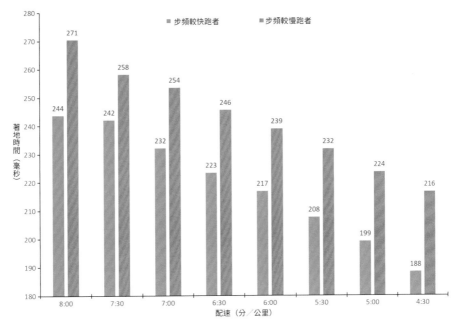

不同步頻大眾跑者著地時間對比

力的持續作用效果用衝量（力 × 時間）來衡量。

從右邊的示意圖，我們可以清楚地看到，在著地時，由於著地點都在重心前方，所以無論如何，著地都意味著制動剎車，無非是看剎車程度和大小。這時人會給地面一個朝前下方的作用力，當然地面就會給予人體一個向斜後方的反作用力，這個力可以分解為垂直分力和水平分力（水平分力方向與運動方向相反，所以是剎車制動），總之都會帶來剎車效應。而在蹬地階段，水平和垂直分力的合外力朝向前進方向，就變成推進力了。這樣我們可以將著地階段的衝量分為制動衝量和推進衝量。用衝量的好處在於可以表示力的作用時間，即可以表示力在人體身上加載的綜合效應。

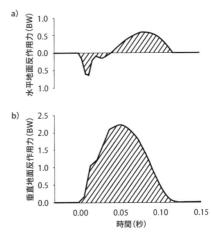

從下一頁第三幅圖可見，步頻較慢的跑者制動衝量明顯大於步頻較快的跑者，這是由於步頻較慢的跑者著地時間較長，雖然緩衝增加了，但付出的代價就是肌肉緩衝用力也增加了。而從第 73 頁的圖可見，步頻較慢的跑者在蹬地階段推進衝量也明顯大於步頻較快的跑者，這也比較好理解，首先步頻較慢的跑者著地時間較長，所以可以用更多時間來產生推進力；同時由於騰空高度增加，作用力也需要更長時間才能將人

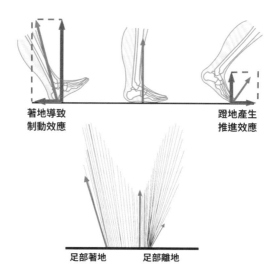

體推離地面。透過制動和推進衝量分析,我們可以得知,步頻較慢的跑者無論是在著地緩衝階段還是離地蹬伸階段,都要比步頻較快的跑者花更多時間產生力量,也就是說跑步時更加吃力,即慢步頻能量利用效率較低,跑步經濟性差。

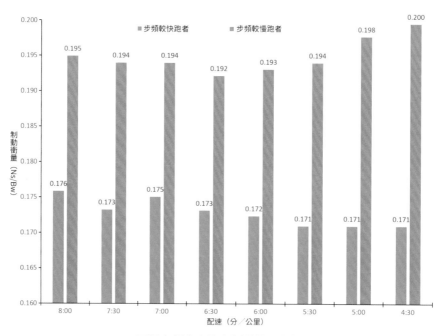

不同步頻大眾跑者制動衝量對比

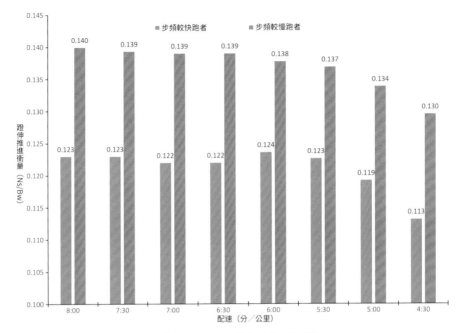

不同步頻大眾跑者蹬伸推進衝量對比

三、跑步步頻快慢的重要科學總結

　　本研究用數據和事實說話，驗證了同等速度下，步頻快慢對跑步的綜合影響，顛覆了對步頻的傳統認知。總的來說，步頻相對慢一點從決定受傷的諸多指標來看，並不會增加受傷風險，但步頻慢會使得跑步更加吃力，效率較低，能量消耗比較大，也就是說不夠經濟。**因為前面就已經說了，跑姿主要決定效率和受傷風險，慢步頻顯然不是導致受傷的高危因素，但卻是影響跑步效率的重要因素。**

　　對於大眾跑者而言，從提升跑步效率和節省能量角度而言，適當加快步頻是有好處的，因為可以節省能量。但是不是一定要達到 180 步 / 分，速度慢的時候，如配速 7:00 以外，是不是 170 步 / 分也可以？速度加快到 5:00，是不是達到 190 步 / 分更合理？我們將做進一步研究，即透過不斷深入研究，最終借助運動生物力學分析，推薦給大眾不同配速的最佳步頻。當然，步頻也跟身高有關。本研究也發現，在不考慮速度的情況下，步頻與身高呈現弱的負相關；在考慮速度的情況下，則呈現中度負相關，即身高越高，步頻相對越慢。這點也比較好理解，因為身高越高步幅越大，步頻就自然變小了。

　　步頻選擇跟跑者身高、個人習慣有關係。有些跑者適應慢步頻，有些跑者則接受快步頻，不同步頻不會影響受傷風險，但會影響跑步效率，總體推薦跑者在速度慢時，需要適當加快步頻，這樣能夠節省能量。步頻 180 步 / 分其實並沒有多少科學依

據，但 180 步／分作為一個參照，提示跑者應該注意步頻，本身還是有意義的，但跑者沒有必要把 180 步／分作為金科玉律，認為達不到就不好，最本質的一條就是步頻與速度高度相關。

四、訓練輕盈落地能力以緩衝受力才是預防跑步傷痛的關鍵

前文已經充分說明慢步頻並不會增加受傷風險，只是增加了跑步費力程度，那麼什麼才是決定跑步傷痛的關鍵呢？**著地時受到的衝擊力**。跑步與步行的最大區別是跑步存在雙腳騰空期，這樣人體在落地時會給予地面一個撞擊力。

根據牛頓第三定律，地面這時也會給予人體一個大小相等、方向相反的反作用力，這就是我們通常所說的地面衝擊力，衝擊力的大小及其產生快慢與速度、體重、人體緩衝能力高度相關。跑步時速度越快，體重越大，緩衝能力越差，當然所受到的力就越大；反之則越小。假定速度和體重這兩個因素不變，跑步時著地所受到的衝擊力在很大

增強肌肉專項力量
提升承受負荷能力

加強著地緩衝能力訓練
減少衝擊負荷

程度取決於人體的緩衝能力。**緩衝靠什麼？靠肌肉。如果靠關節緩衝衝擊力，那麼關節遲早會受傷，而肌肉作為彈性體，是可以充分吸收能量的，所以訓練肌肉能力至關重要。**透過肌肉訓練，一方面增強肌肉力量和抗疲勞能力，提高承受外部負荷的能力；另一方面加強跑步專項緩衝能力訓練，減少人體所受到的衝擊負荷。

五、總結

步頻是評價跑姿的重要指標，步頻是可以加以訓練的，因為慢速時適當加快步頻可以幫助提高跑步效率。但步頻高低並不能直接決定受傷風險，預防傷痛的本質還是加強肌肉力量和肌肉緩衝訓練，較強的肌肉能力才是預防傷痛的關鍵所在。

◂◂ 第七節　可穿戴技術跑姿評估 ▸▸

跑姿可以說是跑者最關心的問題之一，良好的跑姿在提高跑步經濟性、節省能量、提升配速、預防和減少跑步傷痛等方面發揮著至關重要的作用。反之，不合理的跑姿不僅讓你跑步費勁吃力，還會大大增加受傷風險。跑姿如此重要，那麼大眾跑者怎樣才知道自己的跑姿是否合理、正確呢？

1. 目前主要有 4 種方法可以幫助跑者進行跑姿評估

第一種是跑者相互之間或者請跑步教練用肉眼評估，這是一種定性評價方法，但需要有經驗的跑步教練且主觀性較大。

　　第二種是利用大多數手機都具備的慢動作攝像功能拍攝跑姿。簡單一點的話直接慢放進行評估；複雜一點的話可以下載一個動作分析App，將影片導入其中進行分析，這時就可以利用App中角度等測量功能評估跑姿的關鍵動作，這種跑姿評估方式專業性要求更高，往往需要專業人員才能完成評估。

　　第三種是在專業運動生物力學實驗室，借助高科技設備，如測力台、3D動作捕捉系統等先進技術設備進行測試。這種方式涉及複雜的數學建模、繁瑣的現場測試、專業的後期數據處理，一般用於科學研究，普通大眾難以體驗，或者說國內大學和研究機構基本都不提供這類服務。

　　第四種則是利用可穿戴設備進行跑姿評估。目前市面上可以評估跑姿的可穿戴設備越來越多，有的已經經過多年應用發展為成熟產品，有的則是新興產品，具有越來越強的跑姿評估功能和越來越好的應用前景。

　　運動手錶是跑者使用最多的一類可穿戴設備，Garmin運動手錶無疑是其中的佼佼者，跑者對其品牌認可度較高。運動手錶的核心功能是測量心率，主要分為兩類：一類是胸帶式心率錶，另一類是光電式心率錶。Garmin胸帶式心率錶巧妙地在心率帶中內建運動感測器，可以提供很多跑姿參數。由於心率帶是固定在軀幹上的，這樣就能得到質心騰空高度（所謂的垂直振幅）、著地時間、左右腳平衡等跑姿參數，Garmin在這方面做得很不錯，並且逐漸成為行業標準。

　　而Garmin針對光電式心率錶無法測量跑姿的問題，又開發了跑步動態感測器（又稱為「綠豆芽」），跑步時將其固定於腰部，就能得到原來心率帶才能輸出的一些參數。其實就是把原先放入心率帶中的運動感測器單獨做成一個小型可穿戴設備，從而彌補光電心率錶無法評估跑姿的不足。

心率帶

跑步動態感測器

　　接下來給跑者介紹一下Garmin運動手錶中跑姿參數的含義，雖然Garmin Connect App中也提供了跑姿參數的解釋，但很多跑者仍然不會充分利用。

2. 步頻

步頻是指每分鐘雙腳著地次數，自己計時也能數出來。步頻乘以步幅就等於距離，單位時間的距離也就是速度。因此，我們可以這樣理解，在速度一定的情況下，步頻快，步幅就相對小；步頻慢，步幅就相對大，所以說，步頻和步幅從某種意義上說，是一對矛盾。當然，總體而言，當速度較慢時，人們通常傾向於步頻慢、步幅小；而當速度較快時，則步頻快、步幅大。

Garmin 運動手錶對步頻的解釋如右圖所示。很多跑者表示看不懂，其實它採用了統計學中的百分位數。如果你的步頻大於 185 步 / 分，意味著你屬於步頻最快的 5% 的跑者，你比 95% 的跑者步頻都要快；如果你的步頻介於 174~185 步 / 分，說明你步頻較快，你屬於前 30% 的跑者，你比 70% 的跑者步頻都要快；而如果你的步頻低於 151 步 / 分，則說明你的步頻非常慢，你屬於最慢的 5% 的跑者。Garmin 運動手錶用不同顏色加以區分，目的是幫助大家更容易理解自己所處的水平。步頻最快的用紫色表示；步頻較快的用藍色表示；綠色表示步頻處於中間水平，即約有一半

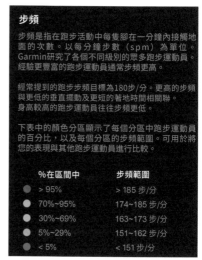

的跑者與你的步頻相當；橙色代表步頻較慢；紅色則代表步頻很慢；在 Garmin 運動手錶中，紅色和橙色屬於警戒色，代表你需要加快步頻。

當然，Garmin 運動手錶對步頻的評價是不考慮速度的，這其實也有不合理的地方。因為速度慢時，步頻允許慢些；而速度快時，步頻本來也會自然加快。Garmin 運動手錶的出發點是，無論速度快慢，你的步頻都應該快些，如即便你的速度在 7:00 以外，你的步頻也應該達到 160 步 / 分甚至更快。這樣做縱然沒錯，但也有值得商榷的地方，因為在較慢的速度下（7:30 以外），如果

刻意強調高步頻（180 步 / 分以上），容易導致後蹬不足，即蹬地發力過程還沒結束，就進入下一步著地，使得蹬地效果發揮不出來。但總體而言，讓跑者習慣加快步頻、縮小步幅比習慣慢步頻、大步幅更好。當然，也建議 Garmin 運動手錶未來優化評估，如考慮是否根據不同速度區間給出不同的評估標準。

3. 著地時間

著地時間這個指標很容易理解，就是指腳從接觸地面到蹬地離開地面的總時長。這個時間很短，只有幾百毫秒。著地是落地緩衝、儲備彈性位能、蹬伸發力獲得地面反作用力的重要時期。如果沒有著地，人就不是跑，而變成飛了，但著地時間過長，

一方面說明你的速度較慢，另一方面說明跑步效率比較低。用 Garmin 運動手錶的解釋就是制動時間延長，且膝關節承受壓力的時間延長。

在 Garmin 運動手錶的評價中：如果著地時間短於 208 毫秒，你就屬於著地時間最短的前 5% 的跑者；如果著地時間為 208~240 毫秒，說明你屬於跑者中的前 30%；如果著地時間達到 273 毫秒以上，你就屬於著地時間最長的 30% 的跑者。著地時間延長，在一般情況下，除了表示速度較慢以外，還表示你的步頻較慢。步幅較大，騰空時間較長，這樣你在著地時就不得不用更長時間來緩衝和蹬地，並導致剎車效應；而適當加快步頻，減少騰空時間，可以達到減少著地時間的目的。所以說，很多跑姿指標不是孤立的，而是相互關聯和互相影響的。

著地時間

著地時間表示在每一步中腳與地面接觸的時間，以毫秒（ms）為單位。對於專業跑步運動員來說，著地時間往往比較短。幾乎所有經驗豐富的跑步運動員的著地時間都在 300 毫秒以下，這很可能是因為他們知道如何快速抬腳，且不會大跨步落地。

下表中的顏色分區顯示了每個分區中跑步運動員的百分比，以及每個分區的著地時間範圍。　可用於將您的表現與其他跑步運動員進行比較。

	%在區間中	著地時間範圍
●	> 95%	< 208 毫秒
●	70%~95%	208~240 毫秒
●	30%~69%	241~272 毫秒
●	5%~29%	273~305 毫秒
●	< 5%	> 305 毫秒

4. 垂直振幅和垂直比

垂直振幅其實就是騰空高度。跑步是雙腳交替往前邁出的運動，跑步與步行的本質區別就在於跑步會有雙腳騰空期，而步行沒有。跑步會有騰空，但如果騰空高度過高，會導致很多無謂的力量損耗。因為跑步是水平運動，如果重心上下起伏過大，就會把跑步變成上下運動，而克服重力做功會增加大量的體力消耗，所以我們希望跑者能夠貼地飛行，就是這個意思。因此，在 Garmin 運動手錶跑姿垂直振幅這個參數中，其要求越小越好。如果垂直振幅小於 6.1 公分，代表你是最優秀的 5% 那部分跑者；如果垂直振幅介於 6.1~7.4 公分，你則屬於前 30% 的跑者；大部分跑者介於 7.5~8.6 公分；如果垂直振幅大於 8.7 公分，則說明重心起伏過大，這樣的跑姿非常不經濟，所以相關參數用紅色或者橙色表示。

垂直振幅也跟步頻有關。如果你在跑步時步頻較慢，通常情況下意味著步幅較大，即跨大步跑。跨大步跑時身體重心起伏大，費力不經濟，所以如果你在垂直振幅這項參數上，顯示為紅色或者橙色，你需要再去看看你的步頻參數顏色，如果仍然是紅色或橙色，你需要加快步頻。步頻加快後，身體重心起伏也會有所改善。

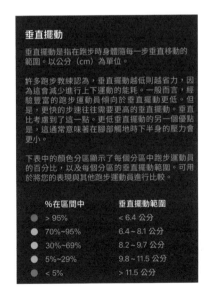

垂直擺動

垂直擺動是指在跑步時身體隨每一步垂直移動的範圍。以公分（cm）為單位。

許多跑步教練認為，垂直擺動越低則越省力，因為這會減少往上下運動的能耗。一般而言，經驗豐富的跑步運動員傾向於垂直擺動更低。但是，更快的步速往往需要更高的垂直擺動。垂直比考慮到了這一點。更低垂直擺動的另一個優點是，這通常意味著腳部觸地時下半身的壓力會更小。

下表中的顏色分區顯示了每個分區中跑步運動員的百分比，以及每個分區的垂直擺動範圍。可用於將您的表現與其他跑步運動員進行比較。

	%在區間中	垂直擺動範圍
●	> 95%	< 6.4 公分
●	70%~95%	6.4~8.1 公分
●	30%~69%	8.2~9.7 公分
●	5%~29%	9.8~11.5 公分
●	< 5%	> 11.5 公分

　　垂直比等於垂直振幅除以步幅。如果身體重心起伏越小、步幅越大，一方面代表你的速度越快，另一方面代表你的跑姿越流暢、輕盈，也就是說你用較小的身體重心起伏實現了大步幅。而如果垂直振幅大、步幅小，就是典型的跳著跑；垂直振幅大、步幅也大，則說明你需要在保持步幅的情況下加快步頻，減小身體重心起伏。這個參數如果小於6.1%，表明你屬於最優秀的 5% 的跑者；如果介於6.1%~7.4%，那麼代表你屬於較為優秀的 30% 的跑者；如果大於 8.7%，則表示你屬於最差的 30%那部分跑者。

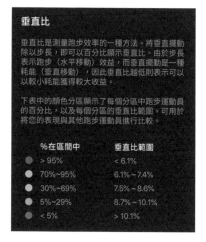

垂直比

垂直比是測量跑步效率的一種方法。將垂直擺動除以步長，即可以百分比顯示垂直比。由於步長表示跑步（水平移動）效益，而垂直擺動是一種耗能（垂直移動），因此垂直比越低則表示可以以較小耗能獲得較大效益。

下表中的顏色分區顯示了每個分區中跑步運動員的百分比，以及每個分區的垂直比範圍。可用於將您的表現與其他跑步運動員進行比較。

%在區間中	垂直比範圍
> 95%	< 6.1%
70%~95%	6.1%~7.4%
30%~69%	7.5%~8.6%
5%~29%	8.7%~10.1%
< 5%	> 10.1%

5. 著地平衡

　　著地平衡這個指標很容易理解，就是代表雙腳在著地時間上的均衡性，但對這個指標的解讀卻是很多跑者搞不明白的，包括很多跑步教練也未必清楚。

　　Garmin 運動手錶對於著地平衡的評估標準是這樣的：

- 左右腳差別在 50.5% 以內（一側增加，另一側就等量減少），相較於 50%，增加的比例加上減少的比例如果小於 1%，左右腳是均衡的，用綠色表示。舉例來說，一名跑者左腳為 49.7%，右腳為 50.3%，相較於 50%，左腳減少 0.3%，右腳增加 0.3%，一相加就等於 0.6%，0.6% 小於 1%，這名跑者的左右腳基本均衡。

- 左右腳的差別，相較於 50%，增加的比例加上減少的比例如果介於 1%~3%，左右腳不均衡，需要警惕，用橙色表示。舉例來說，一名跑者左腳為 48.7%，右腳為 51.3%，相較於 50%，左腳減少 1.3%，右腳增加 1.3%，一相加就等於 2.6%，2.6% 介於 1%~3%，這名跑者的左右腳不太均衡，需要加以重視。

- 左右腳的差別，相較於 50%，增加的比例加上減少的比例如果大於 3%，左右腳明顯不均衡，極易引發傷痛，用紅色表示。舉例來說，左腳為 48.4%，右腳

著地平衡

著地時間平衡通過監控左腳和右腳觸地時間（GCT）之間的平衡來測量您跑步時的對稱性。著地時間平衡始終以大於50的百分比顯示，並且帶有向左或向右箭頭，以表示哪隻腳接觸地面的時間更長。

對於大多數人來說，最好採用更加對稱的跑步形式。Garmin手錶和 Garmin Connect 上的色度表顯示了與其他跑步運動員相比，您的平衡程度如何。 許多跑步運動員表示，當他們上坡或下坡跑步時，或者進行速度訓練或疲勞時，其GCT平衡往往偏離50。一些跑步運動員還發現更嚴重的失衡容易導致受傷。

下表中的顏色分區顯示了每個分區中跑步運動員的百分比，以及每個分區的著地時間平衡範圍。可用於將您的表現與其他跑步運動員進行比較。

%在區間中	著地時間平衡範圍
> 95%	> 51.5% R
70%~95%	50.6%~51.5% R
30%~69%	50.5% R~50.5% L
5%~29%	50.6%~51.5% L
< 5%	> 51.5% L

為 51.6%，相較於 50%，左腳減少 1.6%，右腳增加 1.6%，一相加就等於 3.2%，3.2% 大於 3%，這名跑者受傷風險很高，或者本來就存在傷痛。

如果發現左右腳不均衡，相對較弱的一側著地時間是延長了還是縮短了呢？兩種可能性都存在。如果僅僅是弱側力量弱，往往表現為弱側著地時間延長。因為弱側力量比健側要差一些，所以動作看起來有點拖泥帶水，不夠乾脆俐落，需要更長時間來進行著地緩衝和蹬伸，這時就表現為弱側著地時間延長。而如果是因為受傷，往往患側著地時間反而縮短。這是為了避免疼痛，讓患側快速過渡，健側不得不花更多時間完成單腳支撐階段。因此，弱側著地時間延長還是縮短，要具體問題具體分析。

6. 總結

以上就是 Garmin 運動手錶跑姿參數的解釋，這些參數彼此都存在關聯。比方說，如果步頻比較慢，那麼就有可能著地時間較長、垂直振幅較大、垂直比也比較大。跑者可能是一個指標不達標，或者多個指標不達標。當跑者每次跑完步，上傳數據後，**可以在 Garmin Connect App 中看到每個指標的顏色顯示：如果均是綠色代表基本合格；如果呈現的都是紫色或者藍色，則代表你是高水平跑者，跑姿良好；如果多個指標呈現紅色或者橙色，則代表你需要改進跑姿。**

當然，也有跑者指出 Garmin 運動手錶用不同顏色顯示的跑姿參數與速度有關。速度快時，步頻快、步幅大、著地時間短，所以顯示出來所有跑姿參數都是良好的；但速度慢時，步頻慢、步幅小、著地時間長，這些指標則都呈現紅色或者黃色預警。這樣似乎也不是太科學，因為速度快慢與跑姿沒有必然聯繫，這與 Garmin 運動手錶的評估標準基本不考慮速度有關，也顯示 Garmin 運動手錶在未來仍有提升和改進空間。

第三章　無傷跑法原理

◄◄ 第一節　什麼是無傷跑法 ►►

無傷跑法訓練金字塔模型
INJURY-FREE RUNNING TRAINING PYRAMID MODEL

耐力 —— 五種訓練強度
動作模式 —— 三大跑姿動作模式
基礎運動能力 —— 靈活＋穩定

無傷跑法訓練體系由基礎運動能力、動作模式和專項耐力三大模組構成，從而建構符合跑步能力發展金字塔模型的訓練體系，幫助跑者學會減輕和化解跑步時人體所受到的衝擊力，實現穩定、協調、輕盈奔跑。

身體靈活性
MOBILITY

靈活 MOBILITY ＋ 協調 COORDINATION

站姿踝背曲　　直膝抬高　　站姿體前屈

俯臥勾腿　　俯臥主動伸髖　　坐姿體內收

是指透過訓練充分發展關節柔軟性和協調性，重點發展跑步相關關節的靈活性。關節具備足夠的靈活性是預防關節受傷的基礎。從運動表現來看，每個關節的靈活性最終表現為動力鏈的協調運動。

Run Run

無傷跑法定義
INJURY-FREE RUNNING DEFINITION

無傷跑法是透過減輕、化解跑步時人體所受到的衝擊力，從而有效預防傷痛的體系化訓練方法。

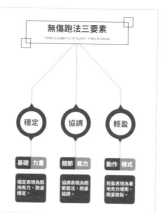

無傷跑法三要素
THREE ELEMENTS OF INJURY-FREE RUNNING

穩定　　　協調　　　輕盈

基礎 力量　　關節 能力　　動作 模式

穩定表現為肌肉有力，跑姿穩定。　　協調表現為關節靈活，跑姿協調。　　輕盈表現為著地充分緩衝，跑姿放鬆。

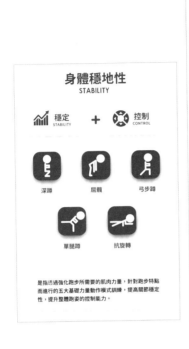

▸▸ 第二節　如何系統化提升跑步能力 ◂◂

　　跑者應如何系統化提升跑步能力？是不是多跑步就行了？怎樣跑步才能有效避免傷痛？這樣的問題也許困擾著許多跑者。要解答這些問題，不是頭痛醫頭、腳痛醫腳式地告訴你要注意這個、注意那個，而是要以運動科學基本理論為支撐，用系統性思維和方法論回答這類問題。本節就是在嘗試回答這樣「大而複雜」的問題。

一、首先理解跑者能力是由哪些要素構成的

　　要解答如何系統化提升跑步能力這個「大而複雜」的問題，首先你需要明白跑步能力是由哪些要素構成的，也許你會說：跑得快和跑得多就是跑步能力的最終體現。沒錯，如果跑不快也跑不遠，那就談不上跑步能力，但是從跑步能力金字塔結構來看，它們位於跑步能力金字塔的頂端——從專業術語上稱為馬拉松專項耐力。馬拉松專項耐力不是空中樓閣，良好的馬拉松專項耐力應當建立在其他更為基礎的能力之

上。金字塔的中層就是所謂的跑步技術，只有具備良好的跑步技術才能為獲得馬拉松專項耐力打好基礎。技術不行，跑姿不理想，在跑得越來越快和越來越多的情況下，就非常容易發生一個問題——傷痛，而跑步技術的支撐就是金字塔底部的身體健康水平。具體來說，就是關節靈活性和穩定性及核心控制，這些身體能力要素是形成良好跑步技術的前提，並且也為馬拉松專項耐力提供身體基礎。

國際上已經普遍認可運動能力金字塔模型，金字塔底部為關節靈活性和穩定性以及核心控制，塔身為專項技能，塔尖為運動表現。將該模型應用於跑步能力發展上，塔基仍然為關節靈活性和穩定性及核心控制，塔身為跑步技術，塔尖為馬拉松專項耐力。只有底層越牢固，塔尖才會越高、越穩固，這就如同萬丈高樓平地起，高樓建得越高，地基就打得越深。換句話說，跑者要具備良好的馬拉松專項耐力，必須首先要有健康的身體和良好的技術。健康的身體就是指關節靈活性和穩定性及核心控制，良好的技術當然指的就是跑步技術，即跑者常說的跑姿。

二、不夠理想的跑步能力金字塔模型

有些跑者的跑步能力金字塔模型不夠理想，最常見的一種情況如下面左圖所示。這樣的跑者經過多年訓練，馬拉松專項耐力還不錯，跑步技術也還說得過去，但經過測試評估，關節靈活性和穩定性以及核心控制比較差。這樣的跑者極為常見，表現為平時只重視跑，而忽視身體基本靈活性和穩定性及核心控制訓練，他們比較容易受傷或者說始終存在慢性勞損，又或者說提升較為緩慢。這是因為較差的關節靈活性和穩定性以及核心控制，大大降低了跑步經濟性；又因為跑步較多，關節負荷較大而關節承受負荷的能力又沒有得到有效強化，所以容易出現各種各樣的傷痛。

還有一些跑者經過訓練具有還不錯的關節靈活性和穩定性以及核心控制，跑步技術也基本合理、科學，但由於跑步訓練不足，所以專項耐力不夠好，如下面右圖所示。這樣的情況多見於初級或者進階跑者，這樣的跑者假以時日，成長、進步空間比那些只專注跑，而忽視身體基礎能力訓練的跑者反而可能更大，因為他們塔基較為牢固，只是缺乏系統性的跑步訓練而已。

三、夯實身體基礎才能為持久、健康跑步奠定基礎

俗話說，磨刀不誤砍柴工。大眾跑者其實並不需要在跑步剛開始過於強調跑多遠和跑多快，而應該先很好地加強關節靈活性和穩定性及核心控制。也就是說，先把身體健康水平的基礎打牢固，在此基礎上注重跑步技術訓練，形成科學、合理的跑姿。有了身體基礎，再進行系統化的跑步訓練，逐步提升心肺功能，這樣你就能實現系統化提升跑步能力，並且在這個過程中，也大大降低了跑步傷痛的發生率。因為跑步能力金字塔模型告訴我們，只有加強身體基礎能力訓練，才能為持久、健康地跑步奠定堅實基礎。

1. 良好的身體靈活性和穩定性幫助跑者提高承受應力的能力

怎樣才能加強你身體承受應力的能力呢？那就是提高你的身體靈活性和穩定性。靈活性主要是指你的關節活動範圍和靈活程度，良好的靈活性可以讓你在全幅度範圍自由、協調地運動。靈活性的提升一方面需要透過拉伸改善肌肉彈性和伸展性，一方面還需要進行筋膜放鬆、主動靈活性訓練。與靈活性相對應的就是穩定性，良好的動作穩定性是透過力量訓練實現的，肌肉力量不足會表現為動作鬆散、變形、不穩定，因此適當的力量訓練可以幫助你提高跑步表現水平，幫助你提高承受應力的能力。總體而言，跑者必須加強身體基本能力，這種基本能力就是靈活性和穩定性在跑者身體中的和諧統一。一方面，你有足夠的靈活性；另一方面，你又具備良好的穩定性。

2. 良好的跑步技術可以幫助跑者減輕、化解受力

具備基本的身體靈活性和穩定性一方面可以提高你承受應力的能力，另一方面可以為你的跑步技術打下扎實的身體基礎。而合理、良好的跑步技術則可以幫助你減輕、化解你所受到的應力。也就是說，跑姿是跑步技術的外在表現，其背後的基礎是身體靈活性和穩定性。

合理、良好的跑步技術應當體現為跑姿穩定、協調、輕盈。所謂穩定是指跑步過程中軀幹穩定，良好的核心穩定性可以為上肢擺臂和下肢擺腿提供最佳力學支點，從而減少用力損失，提升跑步經濟性；所謂協調是指跑步過程中兩腿蹬擺動作協調，跑步動作的特點是雙腿在時間和空間中交替往前邁出，這就需要高度的動作協調性；所謂輕盈則是指著地輕盈，沉重的著地會導致地面衝擊力的增大，無法實現輕盈。

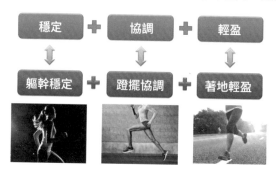

3. 再好的身體能力和跑步技術，沒有科學訓練也是白搭

你的身體再強壯、你的跑步技術再合理，沒有科學訓練，無傷奔跑則是泡影。跑者的很多傷痛就是由胡亂訓練造成的，如不遵循循序漸進的一般規律而盲目增加跑量、在身體準備不充分的情況下去參加馬拉松比賽或者過量跑步、疲勞連續累積而不重視身體恢復、過於追求速度而忽視基礎耐力訓練等。因此，如果說身體能力和跑步技術是無傷奔跑的基礎，那麼科學訓練是無傷奔跑的支撐。

無傷跑法最佳跑步模型

四、總結

跑得快和穩是跑者跑步能力的最終體現，但要實現這一目標，需要建立很好的身體基本靈活性和穩定性基礎，在此基礎上，掌握科學合理的跑姿，才能更快、更有效地實現耐力提升。跑不是跑者的唯一，為了實現系統化提升跑步能力，大多數跑者都要很好地加強身體靈活性和穩定性，磨刀不誤砍柴工。

‹‹‹ 第三節　無傷跑法跑姿要求 ›››

人類天生會跑步，但能跑起來跟跑姿正確、合理完全是兩碼事。跑姿也許沒有最佳，但一定有正確、合理一說，正確的跑姿可以讓我們避免受傷，而合理的跑姿可以

讓跑步更輕鬆、更省力，所以正確、合理的跑姿最終能達到兩個根本目的：省力和無傷。

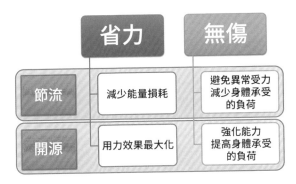

一、為什麼正確、合理的跑姿能實現省力

跑步是一項與重力相對抗的運動，因為跑步時雙腳會同時離地，這就需要你用力將身體推離地面。腳不離地那是走路，這也是跑步比走路累不少的根源所在。你的騰空高度越高，你克服重力做功就越多，而你實際上需要的是水平前進，所以可以透過降低騰空高度來實現省力。怎麼降低騰空高度？這完全可以透過改進跑步技術來實現。

省力還可以透過加強身體能力、促進用力效果最大化實現，這個怎麼理解？跑步是以肩為軸心擺臂，以髖為軸心擺腿，核心（軀幹）保持相對穩定的全身性協調運動。如果軀幹穩定，擺臂和擺腿就有了很好的支點，那麼擺臂的平衡協調作用，擺腿的緩衝（著地階段）、蹬伸（離地階段）作用就能發揮最大效益。

而如果核心不夠穩定，支點缺乏支撐，力量在這裡就消耗了，那麼擺臂、擺腿的效率就會大打折扣。舉個例子跑者就理解了，如果用 40% 的力氣人就可以跑步，但由於你的核心不夠穩定，使得 10% 的力氣白白浪費了，你是不是得花 50% 的力氣來跑步呢？為什麼你比別人累？因為你比別人多花 10% 的力氣。這就是為什麼跑步時核心控制很重要。

二、為什麼正確、合理的跑姿能實現無傷

導致跑步傷痛的誘因很多，跑量、體重、力量等因素最終都會導致人體承受過大的應力負荷，從而超出自身承受能力和修復能力，引發損傷。因為每一次著地你都會受到 1~2 倍體重的衝擊力，如果你不會緩衝這種衝擊力，或者你不透過加強肌肉力量提高自身承受負荷的能力，那麼你的受傷風險就比較大。換句話說，正確跑姿可以教會你緩衝地面衝擊力，而力量訓練可以提高你承受衝擊力的能力。

除了掌握緩衝受力的跑步技術和加強肌肉力量以外，合理的跑姿還可以避免人體

異常受力。舉例來說，膝蓋內扣、腳過度外翻這些常見錯誤跑姿會導致異常應力作用在膝蓋、小腿、足、踝這些部位，大大增加這些部位發生傷痛的可能性，所以糾正跑姿就是要糾正存在明顯缺陷的跑步技術，這對於預防傷痛發揮著至關重要的作用。

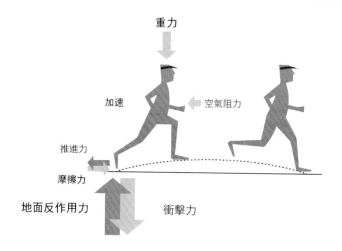

三、正確、合理的跑姿的關鍵是要符合運動生物力學基本原理

關於是否存在「最佳跑姿」往往充滿爭議，有人說好的跑姿就應該有一定標準或者參照，否則跑姿教學就失去了理論基礎，沒有一個統一的動作模式如何教人跑步呢？有人說跑姿因人而異，即便都是精英選手，跑姿看上去也未必是一模一樣的，這兩種說法其實都有道理。既然是跑步，那麼就有一定的基本動作特徵，跑步的基本動作特徵表現為上肢擺臂、下肢擺腿、軀幹保持相對穩定，任何人跑步都具備這些基本特徵。而個體與個體之間存在跑姿差異，主要體現為動作細節上的差異，從而產生了不同跑姿。

從科學角度而言，允許跑姿因人而異，但這種因人而異不是游泳的「狗爬式」與「自由式」之間的差異，而是差異只能在有限範圍內呈現。跑步的基本動作模式人人都應當接近一致，這種一致用科學術語表達就是跑姿要符合運動生物力學的基本原理，那麼跑步的運動生物力學基本原理究竟是什麼呢？承受外部應力最小化和主動用力效果最大化。

也就是說，科學、合理的跑姿肯定具備共性，這種共性就體現為符合運動生物力學基本原理，同時允許跑姿存在一定的個性，但這種個性不會明顯導致應力增加，也不會導致主動用力效果下降。不合理的跑姿所引發的問題歸結起來就在於產生錯誤應力從而增加受傷風險，同時主動用力效果不佳造成被迫使出更大力量，導致跑姿費力、不經濟。

四、無論是否存在最佳跑姿，錯誤跑姿一定要避免

不符合運動生物力學基本原理的跑姿主要表現為承受了錯誤的異常應力，或者力量傳遞效果不佳。是否存在最佳跑姿尚存爭議，但避免不良錯誤跑姿則是跑者儘量要做到的，以下是不合理跑姿總結。

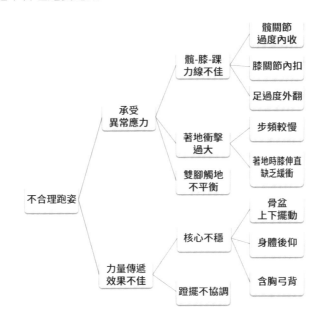

1. 髖關節過度內收和膝關節內扣（專業術語為膝外翻）

跑步時擺腿是以髖關節為核心，完成前擺和後蹬的。在著地過程中，如果髖關節力線不佳，就會出現一個非常典型的錯誤跑姿——髖關節過度內收，表現為膝關節內扣，小腿向外翻。有些跑者，特別是女性跑者，跑步時膝關節內扣、腳外翻，而這樣的跑姿會對膝關節產生極大壓力，同時還會引起髕骨運動軌跡的異常，從而誘發髕骨關節面過度磨損。

2. 足過度外翻

無論是我們說的腳跟著地，還是前腳掌（中足）著地，在著地時，都是腳跟外側或者前腳掌外側先著地，然後再快速過渡到內側，這個腳發生偏轉的過程，我們稱為足外翻。

足外翻是跑步時足著地一個非常自然的現象，借助足外翻可以起到緩衝受力、減少衝擊和振動的作用。但是足過度外翻（多見於扁平足）被認為與跑步傷痛發生高度有關。研究發現，

膝關節內扣

外翻角度介於 7~10 度，跑步傷痛發生最少。**足過度外翻與足底筋膜炎、跟腱痛、小腿脛骨壓力症候群，甚至膝痛都有較高關聯度。**足過度外翻多見於扁平足跑者、下肢力線異常的跑者，以及反覆足踝扭傷，腳踝力量較弱的跑者。

騰空時腳處於內翻狀態，腳外側比內側低，著地時腳外側先著地，向內翻轉，這被稱為著地時足外翻的現象。

3. 步頻較慢

總體而言，加快步頻（無論速度快慢，接近或者達到 170~180 步 / 分）具有更佳的生物力學優勢。步頻加快，根據第二章對大眾跑者的分析，可以有效降低騰空高度，這樣就可以有效減少跑所受到的衝擊力。

步頻慢	步頻加快
步幅大	步幅適當縮小
重心起伏大	減下重心起伏
克服重力做功多	避免克服重力做功過多
跑步費力	跑步省力經濟

4. 著地時膝伸直，缺乏緩衝

著地過程中膝關節應當積極彎曲下壓，這樣就可以有效增加緩衝，而如果著地時**膝關節伸直鎖死，同時又不注意積極彎曲下壓，那這種跑姿對下肢關節傷害極大。**主要在於以下幾點：①膝關節完全伸直鎖死，在著地一瞬間，地面反作用力會因為缺乏緩衝而直達膝蓋；②膝關節伸直鎖死，使得膝關節彎

膝蓋過伸鎖死

曲緩衝明顯不足；③膝關節伸直鎖死，制動剎車作用明顯，損失了速度，降低了跑步效率。

如果讓著地點靠近重心，一方面使得膝關節保持適度彎曲，彎曲的腿部有利於分解、消散來自地面的衝擊力；另一方面，可以透過著地時膝關節順勢積極下壓帶來更多緩衝，同時小腿與地面夾角變大，制動剎車作用也明顯減弱。

5. 雙腳著地不均衡

著地平衡這個指標很容易理解，就是代表雙腳在著地時間上的均衡性，Garmin運動手錶可以提供著地平衡這個指標。任何人的雙腳都不可能完全一模一樣，因為人本身就存在優勢腿和非優勢腿，所以存在輕微的著地不均衡是完全正常的，沒有必要追求 100% 的雙腳均衡。但如果因為傷痛、力量不均衡等因素，導致雙腳著地時間差異過大，就有可能因為受力不均衡而引發傷痛。

6. 骨盆上下擺動

跑步時骨盆會輕微上下擺動，但一些跑者跑起步來骨盆上下擺動明顯，這是核心，特別是臀中肌無力的表現。臀中肌向上連接骨盆，向下連接髖關節，當臀中肌無力時，骨盆上下擺動必然會導致髖關節內收、膝關節內扣、足過度外翻等連鎖反應。

7. 身體後仰

重心放在後面，等於發揮剎車作用，也就是說每跑一步產生的都是向前的動作，但由於身體後仰抵消了一部分向前的動力。跑步時軀幹或者整個身體的正確姿態是身體輕微前傾。

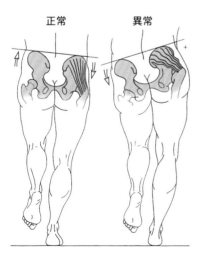

骨盆上下擺動

身體後仰

8. 含胸弓背

跑步是全身運動，絕不僅僅是下肢運動，上肢、軀幹都要參與到跑步中，良好的軀幹姿態對於動作穩定至關重要。如果無法保持軀幹挺直，而是含胸弓背，不僅影響呼吸，也大大降低了跑步效率。

9. 蹬擺不協調

跑步動作看似週期重複，似乎並不複雜，但如果雙腳蹬擺不協調，動作拖泥帶水，也會導致跑步效率大大降低。

含胸弓背　　　　　　　　　　　　標準跑姿

五、將跑姿理解為一種刻板模式也是跑者常犯的錯誤

很多流行的跑步姿勢往往強調跑者必須採用一定的刻板動作，並且要求跑者模仿學習，這最終容易產生兩個問題：一是跑者壓根沒辦法學會，變成學歸學、跑歸跑；二是引發新的傷痛問題。這種固定、刻板的跑姿模式最大的邏輯錯誤是忽視了跑姿並不是一成不變，而是隨著速度的改變而改變的。舉例來說，大眾跑者如果盲目模仿精英跑者的跑姿，如提拉折疊小腿、前腳掌著地，而不考慮精英跑者的速度比大眾跑者快這個前提，那麼這種模仿就變得毫無意義。要麼根本學不會，要麼因為盲目模仿精英跑者前腳掌著地而導致足底筋膜炎等問題。

1. 從慢速到快速，沒有改變的跑姿要素

著地時，著地位置與膝關節角度沒有改變。無論快速還是慢速，著地點均靠近重心，膝關節在著地時保持彎曲，這樣一方面避免著地瞬間關節受到較大衝擊力，另一方面也有利於緩衝。

　　著地後，膝關節適度下壓可以增加緩衝，並儲備蹬伸所需要的彈性位能。當速度由慢變快時，雖然地面反作用力增加，需要的緩衝也應增加，但優秀運動員不會採用使膝關節更彎曲、增加身體起伏這種影響速度的方式來緩衝，而是巧妙地採用前腳掌落地技術，充分利用腳踝來緩衝。

　　由慢到快，軀幹前傾角度不會發生變化。身體適度前傾可以利用重力作用帶動身體向前，但這並不意味著速度越快，身體前傾角度越大。

　　在速度由慢到快的過程中，擺臂幅度並沒有明顯改變，特別是前擺幅度沒有改變，而後擺幅度略有增加。

2. 從慢速到快速，改變的跑姿要素

　　著地方式改變。大眾跑者主要採用腳跟著地，而在快速跑步時（配速 4:00 以內），前腳掌著地更有優勢，一方面可以利用腳踝緩衝地面反作用力，另一方面也有利於減少著地時間，提高跑步效率。

腳跟著地　　　　　全腳掌著地　　　　　前腳掌著地

著地方式

頭正直

隨著速度加快
擺臂幅度輕度加大

軀幹穩定
輕度前傾

隨著速度加快
大腿後蹬和前擺幅度加大

著地後膝關節適度
下壓緩衝

由慢到快
小腿提拉折疊幅度加大

著地點靠近重心
著地時保持膝關節微屈

慢速：腳跟著地
快速：前腳掌著地

跑姿隨配速動態變化

　　小腿提拉折疊程度改變。在慢速時，小腿提拉折疊不明顯；而在快速時，小腿提拉折疊非常充分。有些跑者注重學習小腿提拉折疊，這本身是正確的，但如果僵化理解提拉折疊，認為只要跑步就要提拉折疊小腿，這是對跑姿的誤解。以慢速跑步時，根本無須強調小腿提拉折疊，在快速跑步時，提拉折疊是一個自然發生的過程。只不過普通跑者往往因為力量和協調性不夠，折疊程度不如運動員而已，這是需要透過訓練加強的，但絕不等同於跑步中時時刻刻都要想到提拉折疊小腿。

　　大腿後蹬幅度改變。當速度由慢到快時，大腿扒地後蹬幅度進一步加大，這意味著更長的做功距離、更有力的肌肉收縮，這是跑得快的根本原因所在。

　　大腿前擺幅度改變。慢速時，擺腿幅度小；快速時，擺腿幅度大。前擺幅度增加是下肢蹬擺「送髖」以及提拉折疊的慣性和主動發力相結合的自然結果。

速度改變時跑姿中的變與不變

六、用最終呈現效果講解跑姿更合理

　　合理跑姿需要**承受外部應力最小化和主動用力效果最大化**。核心穩定可以為上肢擺臂和下肢擺腿提供最佳力學支點，從而減少用力損失，實現主動用力效果最大化。跑步是雙腿交替往前邁出的運動，蹬擺動作協調是跑步時下肢運動的核心特徵，動作越協調則主動用力效果越好，而輕盈地著地則可以將著地衝擊減至最小，實現承受外部應力最小化。因此，無傷跑法不去刻意強調某種特定姿勢，而是強化跑姿最終呈現的效果——穩定、協調、輕盈，實現這 6 個字，也就完全符合了跑姿生物力學的基本原理。

七、跑姿究竟能不能練出來

　　成熟跑者往往會認為其用自己的跑姿跑步很多年了，跑姿已經完全固化，無論跑姿好壞，很難改過來了，這其實是一種誤解。改跑姿不等於「之前不會游泳，開始學習游泳」這樣一個完全屬於學習新技術的過程，改跑姿不是「另起爐灶」，完全推倒之前的跑姿，改跑姿的重點是糾正自己現有跑姿中存在的問題，即便現有跑姿沒有明顯問題，也可以進一步優化現有跑姿。所以改跑姿重點在「改」，改進不合理的跑姿細節，優化現有技術。

　　首先跑步是一項專門技術，既然是專門技術就需要經歷一個理論學習和實踐體會的過程。看書就是理論學習

訓練正確跑姿的 4 個步驟

的過程,需要實踐不能光說不練,有了認知就需要刻意訓練,當然這種訓練一定要以身體靈活性和穩定性作為基礎,因為好的跑姿既是能力的體現,也是技術的體現。光練技術不練能力,也是不行的。正確跑姿可以透過短期專門強化訓練形成,但最終實現動作自動化,還需要不斷跑步進行累積和體驗。練習跑姿需要刻意,但長時間跑步就做不到刻意。只有透過反覆訓練,才能最終實現動作自動化,這樣跑姿才能做到穩定、協調、輕盈。

八、總結

　　無傷跑法講解跑姿不是強調某種刻板動作模式,因為跑姿的重要特徵是隨著速度變化而變化。無傷跑法以最終表現講解跑姿,那就是核心穩定、蹬擺協調、落地輕盈。因此,跑姿訓練不是對某種刻板動作模式的僵化學習,而是首先進行必要的身體靈活性和穩定性訓練,然後在此基礎上進行專門跑步技術和動作模式學習,輔以力量強化,並且不斷加以反覆訓練,最終形成省力、無傷的跑姿。

‹‹ 第四節　無傷跑法訓練報告 ››

一、研究背景

　　隨著大眾跑步和馬拉松運動的興起,傳統的就跑步論跑步,或者將跑步視作簡單健身方式的大眾跑步指導已經無法適應跑者越來越高的對科學跑步和科學訓練的需求。一方面,越來越多成熟跑者對於耐力提升以及在馬拉松比賽中實現 PB(personal best,個人最好成績)的願望日漸強烈;另一方面,由於知識和技能的欠缺,85% 以上的大眾跑者曾經或者正在經歷跑步傷痛。健康、無傷、持久地跑步成為全體大眾跑者的基本需求。研發針對中國跑者的跑步訓練指導體系,提升大眾跑步科學水平,幫助大眾跑者實現健康、無傷、持久跑步成為迫在眉睫的重要問題。

　　南京慧跑網絡科技有限公司和南京體育學院,一直致力於大眾科學跑步研究,在多年研究、推廣科學跑步的基礎上,歷時 5 年,研發出無傷跑法體系。無傷跑法是指透過減輕、化解跑步時人體所受到的衝擊力,從而有效預防傷痛、提高跑步效率的訓練方法;而無傷跑法訓練體系則是借鑒現代競技訓練普遍採用的功能性訓練的理念,採用運動表現的金字塔模型,形成以關節靈活性和穩定性以及核心控制為基礎,以跑步技術為核心,以耐力為最終表現的體系化、科學化

的訓練構架和訓練內容。從健康、技術、耐力 3 個方面全面提升跑者能力，最終幫助跑者實現健康、持久、無傷跑步，並在此基礎上順利達成耐力提升和馬拉松 PB 的目標。

本研究透過科學實證，將無傷跑法訓練體系分別應用於初級組、中級組和高級組跑者，透過實施階段性訓練，觀察和評估無傷跑法對於提升大眾跑者跑步能力、預防和減少傷痛的實際作用，驗證無傷跑法的科學性、有效性和可靠性。

二、研究對象

從南京本地跑步團、跑步愛好者中招募初級、中級、高級 3 個組別跑者共 74 人，參加為期 8 週的系統化無傷跑法訓練。

高級組跑者：有 3 年以上跑步經驗，男子組全馬在 3 小時 30 分鐘內完成，半馬在 1 小時 30 分鐘內完成；女子組全馬在 4 小時內完成，半馬在 2 小時內完成；男子組平均月跑量在 150 公里以上，女子組平均月跑量在 100 公里以上。

中級組跑者：有 1~3 年跑步經驗，男子組全馬在 3 小時 30 分鐘到 4 小時 30 分鐘以內完成，半馬在 1 小時 30 分鐘到 2 小時內完成；女子組全馬在 4 小時到 6 小時內完成，半馬在 2 小時到 2 小時 30 分鐘以內完成；男子組平均月跑量在 100 公里以上，女子組平均月跑量在 50 公里以上。

初級組跑者：不足一年跑步經驗，男子組月跑量在 100 公里以下，女子組月跑量在 50 公里以下，沒有參加全程或半程馬拉松的經歷。

經過志願報名、篩選、填寫知情同意書，最終初級、中級、高級三個組別分別有 29 人、23 人、22 人參與並完成訓練。

三、研究方案

在訓練開始前，所有受試者填寫跑步習慣問卷，進行相關測試，隨後開始為期 8 週的系統化無傷跑法訓練，訓練結束後再進行相同測試，從而驗證無傷跑法的實際效果。統計分析採用 SAS JMP 14.2 統計分析軟體。

1. 訓練方案

以 8 週的跑步訓練和體能訓練作為干預手段，評估系統化跑步訓練模型能否有效提升不同水平大眾跑者的跑步能力。跑步訓練分為 3 週基礎期、2 週進階期、3 週巔峰期。高級組和中級組跑步訓練強度以 75%~95%HRmax（最大心率）進行訓練，體能訓練強度為中高強度；初級組跑步訓練強度以 65%~75%HRmax 進行訓練，體能訓練強度為中低強度。跑步訓練頻率為 4 天 / 週，體能訓練為 2 天 / 週。訓練地點：初級組在南京市玄武湖，中級組和高級組在南京林業大學田徑場。 跑步訓練計劃根據馬拉

松訓練模型及丹尼爾斯經典跑步訓練法所制定，體能訓練計劃根據功能性訓練的「金字塔模型」制定，根據每個跑者的心肺功能測試結果及體能測試情況為跑者制訂合理的個性化訓練計劃。

系統化跑步訓練計劃總表

訓練內容	基礎期（3 週）	進階期（2 週）	巔峰期（3 週）
跑步訓練	有氧耐力跑 衝刺跑	有氧耐力跑 間歇跑	有氧耐力跑 乳酸閾跑
體能訓練	關節靈活性和穩定性訓練	基本動作模式訓練、力量訓練	力量訓練

2. 測試方案

測試評估內容根據無傷跑法金字塔模型，從耐力、動作模式、柔韌性、力量、身體成分、跑姿 6 個方面進行評估，具體測試方法和測試儀器如下。

（1）耐力測試

耐力測試採用最大攝氧量測試法，在德國產 H/P/COSMOS 跑步機上，選擇經典 Bruce 測試方案，採用義大利產 COSMED K5 遙測新陳代謝測試儀進行測試，按照最大攝氧量測試法的標準流程進行測試。

（2）動作模式評估

在借鑒功能性動作檢測（Functional Movement Screen，FMS）測試動作的基礎上，結合跑步專項採用**深蹲、屈髖、弓步蹲、單腿蹲、抗旋轉**等動作，判斷受試者是否存在對稱性、靈活性、穩定性、平衡性等方面的問題，從而預測受試者在跑步過程中是否存在較大損傷風險，並進行相應矯正。每個動作評分標準為「優秀」3 分，「良好」2 分，「差」1 分，如果在完成動作過程中發生疼痛，無論動作完成品質高低

均為 0 分。

（3）柔韌性測試

利用德國產 Mobee med 全身關節活動度測量儀，分別完成**坐姿踝背屈、仰臥直腿抬高、俯臥屈膝、俯臥伸髖、髖關節內收、站姿體前屈**等測試，分別從主觀角度和客觀角度評估跟腱、大腿後群、大腿前群、髖部柔韌性；同時採用髖關節內收、站位體前屈等動作，從主觀角度評估身體柔韌性。在主觀評分中，柔韌性「優秀」3 分，「良好」3 分，「較差」1 分。

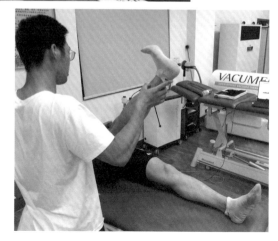

（4）力量測試

採用德國產 Dr. wolff Leg-Check 下肢蹬伸肌力檢測系統測試股四頭肌力量及雙腿均衡性，採用德國產 Dr. wolff Back-Check 全身等長肌力檢測系統測試臀大肌、髖外展肌群力量及雙腿均衡性，每項測試完成 3 次，取平均值。採用力竭性伏地挺身測試評估上肢力量，採用平板支撐測試評估核心力量。

（5）身體成分測試

利用日本產 Tanita MC-190 人體成分分析儀測試身體成分，按照儀器使用流程進行測試。在進食 2 小時後進行測試。

（6）跑姿測試

採用華為榮耀手環 4 running 版測試受試者跑姿，以受試者自我感受的中等速度為基準，比該配速快一分鐘為快速，比該配速慢一分鐘為慢速。讓受試者以這 3 個速度分別跑 400 公尺，在測試前將手環佩戴在腳上，隨即開始測試，完成 400 公尺跑立刻取下，讀取數據。

四、研究結果

最大攝氧量是評價耐力的「金標準」指標，從下表可見，3 個組別最大攝氧量均取得提高，其中初級組變化幅度最大，具有高度統計學差異（P<0.01），說明 8 週訓練有效提升了跑者耐力水平，初級組提升幅度最大。最大攝氧量受遺傳影響較大，對於精英組跑者而言，由於其最大攝氧量已經逼近其極限，最大攝氧量提高較為有限，但總體仍取得一定提升。

訓練前後各組最大攝氧量變化

	最大攝氧量（毫升／公斤／分）		達到最大攝氧量耗時(秒)	
	訓練前	訓練後	訓練前	訓練後
初級組	42.94±9.64	48.18±8.89#	689±134	740±125*
中級組	54.03±6.56	56.59±8.83	831±89	868±122*
高級組	58.13±7.97	59.48±8.72	903±138	906±119
總體	50.9±10.53	53.95±9.98#	797+153	826±141#

*表示 P<0.05，#表示 P<0.01

達到最大攝氧量耗時反映受試者在最大攝氧量測試期間，從開始直至力竭的總耗時。文獻表明，受試者最大攝氧量沒有提升，但達到最大攝氧量的耗時提升也表明其耐力得到提升。從結果可以發現，各組達到最大攝氧量的耗時均取得提升，其中初級組和中級組的變化具有統計學差異。匯總各組結果可以看出，所有組別受試者經過 8 週訓練，最大攝氧量和達到最大攝氧量耗時得到提升，表明 8 週訓練有效提升了跑者

耐力水平，其中初級組和中級組進步最為顯著。

　　動作模式是近 10 年來，在運動領域提出的一個比較新的概念。好的動作模式表現為該動作所涉及的部位靈活性和穩定性均衡，力線排列良好，動作完成品質高，受傷風險小。人們在實際運動過程中，往往因為勉強在不好的動作模式上增加負荷，從而導致異常應力作用於人體，使得運動損傷發生風險大大增加。跑步作為週期性運動，運動損傷主要是由於不斷累積的負荷超過人體承受能力而引發，而不合理的動作模式導致負荷大大超過正常水平，從而增加了受傷風險。因此，評估和糾正動作模式成為跑者科學跑步、預防損傷的重要基礎，即首先建立正確的基本動作模式，然後在這些動作模式的基礎上，進行專門動作，也就是跑步技術的學習。經過這樣的過程才能有效預防傷痛，因為跑步技術表現不佳背後的根源往往是基本動作模式錯誤，所以糾正跑步技術的前提就是糾正錯誤的動作模式。

　　本研究採用深蹲、屈髖、弓步蹲、單腿蹲、抗旋轉 5 個與跑步相關的基本動作模式。深蹲主要反映身體前側鏈肌肉的基本功能，而屈髖主要反映身體後側鏈肌肉的基本功能，弓步蹲和單腿蹲主要反映跑步相關肌肉的基本功能，抗旋轉則反映軀幹控制能力。從上頁的表可見，各組別動作模式評分經過訓練均得到明顯提升，具有高度統計學差異（P<0.01），表明無傷跑法基於金字塔運動能力模型的訓練體系在幫助跑者建立正確動作模式、預防和減少傷痛方面具有顯著價值。本研究顯示高級組跑者雖然經過多年訓練，在心肺耐力方面顯著優於中級組及初級組跑者，但其動作模式卻並未優於另外兩個組別，顯示高級組跑者也存在較多動作模式問題，受傷風險較大。改善動作模式在減少傷痛等方面具有較大價值，這也是無傷跑法強調跑者基礎能力構建，優於就跑步論跑步的傳統跑者指導模式的重要方面。

　　身體柔韌性作為構成動作模式的身體素質之一，在提升運動表現水平、預防傷痛等方面同樣具有重要意義。本研究透過坐姿踝背屈、仰臥直腿抬高、俯臥屈膝、俯臥伸髖、髖關節內收、站姿體前屈等 5 個動作分別評估跟腱、大腿後群、大腿前群、髖部、臀部以及身體後側鏈柔韌性。從下一頁第一個表可見，各組別受試者身體柔韌性評分得到顯著提升。由於知識和技能的欠缺，很多跑者對於拉伸缺乏足夠認知，從而導致肌肉彈性和伸展性下降，一方面降低了動作經濟性，另一方面也間接增加了關節壓力和受傷風險。在為期 8 週的訓練中，透過教會跑者正確、多樣和有效地拉伸，並且要求跑者加強拉伸，跑者的柔韌性得到較大提升。

　　動作模式和身體柔韌性評分作為針對跑者的實用評估方法，在評估跑者能力方面具有較大應用價值和操作便利性，有利於進一步從客觀角度評估跑者訓練後的力量提升情況。

訓練前後各組動作模式與身體柔韌性評分變化

	動作模式總分		身體柔韌性總分	
	訓練前	訓練後	訓練前	訓練後
初級組	18±3	23±2#	24±4	28±4#
中級組	19±2	23±1#	24±4	28±3#
高級組	18±3	23±2#	22±5	26±4#
總體	18±3	23±2#	24±5	28±4#

*表示$P<0.05$，#表示$P<0.01$

　　本研究應用國際先進的 Dr. wolff Leg-Check 下肢蹬伸肌力檢測系統和全身等長肌力檢測系統分別評估跑者股四頭肌、臀部肌肉、髖外展肌肉力量水平。眾所周知，臀肌和大腿前側股四頭肌是跑步發力最核心的肌群，髖外展肌肉，即臀中肌、臀小肌對於避免下肢力線異常（主要是膝關節內扣）、預防膝痛具有十分重要的意義。檢測上述肌肉力量對於評估跑者力量水平有較大實際價值。從下表可見，各組別跑者三大部位肌肉力量均得到顯著提升，僅高級組跑者右腿力量變化不明顯，這與高級組跑者本身跑步專項力量較好，且右腿為優勢腿有關。

訓練前後各組力量素質變化

		訓練前	訓練後
初級組	左腿蹬腿平均值（公斤）	74±32	102±35#
	右腿蹬腿平均值（公斤）	73±32	100±33#
	左腿伸髖平均值（公斤）	34±10	41±11#
	右腿伸髖平均值（公斤）	32±12	40±10#
	左腿髖外展平均值（公斤）	22±8	28±9#
	右腿髖外展平均值（公斤）	25±8	29±8#
	平板支撐（秒）	128±62	175±73#
	伏地挺身（個）	20±15	33±18#
中級組	左腿蹬腿平均值（公斤）	119±33	140±38#
	右腿蹬腿平均值（公斤）	122±34	143±39#
	左腿伸髖平均值（公斤）	43±16	50±12*
	右腿伸髖平均值（公斤）	41±19	50±15#
	左腿髖外展平均值（公斤）	31±7	34±7*
	右腿髖外展平均值（公斤）	30±7	36±7*
	平板支撐（秒）	148±68	217±98#
	伏地挺身（個）	30±12	36±15*

續表

		訓練前	訓練後
高級組	左腿蹬腿平均值（公斤）	95±38	111±49#
	右腿蹬腿平均值（公斤）	97±33	116±47#
	左腿伸髖平均值（公斤）	33±11	43±10#
	右腿伸髖平均值（公斤）	30±12	43±14#
	左腿髖外展平均值（公斤）	26±6	29±6*
	右腿髖外展平均值（公斤）	28±7	30±6
	平板支撐（秒）	166±70	185±64
	伏地挺身（個）	32±16	38±10
總體	左腿蹬腿平均值（公斤）	94±39	117±43#
	右腿蹬腿平均值（公斤）	95±39	118±42#
	左腿伸髖平均值（公斤）	36±13	44±11#
	右腿伸髖平均值（公斤）	34±15	44±13#
	左腿髖外展平均值（公斤）	26±8	31±8#
	右腿髖外展平均值（公斤）	28±8	31±8#
	平板支撐（秒）	145±67	192±80#
	伏地挺身（個）	27±15	35±15#

*表示 $P<0.05$，#表示 $P<0.01$

伏地挺身數量主要反映上肢力量，平板支撐則反映核心力量，3 個組別跑者同樣經過訓練，初級和中級組力量得到顯著提升，僅高級組無顯著變化。力量素質對於大眾跑者而言是一種特別重要的身體素質，良好的力量素質對於提升跑步經濟性、預防傷痛、提升跑步表現水平具有重要意義。但大眾跑者由於之前未經過專業訓練，普遍力量素質較差，這是他們容易受傷的重要原因。而由於知識缺乏，「跑步只要跑就行了」成為大眾跑者的普遍觀念，力量訓練被大眾跑者嚴重忽視。本研究在為期 8 週的訓練中，高度重視跑者力量訓練，每週集體訓練均安排有力量訓練，同時指定家庭作業，因此，跑者力量素質得到顯著提高，對於力量訓練與跑步關係的科學認識也大大提升。無傷跑法訓練體系特別強調跑者基本身體靈活性、穩定性及核心控制訓練，它們是運動能力的基礎，構成了金字塔的塔基。靈活性主要透過柔韌性加以體現，穩定性則透過力量表現出來，靈活性和穩定性的綜合表現則是動作模式。為期 8 週的身體靈活性、穩定性以及核心控制訓練，證實了這種訓練大大夯實了跑者的身體能力基礎和金字塔塔基，在此基礎上再實施跑步技術訓練和耐力訓練，可以使跑者有效提升，在此過程中也大大降低了損傷發生機率，這正是無傷跑法的精髓所在。也就是說無傷跑法透過體系化、科學化、遵循金字塔能力模型的訓練，徹底改變了傳統的就跑步論跑步、將跑步簡單理解為只是跑的訓練模式，大大豐富和完善了大眾跑者訓練指導體系。這種體系對於能力基礎薄弱的大眾跑者進行健康、無傷、持久跑步，並在此基礎

上實現提升具有顯著優勢。

　　本研究還採用了日本產 Tanita MC-190 人體成分分析儀測試跑者身體成分，Tanita 是世界上最早從事運用生物電阻抗法測量人的身體成分的廠家，其核心算法公認精度最高。從下表可見，初級組跑者體脂率、脂肪含量、BMI（body mass index，身體質量指數）顯著下降，而中級組和高級組跑者變化不大，說明無傷跑法尤其適合初級跑者，這也跟初級跑者基礎較差、提升空間和幅度更大有關。而高級組和中級組跑者本身經過多年訓練，身體成分較為合理。

訓練前後各組身體成分變化

		訓練前	訓練後
初級組	體脂率（%）	21.24±7.27	20.3±7.78*
	脂肪含量（公斤）	13.35±5.17	12.72±5.32*
	去脂體重（公斤）	49.49±8.33	49.77±8.47
	BMI	21.97±2.68	21.83±2.46*
	肌肉量（公斤）	46.58±8.15	47.01±8.17
中級組	體脂率（%）	15.51±6.03	13.83±6.27
	脂肪含量（公斤）	10.68±4.53	9.29±4.69
	去脂體重（公斤）	56.79±6.52	56.17±6.35
	BMI	22.71±2.27	22.11±2.32
	肌肉量（公斤）	54.15±6.15	53.01±6.37
高級組	體脂率（%）	14.02±5.89	14.57±6.65
	脂肪含量（公斤）	8.07±3.25	8.14±3.83
	去脂體重（公斤）	47.98±11.9	48.16±7.42
	BMI	20.34±1.35	20.12±1.45
	肌肉量（公斤）	47.31±7.04	45.47±7.16
總體	體脂率（%）	17.31±7.19	16.70±7.56*
	脂肪含量（公斤）	10.95±4.93	10.41±5.10*
	去脂體重（公斤）	51.31±9.71	51.45±8.17
	BMI	21.71±2.40	21.48±2.31
	肌肉量（公斤）	49.15±7.92	48.58±7.91

*表示 $P<0.05$，#表示 $P<0.01$

　　下一頁表顯示了各組別訓練前後跑姿變化情況，各組呈現不同變化特徵。初級組經過訓練，步頻明顯加快，步幅也同步增大，著地時間縮短，著地衝擊、外翻幅度和擺動角度增大。通常認為，適當加快步頻可以減小重心起伏，使跑姿較為省力。初級組步頻和步幅同步增大表明其跑步能力得到明顯增強，同時著地時間縮短也進一步證明了跑步經濟性提升。中級組步頻無顯著變化，步幅變小，著地時間延長，著地衝擊、外翻幅度、擺動角度均減小，這些指標顯示中級組跑者跑步時緩衝能力得到一定

程度的增強。而高級組跑者步頻減小，著地時間縮短，擺動角度變小。總體而言，所有跑者的步頻得到提升，步幅相應減小，著地時間縮短，擺動角度縮小，也就是說跑者經過訓練，更多採用小步快跑這樣一種較為省力的跑姿，步頻提升相應地會帶來步幅和擺動角度的變小，著地時間縮短則表明跑者跑步動作協調性提升。

訓練前後各組跑姿變化

		訓練前	訓練後
初級組	平均步頻（步／分）	160.28±12.6	167.82±12.12#
	步幅（公分）	68.28±9.31	82.31±10.87#
	平均著地時間（毫秒）	330.89±71.19	289.12±31.7#
	平均著地衝擊（重力加速度）	14.72±4.25	16.17±3.88#
	平均外翻幅度（度）	10.5±3.65	12.13±3.87#
	平均擺動角度（度）	74.79±8.79	80.92±11.67#
中級組	平均步頻（步／分）	175.12±13.53	178.26±14.1
	步幅（公分）	114.26±23.67	98.07±16.76#
	平均著地時間（毫秒）	252.64±37.25	252.92±29.74*
	平均著地衝擊（重力加速度）	20.9±2.93	19.7±3.4#
	平均外翻幅度（度）	16.11±4.56	15.25±4.87#
	平均擺動角度（度）	102.86±16.8	90.9±12.14#
高級組	平均步頻（步／分）	180.57±15.96	176.69±11.93*
	步幅（公分）	115.26±23.51	96.24±19.28#
	平均著地時間（毫秒）	244.79±40.15	257.41±43.55#
	平均著地衝擊（重力加速度）	21.67±2.91	20.98±2.72
	平均外翻幅度（度）	15.47±3.96	14.52±3.84
	平均擺動角度（度）	101.47±12.88	93.15±11.48#
總體	平均步頻（步／分）	170.77±16.34	173.53±13.62#
	步幅（公分）	96.54±29.76	91.07±17.03#
	平均著地時間（毫秒）	281.15±66.91	269.07±38.38#
	平均著地衝擊（重力加速度）	18.69±4.74	18.56±4.02
	平均外翻幅度（度）	13.75±4.82	13.77±4.44
	平均擺動角度（度）	91.51±18.72	87.34±12.96#

*表示$P<0.05$，#表示$P<0.01$

五、跑者對本次訓練的評價

　　本研究還採用問卷調查了跑者對此次訓練的總體感受及滿意度。由於本次訓練正值暑期，較為炎熱，無形中增加了訓練難度，但總體仍有約 75% 的跑者完成或者基本執行了訓練計劃。跑者集體訓練出勤率較高，同時也能自主完成指定的訓練計劃。

跑者主觀訓練完成情況

	完成	基本完成	完成一半	基本沒完成
初級組	37.5%	54.17%	4.17%	4.16%
中級組	5.56%	50%	33.33%	11.10%
高級組	13.33%	60%	20%	6.67%
合計	21.05%	54.39%	17.54%	7.02%

　　下表顯示了跑者自我感受在耐力、力量、柔韌性、跑姿等方面的提升，總體而言，跑者在耐力和力量方面主觀感覺提升較大，越是起點較低的跑者自我感覺在耐力和力量方面提升越大。

跑者自我感覺在跑步能力方面的提升

		明顯提升	提升	沒有變化
初級組	耐力	41.67%	54.17%	4.16%
	力量	33.33%	58.33%	8.34%
	柔韌性	20.83%	62.5%	16.67%
	跑姿	33.33%	50%	16.67%
中級組	耐力	16.67%	66.67%	16.67%
	力量	22.22%	44.44%	33.33%
	柔韌性	16.67%	33.33%	50%
	跑姿	11.11%	50%	38.89%
高級組	耐力	20%	53.33%	26.67%
	力量	6.67%	66.67%	26.67%
	柔韌性	6.67%	53.33%	40%
	跑姿	13.33%	73.33%	13.33%
總體	耐力	28.07%	57.89%	14.04%
	力量	22.81%	56.14%	21.05%
	柔韌性	15.79%	50.88%	33.33%
	跑姿	21.05%	56.14%	22.81%

　　接近 100% 的跑者均認為此次訓練與之前相比，內容更加豐富、全面，表明此次訓練與跑者以往的自我訓練或者參加的其他訓練營相比有顯著不同，顯示本次無傷跑法訓練在內容、形式方面實現了較大創新，這表明無傷跑法訓練相較於傳統跑步訓練具有鮮明特徵。

跑者對本次訓練與之前訓練對比

	訓練內容更豐富全面	跟之前差不多	不知道	不如之前訓練
初級組	100%	0%	0%	0%
中級組	100%	0%	0%	0%
高級組	94.4%	0%	5.56%	0%
合計	98.25%	0%	1.75%	0%

　　本頁第二個表顯示了跑者對此次訓練的滿意度，滿意度超過 85%，說明跑者對此次訓練總體組織安排滿意度較高。本頁第三個表顯示跑者自我對訓練的滿意度為73%，不滿意主要體現在由於工作較忙，部分跑者訓練執行度不佳，訓練不規律。

跑者對訓練安排的滿意度

	很滿意	比較滿意	一般	不滿意
初級組	100%	0%	0%	0%
中級組	72.22%	27.78%	0%	0%
高級組	80%	20%	0%	0%
合計	85.86%	14.04%	0%	0%

跑者自我對訓練的滿意度

	很滿意	比較滿意	一般	不滿意
初級組	45.83%	41.67%	12.5%	0%
中級組	33.33%	40.35%	17.54%	8.78%
高級組	20%	40%	20%	20%
合計	33.33%	40.35%	17.54%	8.78%

　　下表顯示了跑者在訓練期間的傷痛情況，約一半的跑者訓練前後沒有發生傷痛，原有傷痛緩解或者明顯緩解的比例約為 30%，約有 10% 的跑者由於跑量等問題發生負荷累積性傷痛。總體而言，無傷跑法訓練有效降低了跑者傷痛發生機率，少量新發傷痛主要集中在小腿肌肉等部分，膝痛發生較少，且問題普遍不嚴重。

	發生了 新的傷痛	原有傷痛 明顯緩解	原有傷痛 有所緩解	原有傷痛 無變化	我沒有傷痛
初級組	4.17%	12.5%	33.33%	12.5%	37.5%
中級組	22.22%	5.56%	11.11%	27.78%	33.33%
高級組	6.67%	6.67%	20%	6.66%	60%
合計	10.53%	8.77%	22.81%	15.78%	42.11%

　　下表顯示了跑者參加本次訓練的收穫，95% 的跑者表示透過此次訓練，對科學跑步有了新的認識，說明無傷跑法不僅教會了跑者方法、技能，也讓跑者重新認識了什麼是科學跑步。理念的進步和方法的掌握對於跑者未來實現健康、無傷、持久奔跑具有潛在的重要意義。有 67% 和 44% 的跑者認為 8 週訓練較為系統，且透過訓練提升明顯，32% 的跑者則表示傷痛明顯減少，這與前述約有 30% 的跑者傷痛減輕一致，表明問卷可靠性較高。

	選擇率
對科學跑步有了新的認識	95%
訓練很系統	67%
能力提高比較明顯	44%
傷痛明顯減少	32%
沒有什麼特別收穫	0%

六、結論

　　① 經過 8 週訓練，跑者最大攝氧量得到顯著提升，初級組跑者變化最為明顯，證明無傷跑法訓練體系可以有效提升大眾跑者心肺耐力水平。

　　② 經過 8 週訓練，各組別跑者動作模式和身體柔韌性得到顯著提升，證明無傷跑法訓練體系可以有效糾正大眾跑者動作模式，改善身體柔韌性，而良好的身體靈活性和穩定性對於大眾跑者夯實身體能力基礎、預防傷痛具有重要意義。

　　③ 經過 8 週訓練，各組別跑者下肢、上肢及核心力量得到顯著增強，證明無傷跑法訓練體系可以有效增強跑者力量素質，這正是大眾跑者最為欠缺、最需要加強的能力之一。

　　④ 經過 8 週訓練，初級組跑者身體脂肪含量降低，身體成分改善，證明無傷跑法對於大眾減肥和控制體重具有較大實際價值，而中級組和高級組跑者身體成分變化不大。

　　⑤ 經過 8 週訓練，跑者步頻得到明顯提升，同時著地時間縮短，證明跑者經過訓練更多採用小步快跑這樣一種公認的較為省力的跑步方式，同時跑步著地時間得到縮短還說明跑者的跑姿協調性提升，著地、支撐、蹬擺等動作銜接得到改善。

　　⑥ 基於跑者金字塔能力模型的無傷跑法訓練體系可以顯著改善大眾跑者身體靈活性、穩定性、核心控制等基礎素質，並在此基礎上，經過系統化力量和耐力訓練，有效增強跑者的專項力量和耐力素質。無傷跑法訓練體系針對性、科學性強，是適合大眾跑者的優秀訓練方法和指導體系，有較大應用推廣價值。

　　⑦ 跑者對於無傷跑法訓練滿意度較高，認為這種訓練體系內容豐富、全面，對於全面提升跑者能力具有明顯效果，且適合中國跑者的實際情況，接地氣，跑者執行度良好。

第四章　無傷跑法身體功能評估

‹‹ 第一節　身體靈活性評估 ››

　　跑者都理解跑後要做拉伸，拉伸可以放鬆肌肉，緩解跑步結束之後的肌肉僵硬，同時拉伸還可以改善肌肉彈性和伸展性。但跑者仔細思考一下，做了那麼多年拉伸，也一直重視跑後拉伸，似乎自己的身體柔韌性卻幾乎沒有變化，之前柔韌性好的還是好，差的還是差。這至少說明一個道理，拉伸有用，但拉伸並不能夠改善身體柔韌性！那麼跑者需要改善柔韌性嗎？如何才能改善柔韌性呢？

一、真正肌肉素質良好的跑者要儘量做到一字馬

　　短跑運動員以腿部和臀部肌肉發達著稱，但對於那些世界上頂級的短跑運動員，發達的肌肉並沒有影響他們具備良好的身體柔韌性，他們往往都可以比較輕鬆地完成一字馬，而那些二三流運動員則往往無法完成一字馬。這提醒想要成為高水平跑者的人，一定要具備良好的身體柔韌性。

　　關節柔韌性是靈活性的基礎，只有具備足夠大的活動度，你才能把肌肉拉得最長、收得最短，從而增加你的肌肉做功距離。在同等步頻和排除身體影響的情況下，每一步你都比別人步幅大，那麼這樣你就能比別人跑得更有效率。一些跑者推崇所謂「送髖」技術，「送髖」技術首先就要求你具備良好的髖關節靈活性，這樣大腿前擺和後蹬才能獲得更大的運動幅度，從而體現出「送髖」這樣特定的高級跑步技術。

　　有人說跑者不需要非常好的身體柔韌性，只要達到正常跑姿所需要的關節活動範圍就可以了。這樣的觀點看起來好像也沒有錯，但我們要注意，肌肉主動運動拉得越長，儲備在肌肉、肌腱、筋膜等軟組織中的彈性位能也就越大，這樣，利用軟組織的回彈，不需要肌肉過度用力就能獲得力量，這就是省力跑步的關鍵所在。

　　真正良好的肌肉應當具備這樣的素質：在放鬆時很軟很鬆弛，在用力一瞬間很緊。但很多跑者的肌肉在放鬆時摸上去就感覺硬邦邦的，這說明肌肉彈性不夠，肌

肉張力比較大。這就意味著主動肌在用力時，拮抗肌還在對抗，這樣主動肌就不得不用更大力氣才能完成動作，從而讓跑步變得費力。所以肌肉在放鬆時越柔軟，可延展性越好，那麼就能帶來越好的身體柔韌性，而僵硬的肌肉是不可能帶來良好的身體柔韌性的。**因此，我們可以這樣總結：一個柔韌性好的人不見得能成為優秀的跑者，但優秀的跑者都應該具備良好的身體柔韌性，柔韌性不足也會限制一名跑者成長為優秀跑者，優秀跑者要儘量完成一字馬。**

二、柔韌性不等於靈活性

柔韌性的英文叫作 flexbility，靈活性的英文叫作 mobility，這兩個詞我們往往混用或者認為是同義詞，但其實二者是有本質區別的。柔韌性指的是身體各關節的活動幅度；如我們用自己的體重或者借助外力把肌肉拉長的過程。如下圖所示的動作，這時我們用手拉住小腿就是借助外力去拉伸大腿後側肌肉。

而下圖所示的動作，則是自己主動發力將腿抬高，這個抬高幅度受制於你的臀肌的力量以及大腿後側肌肉緊張度。主動發力所能達到的關節活動範圍就稱為靈活性，即靈活性是主動用力的體現，柔韌性更多的是被動施加力所能達到的活動範圍。

踝關節垂線

膝關節垂線

靈活性才是運動真正需要的能力。正確的跑姿本質上需要全身各關節都具備良好的靈活性，這是主動用力展示出來的效果，而不是施加外力作用的效果。良好的靈活性需要以一定的柔韌性作為基礎，但柔韌性好未必就能展示出良好的靈活性，因為靈活性還需要肌肉力量、身體協調性等參與。所以，跑者真正需要追求的是良好的靈活性，靈活性好，柔韌性一般不差，但柔韌性好不代表靈活性就一定好。

現代運動科學認為關節靈活性與穩定性是對立統一的整體，關節靈活性為運動提供幅度和範圍，而關節穩定性為運動提供支撐和保護，任何關節都應當保持適當的靈活性和必要的穩定性。有的關節更需要靈活性，而有的關節則更多地體現穩定性，它們的功能狀態為一切人體運動打下基礎。有意思的是，相鄰關節往往都是靈活與穩定交替，如踝關節靈活、膝關節穩定，髖關節靈活、腰椎穩定，胸椎靈活、頸椎穩定。該穩定的關節如果過度靈活就容易受傷，而該靈活的關節靈活性不夠則會影響運動幅度並導致鄰近穩定關節的過度活動。

靈活性對於跑步的意義

三、怎樣全面評估身體靈活性

靈活性與穩定性相對應，良好的靈活性表現為柔韌性良好，關節靈活，活動自如，良好的靈活性有利於更好地掌握技術，讓跑步動作更加舒展，把肌肉拉得最長、收得最短，從而延長肌肉做功距離。靈活性可以從身體各主要關節，特別是與跑步有關的關節活動度表現出來。

1. 腳踝

雙腳前後站立，後腳腳尖緊貼前腳腳跟，在腳跟不抬起的情況下，屈膝。沿著前腳腳踝做一條黃色條帶。觀察後腳膝蓋與黃色條帶的位置關係。

靈活性較好：後腳膝蓋超過前腳腳踝上方（後腳膝蓋超過黃色條帶）。

靈活性一般：後腳膝蓋在前腳腳踝上方（後腳膝蓋位於黃色條帶上）。

靈活性差：後腳膝蓋無法達到前腳腳踝上方（後腳膝蓋無法達到黃色條帶）。

小腿柔韌性測試

2. 大腿後側

仰臥位，在膝關節伸直狀態下，盡可能抬高大腿。

靈活性良好：大腿基本與地面垂直，或者踝關節垂線所處位置在另一側大腿中線以上。

靈活性一般：踝關節垂線所處位置在另一側大腿膝蓋與大腿中線之間。

靈活性較差：踝關節垂線所處位置在另一側大腿膝蓋以下。

3. 大腿前側

俯臥位屈膝，觀察小腿與大腿的貼合程度。

靈活性良好：小腿與大腿貼合度良好，大小腿夾角小於 30 度。

靈活性一般：小腿與大腿貼合度一般，大小腿夾角介於 30~45 度。

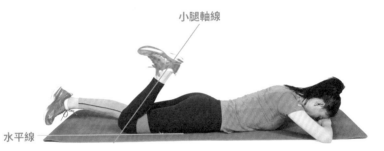

靈活性較差：小腿與大腿貼合度較差，大小腿夾角大於 45 度。

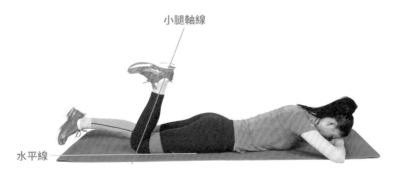

4. 大腿外側

側臥，下側腿屈髖屈膝，上側腿屈膝後伸下落，觀察一側大腿能否充分下落。

靈活性良好：大腿充分下落，膝蓋可以觸碰地面。

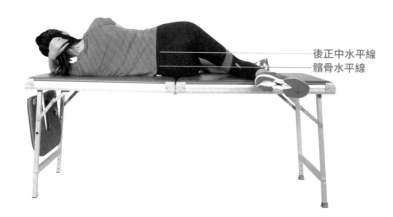

後正中水平線
髖骨水平線

靈活性一般：膝蓋無法觸碰地面，但可以下落至身體正中線附近。

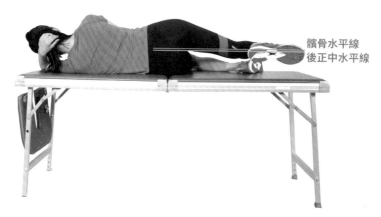

髖骨水平線
後正中水平線

靈活性較差：大腿無法下落至身體中線以下。

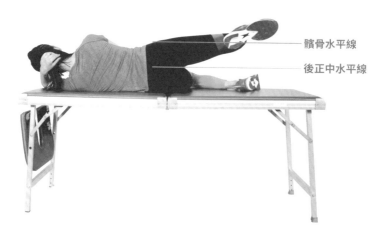

髖骨水平線

後正中水平線

5. 髖部

俯臥屈膝，將大腿抬離地面，觀察抬起幅度。

靈活性良好：大腿可以較大幅度抬離地面，大腿與地面的夾角大於 30 度。

靈活性一般：大腿可以中等幅度抬離地面，大腿與地面的夾角介於 15~30 度。

靈活性較差：大腿抬離地面幅度小，大腿與地面的夾角小於 15 度。

6. 臀部

坐姿，翹二郎腿，觀察大小腿重疊程度。

靈活性良好：大小腿可以充分重疊，小腿不超過大腿前側。

靈活性一般：大小腿可以重疊，但小腿超過大腿前側。

靈活性較差：大小腿無法充分重疊，大小腿之間縫隙明顯。

7. 身體後側鏈

站位體前屈，觀察指尖下探幅度。

靈活性良好：指尖可以充分觸碰地面。

靈活性一般：指尖無法觸地，但可以觸碰腳背。

靈活性較差：指尖無法觸碰腳背，指尖位置在腳踝上方。

8. 胸椎靈活性

側臥位，上側腿屈髖屈膝放至身體前側，上側腿膝蓋貼緊地面，上半身扭轉，觀察一側手是否能觸碰地面。

靈活性良好：一側手可以充分觸碰地面。

靈活性一般：一側手無法觸碰地面，但該側上肢能夠與地面平行。

靈活性較差：一側手無法觸碰地面，且該側上肢無法與地面平行。

除了前述下肢靈活性評估，胸椎靈活性評估近年來受到更多關注。胸椎是脊柱重要的組成部分，24塊椎骨構成的脊柱中，胸椎占了一半。胸椎本應該是相對靈活的關節，但大多數人會喪失胸椎靈活性，而腰椎和頸椎本該是相對穩定的關節，但可能因為活動過多或者負荷過大而容易受傷。因此，脊柱是身體核心的組成部分，而核心訓練的一個重要課題就是要透過力量訓練來提高腰椎和頸椎穩定性，並且透過靈活性訓練提升胸椎靈活性。而胸椎組成了胸廓，胸椎靈活性不夠就會使得胸廓的運動，即呼吸運動受到某種程度的限制，這是人們呼吸效率低下的重要原因。

伏案是現代人類最主要的學習、工作方式。由於坐姿不良，我們很容易出現含胸駝背的情況，這樣就無法保持上背部挺直。長此以往，一方面導致胸椎節段壓力增加；另一方面，也使得胸椎自然生理彎曲發生改變，從而降低胸椎應有的靈活性。

胸椎參與胸廓的構成，而呼吸運動必然伴隨胸廓起伏，當胸椎靈活性不足時，主要影響到呼吸時的胸廓起伏運動，可能還會導致異常的呼吸模式，或者導致有效通氣量的下降。這時你可能往往感覺自己跑步時呼吸挺費勁的，表現為呼吸模式錯誤和呼吸效率低下。因此，除了跑者都理解的下肢靈活性評估以外，胸椎靈活性也要評估。

9. 下肢靈活性綜合測試

此方法可綜合測試下肢靈活性，但由於自己無法觀察到身體位置，所以需要一名同伴來進行觀察評價。需要一張結實的桌子或者比較高的床，坐在桌子或者床的邊緣。平躺，雙手用力抱住一側腿，另一側腿自然放下，主要觀察放下的一側腿的位置。

靈活性良好：膝關節低於髖關節，小腿與地面垂直。

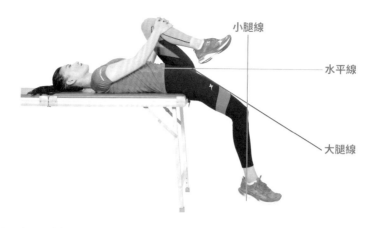

　　靈活性一般：髖部緊張，使得膝關節高於髖關節，大腿無法下落。髖部緊張在伏案人群中極為常見。髖部緊張一方面容易引發腰痛；另一方面，使得跑步時腿無法充分蹬伸。

　　靈活性較差：大腿前側緊張時，使得小腿無法下落至與地面保持垂直，大腿前側緊張是膝關節疼痛重要的危險因素。

從正面看，如果大腿與前正中線接近平行，表明大腿外側髂脛束緊張度正常。

從正面看，如果大腿向外打開，則說明大腿外側髂脛束緊張，因為髂脛束緊張會拉動大腿向外。

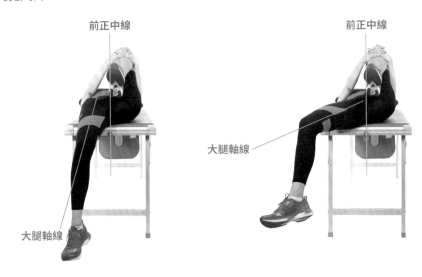

四、總結

跑得快和穩是跑者跑步能力的最終體現，但要跑得快和穩，需要建立良好的身體基本靈活性和穩定性基礎，在此基礎上，掌握科學、合理的跑姿，才能更快、更有效地實現耐力提升。跑不是跑者的唯一，為了實現系統性提升跑步能力，大多數跑者都要很好地加強身體靈活性和穩定性訓練，磨刀不誤砍柴工。如果要改善身體靈活性，請具體參見本書第五章無傷跑法身體功能訓練。

◀◀◀ 第二節　身體穩定性評估 ▶▶▶

身體穩定性主要反映力量及動作協調性，力量和穩定性對於跑步具有十分重要的意義，因為一切動作都是透過肌肉發力來實現的。良好的力量可以讓你跑得更快、更穩、更經濟、更無傷，力量和穩定性同樣可以透過一系列動作來進行評估。

一、什麼叫作穩定性

穩定性是指協調、穩定、精準完成特定動作的能力，穩定的跑姿可以最大限度避免受到錯誤應力的作用，如一些跑者在騰空落地時，表現為髖關節過度內收、膝關節內扣、足過度外翻，我們把這種情況稱為髖膝踝力線排列不佳，而這會導致下肢關節受

力量和穩定性對於
跑步的意義

到錯誤應力作用，從本質上說這是因為下肢關節穩定性不夠，從而無法維持正常力線。而在馬拉松比賽中後半程，很多跑者因為體力下降、肌肉疲勞而導致跑姿變形，這也是跑姿穩定性下降的典型表現。

二、是不是只要有力量就代表穩定

一定的肌肉力量是穩定性的基礎，沒有力量就談不上穩定性，這是為什麼我們反覆強調跑者需要加強力量、多進行力量訓練。力量的增強有助於動作穩定性的提高，這是毫無疑問的，但有勁不等於把力道用到了刀刃上，所謂「四兩撥千斤」講的道理就是力量要在正確的時機用，用運動科學術語來講，就是能夠協調地發力。

右圖顯示了身體穩定系統的構成，身體要保持穩定，需要三大系統協同工作，分別是被動子系統、主動子系統和神經控制子系統。被動子系統主要由不具備收縮性的韌帶、關節囊、筋膜等軟組織構成，它們可以提供基礎的身體穩定性，如膝關節在伸直時，膝關節兩側的副韌帶處於拉緊狀態，所以膝關節伸直時穩定性高於彎曲時。運動可以讓這些結構變得強韌，從而提高身體穩定

性。此外，韌帶、關節囊裡面有很多本體感受器，它們可以向大腦傳輸關節的空間位置覺，從而讓肌肉更好地產生精細運動以保持運動的協調與穩定。

主動子系統主要是指肌肉，其中既包括局部肌肉也包括整體肌肉，因為一個動作往往都是由多個肌肉協調收縮實現的，肌肉主動運動為人體提供了最主要的穩定來源，所以肌肉訓練很重要。

而把肌肉力量以正確的力道使出，而不是使蠻勁，就需要神經肌肉控制，這時就是神經控制子系統在發揮作用了。例如，對於跑步而言，騰空後落地時人體受到1~2倍體重的地面衝擊力，盡可能減少著地時衝擊就成為降低損傷風險的關鍵。在著地時，保持肌肉預收縮、著地後膝關節積極下壓緩衝及保持髖膝踝力線排列良好，都需要神經向肌肉發出正確、適時的指令，這就是神經肌肉控制。神經肌肉控制越好，動作協調性越好，力量發揮的效果也就越好。

三、正確的跑步動作模式的本質是跑步技術

神經對肌肉的良好控制就如同力量訓練本身，是需要進行訓練的，並不是天生的。我們將神經對肌肉的控制訓練稱為動作模式訓練，動作模式訓練的本質就是技能

學習，跑步也是一項專門技能，需要進行專門的動作模式學習。有人說人類天生會跑步，但會跑步跟跑姿正確完全是兩碼事，就好比「狗爬式」也能游起來，但距離標準泳姿相去甚遠。很多時候，正是因為我們認為人人都會跑步，從而忽視建立正確的跑步動作模式，忽視跑步技術的學習，造成跑姿不正確，跑得越多傷害越大。所以，正確的跑步動作模式加上足夠的肌肉力量，就能提供跑步所需要的身體穩定性。

　　跑步是一種特定的動作模式，但我們可以透過一系列基礎動作對其進行評估，這也是身體功能評估（Functional Movement Screen）的核心原理。例如，你在下蹲時容易出現膝蓋內扣，那麼跑步時可能也容易出現膝蓋內扣，這種膝蓋內扣有可能是由不知道正確的動作模式造成的，有可能是由肌肉力量不足造成的，又或者兼而有之。所以動作模式評估很重要，它可以反映你的身體基本穩定性，而如果發現動作穩定性不佳，就需要透過動作模式訓練和力量訓練來建立身體基礎穩定性，這種基礎穩定性為無傷健康跑步提供了身體基礎。

決定動作穩定性的兩大支柱

1. 過頭舉下蹲

　　動作解析：雙手握住一根棍子（晾衣竿之類的道具均可）上舉，要求棍子在頭頂正上方。雙腳開立與肩同寬，膝蓋自然伸直，挺胸收腹。緩慢下蹲至大小腿完成折疊，同時仍然保持挺胸收腹狀態，棍子仍然在頭頂正上方，同時膝蓋不過度超過腳尖，全腳掌踩實地面。

　　如果手不上舉，相信多數人都可以蹲到底，但是當雙手上舉時，各種動作缺陷就出來了。這個動作綜合反映了人體上肢、軀幹和下肢所有關節的靈活性和穩定性，跑步恰恰需要上肢、軀幹和下肢的協調運動。

　　錯誤動作模式 1：能蹲到底，但腳跟無法落地，膝蓋過度超過腳尖。

　　提示：跟腱彈性差、小腿肌肉過緊、足踝靈活性不夠，跑步時容易導致跟腱炎、足底筋膜炎、小腿脛骨壓力症候群、髕骨勞損。

　　錯誤動作模式 2：無法下蹲至大小腿折疊。

　　提示：臀肌、大腿肌肉過緊，下肢力量差，跑步時容易導致小腿脛骨壓力症候群、髕骨勞損、髕腱炎，此類人群是跑步傷痛的高危人群。

　　錯誤動作模式 3：能蹲到底，但含胸弓背明顯，棍子無法保持在頭頂正上方。

　　提示：腰腹力量差，上背部僵硬且力量差，肩部柔韌性差，跑

正確動作模式

步時容易導致軀幹不穩，大大降低跑步效率，影響呼吸。

錯誤動作模式 4：下蹲時膝蓋內扣。

提示：臀肌力量差，動作模式錯誤，跑步時容易導致髂脛束摩擦症候群、髕骨勞損等。

錯誤動作模式 5：下蹲時無法保持棍子水平。

提示：身體存在旋轉、不平衡等代償問題，跑步中容易出現受力不均。

2. 弓步蹲

動作解析：雙手在體後握住棍子緊貼背部，兩腳成一條線，雙腳距離保持在弓步蹲至最低處時，後腳膝蓋貼近前腳腳跟的距離。要求能緩慢弓步蹲，膝蓋輕輕觸碰地

面或者接近地面，不出現明顯撞擊地面現象，腰背挺直，姿態控制良好，同時棍子仍然緊貼背部。

錯誤動作模式1：能下蹲，但弓背明顯，棍子偏離背部。

提示：核心控制不佳，無法實現核心控制下的下肢正確運動。

錯誤動作模式2：膝蓋超過腳尖。

提示：臀肌力量不足，容易產生膝關節過度負荷問題。

錯誤動作模式3：無法下蹲。

提示：下肢關節靈活性不足，肌肉離心收縮控制差。

正確動作模式

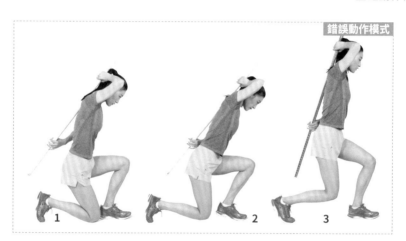

錯誤動作模式

1　2　3

3. 單腿下蹲

動作解析：雙手叉腰，能做到明顯的下蹲，單腿下蹲達到一定幅度時，膝蓋無明顯晃動、內扣，平衡保持良好。

錯誤動作模式1：膝蓋過度內扣。

提示：臀肌無力或者動作模式異常。

錯誤動作模式2：含胸弓背。

提示：核心力量不足，控制差。

錯誤動作模式3：身體產生不同程度的旋轉。

提示：核心力量不足，控制差。

錯誤動作模式4：無法保持身體平衡。

提示：單腿支撐平衡能力差，增加受傷風險。

正確動作模式

錯誤動作模式

4. 屈髖

動作解析：雙手在體後握住棍子緊貼背部，兩腳成一條線，膝蓋保持自然伸直，身體前傾屈髖，軀幹大約與地面成 45 度。

正確動作模式：腰背挺直，能充分屈髖，棍子緊貼背部。

錯誤動作模式 1：無法屈髖，靠彎腰代償。

提示：屈髖能力不足，臀肌較為緊張。

錯誤動作模式 2：屈髖不明顯，靠屈膝代償。

提示：屈髖能力不足，骨盆控制差。

正確動作模式

錯誤動作模式

5. 超人式

動作解析：採用雙手雙膝支撐跪位，一側腳腳尖支撐於地面，同時伸出對側手和腳，保持核心穩定，再收回。在完成動作過程中無明顯核心晃動，身體保持平衡。

正確動作模式：腰背挺直，手腳能充分伸出，控制良好。

正確動作模式

錯誤動作模式：核心不穩，無法保持平衡。

提示：核心穩定性差，無法為上下肢提供動作發力支點。

錯誤動作模式

四、總結

如果跑者在完成上述動作模式評估時出現各種錯誤動作模式，就應該一方面很好地加強肌肉力量，另一方面進行正確動作模式的學習和訓練。有時動作做不好並非力量不佳，也有可能是不知道如何做正確的動作。怎麼訓練？請參見第五章。

第五章　無傷跑法身體功能訓練

◂◂ 第一節　髖關節靈活性訓練 ▸▸

動作名稱：髖部網球滾揉

鍛鍊目的：改善髖部肌群柔韌性，提升髖關節活動度。

身體姿勢：俯臥於瑜伽墊上，一側腿伸直，將網球置於同側腿髖部，雙肘撐地。

動作過程：髖部在網球上按壓滾揉，使肌肉產生輕微酸痛感，訓練過程中某一點出現明顯疼痛時，可持續按壓 5~8 秒，維持 20~30 秒，練習 1~2 組。

動作名稱：髖部拉伸

鍛鍊目的：改善髖部肌群柔韌性，提升髖關節活動度。

身體姿勢： 單腿跪於瑜伽墊上，右膝跪地，左腳向前踩實地面，左側大腿約與地面平行，軀幹挺直，雙手扶左膝。

動作過程： 髖關節向前移動，保持髖部有輕微拉伸感。拉伸過程中保持均勻呼吸，不要憋氣。維持 20~30 秒，練習 1~2 組。

動作名稱：髖部動態牽拉

鍛鍊目的： 改善髖部肌群柔韌性，提升髖關節活動度。

身體姿勢： 站立位，雙腳與肩同寬，收腹挺胸，目視前方。

動作過程： 雙手叉腰，右腿向前邁一步呈弓步姿勢，左手向上伸直，產生明顯拉伸感，保持 1 秒，左右手交替進行。每側練習 10~15 次，練習 1~2 組。

動作名稱：跪姿挺髖

鍛鍊目的： 牽拉大腿前側肌群，活化臀肌。

　　身體姿勢：身體呈跪姿位，雙腳腳尖撐地，使臀部坐於腳後跟處，腰腹平直，抬頭挺胸，兩手握住腳後跟。

　　動作過程：臀肌收縮發力，向前頂髖，身體呈反弓姿勢，使大腿前側肌群感受到輕微拉伸感，保持 1 秒，然後還原。練習 10~15 次，1~2 組。

　　動作名稱：翻轉青蛙式

　　鍛鍊目的：改善髖關節活動度，提高髖關節靈活性。

　　身體姿勢：跪撐於瑜伽墊上，臀部後坐。

　　動作過程：重心向前，然後抬高一側小腿使髖關節內旋，左右側交替進行。每側練習 15~20 次，練習 1~2 組。

　　動作名稱：蹲姿髖旋轉

　　鍛鍊目的：改善髖關節活動度，提高髖關節靈活性。

　　身體姿勢：雙腿下蹲至大腿與地面平行，雙肘貼緊雙膝，兩手交叉相握。

　　動作過程：左右腿交替向對側旋轉，膝蓋輕觸地面，循環進行。每側練習 10~15 次，練習 1~2 組。

動作名稱：坐姿跪起

鍛鍊目的： 改善髖關節活動度，提高髖關節靈活性。

身體姿勢： 坐於瑜伽墊上，一側腿屈膝 90 度放於身體正前方，一側腿屈膝 90 度放於身體一側。

動作過程： 由坐姿變為跪姿，使臀部抬離地面，保持 1 秒，恢復起始姿勢，完成一定次數換另一側。訓練過程中注意保持身體穩定。每側練習 10~15 次，練習 1~2 組。

動作名稱：坐姿髖旋轉

鍛鍊目的： 改善髖關節活動度，提高髖關節靈活性。

身體姿勢： 坐於瑜伽墊上，雙臂在身後伸直撐地，雙腿屈膝 90 度。

動作過程： 雙腿向左右側交替旋轉並接觸地面。訓練過程中腰背挺直，身體保持穩定。每組練習 10~15 次，練習 1~2 組。

動作名稱：臀肌滾筒滾揉

鍛鍊目的：放鬆臀部肌群，改善髖關節活動度。

身體姿勢：一側腿屈膝踩實地面，另一側腿呈翹二郎腿姿勢，並將滾筒放於臀部下方，對側手放於膝蓋處，一手撐地。

動作過程：臀部在滾筒上來回滾揉，滾揉過程中使肌肉產生輕微酸痛感，滾揉結束換另一側。滾揉過程中身體保持穩定。滾揉 30~60 秒，練習 1~2 組。

動作名稱：臀部網球滾揉

鍛鍊目的：放鬆臀部肌群，改善髖關節活動度。

身體姿勢：坐於瑜伽墊上，一側腿屈膝踩實地面，另一側腿呈翹二郎腿姿勢，並將網球放於臀部下方，對側手放於膝蓋處，一手撐地。

動作過程：臀部在網球上按壓滾揉，使肌肉產生輕微酸痛感。訓練過程中某一點出現明顯疼痛時，可持續按壓 5~8 秒，維持 20~30 秒，練習 1~2 組。

動作名稱：臥姿臀肌拉伸

鍛鍊目的：改善臀部肌群柔韌性，提升髖關節活動度。

身體姿勢：仰臥於瑜伽墊上，左腿伸直，右腿大小腿折疊，兩手握住右腿小腿。

動作過程：兩手發力將右大腿向對側軀幹靠攏，保持輕微拉伸感，拉伸過程中保持自然呼吸，不要憋氣。維持 20~30 秒，每側練習 1~2 組。

動作名稱：臥姿臀肌拉伸

鍛鍊目的：改善臀部肌群柔韌性，提升髖關節活動度。

身體姿勢：仰臥於瑜伽墊上，呈翹二郎腿姿態。

動作過程：兩手握住下側小腿，向軀幹靠攏，保持輕微拉伸感。拉伸過程中保持自然呼吸，不要憋氣。維持 20~30 秒，每側練習 1~2 組。

動作名稱：坐姿臀部拉伸

鍛鍊目的：改善臀部肌群柔韌性，提升髖關節活動度。

身體姿勢：坐於瑜伽墊上，左腿伸直，右腿屈膝屈髖放於左側大腿外側，左手抱住右側大腿，右手撐於身體後方，軀幹向右側旋轉。

動作過程：左手發力將右側大腿向身體靠攏，軀幹向右側扭轉，使臀部產生輕微拉伸感。每側拉伸 20~30 秒，練習 1~2 組。

動作名稱：站姿臀肌動態牽拉

鍛鍊目的：改善髖關節活動度，提高髖關節靈活性。

身體姿勢：站立位，支撐腿半蹲，對側腿小腿放到支撐腿大腿正上方呈翹二郎腿姿勢，雙手握住對側腿小腿。

動作過程：支撐腿伸直，雙手握住對側腿小腿向上提拉，使臀部產生輕微牽拉感，保持 1 秒，左右側交替進行。每側練習 10~15 次，練習 1~2 組。

動作名稱：站姿翹二郎腿臀肌動態牽拉

鍛鍊目的：改善髖關節活動度，提高髖關節靈活性。

身體姿勢：站立位，雙手叉腰，一側腿微屈，對側腿屈膝 90 度放於支撐腿大腿正面呈翹二郎腿姿勢。

動作過程：向下半蹲，使臀部產生輕微牽拉感，保持 1 秒，然後站起，左右側交替進行。每側練習 10~15 次，練習 1~2 組。

動作名稱：臥姿大腿後側拉伸

鍛鍊目的：放鬆大腿後側肌群，改善髖關節活動度。

身體姿勢：仰臥於瑜伽墊上，一側腿直膝抬高，雙手握住抬高腿小腿。

動作過程：用力將抬高腿拉向身體，使大腿後側肌群產生輕微牽拉感，保持一定時間，換另一側。維持 20~30 秒，每側練習 1~2 組。

錯誤動作：屈膝抬腿。

動作名稱：坐姿大腿後側拉伸

鍛鍊目的：放鬆大腿後側肌群，改善髖關節活動度。

身體姿勢：坐於瑜伽墊上，左腿伸直，兩臂自然伸直，右腿盤腿，使右腳掌貼緊左側大腿。

動作過程：軀幹前傾，使大腿後側肌群產生輕微牽拉感。拉伸過程中保持腰背挺直，每次維持 20~30 秒，練習 1~2 組。

動作名稱：站姿大腿後側拉伸

鍛鍊目的：改善大腿後側肌群柔韌性，提升髖關節活動度。

身體姿勢：站立位，一隻腳向前邁一步且腳後跟著地，雙手扶住前腿大腿，俯身前傾，保持腰背挺直，使大腿後側肌群產生輕微牽拉感。每側維持 20~30 秒，練習 1~2 組。

錯誤動作：弓腰。

動作名稱：站姿臀肌拉伸

鍛鍊目的：改善臀部肌群柔韌性，提升髖關節活動度。

身體姿勢：站立位，雙手扶一穩定物體，一側腿小腿放置到另一側腿大腿處呈翹二郎腿姿勢，下蹲至臀部肌群產生輕微牽拉感。每側維持 20~30 秒，練習 1~2 組。

動作名稱：毛毛蟲爬行

鍛鍊目的：拉伸下肢後側肌肉，提升整個下肢動力鏈的活動度。

身體姿勢：身體前傾呈體前屈姿勢，雙腿伸直，雙手伸直。

動作過程：兩隻手掌支撐於地面，交替向前爬行至呈伏地挺身姿勢，使大腿及小腿後側產生輕微牽拉感，再向後爬行至體前屈姿勢。訓練過程中注意雙腿一直要保持伸直狀態。練習 6~8 次，1~2 組。

動作名稱：下犬式

鍛鍊目的：改善身體後側鏈柔韌性，提升身體靈活性。

身體姿勢：雙腳與雙手伸直支撐於瑜伽墊，身體呈倒「V」字形，使身體後側鏈產生輕微牽拉感。訓練過程中注意腰背挺直，肩胛骨充分後縮，核心收緊。維持 20~30

秒，練習 1~2 組。

動作名稱：燕式平衡

鍛鍊目的：改善大腿後側肌群柔韌性，提升髖關節活動度。

身體姿勢：站立位，雙腳與肩同寬，收腹挺胸，雙手側平舉。

動作過程：軀幹前傾，同時一側腿向後上方抬起，使頭、肩、髖、膝、踝在一條直線上，且平行於地面。支撐腿自然伸直，使大腿後側肌群產生輕微牽拉感，保持 1 秒後，換另一側。每側練習 10~15 次，練習 1~2 組。

動作名稱：手抓腳趾（踝）蹲起

鍛鍊目的：放鬆大腿後側肌群，提高膝、髖、踝關節靈活性。

身體姿勢：蹲於地面，雙手拉住腳尖，柔韌性差者可握住踝關節。

動作過程：雙手拉住腳尖或握住踝關節不動，雙腿緩慢伸直，使大腿後側產生輕微牽拉感。每次練習 20~30 秒，練習 1~2 組。

動作名稱：髖關節環繞

鍛鍊目的：改善髖關節活動度，提高髖關節靈活性。

身體姿勢：站立位，雙手叉腰。

動作過程：站立，一側腿抬至大腿與地面平行，向後旋轉並落地，左右側交替進行。每側練習 10~15 次，練習 1~2 組。

動作名稱：前踢腿

鍛鍊目的：改善大腿後側肌群柔韌性，提升髖關節活動度。

身體姿勢：站立位，雙腳與肩同寬，收腹挺胸，雙手側平舉。

動作過程：一側腿向前上方踢，對側手伸直與前踢腿腳尖相觸，使大腿後側肌群產生輕微拉伸感，左右側交替進行。每側練習 10~15 次，練習 1~2 組。

動作名稱：最偉大拉伸

鍛鍊目的：拉伸腿部、髖部和軀幹肌群，提升關節活動度。
身體姿勢：站立位。

動作過程： 右腿向前邁步呈弓步姿勢，左腿伸直，雙手放於前側大腿處；向前下方俯身，雙手伸直撐地；軀幹向右側旋轉帶動右手向上伸直；恢復至此前的俯身姿勢，雙手撐於前腿兩側；前腿伸直將腳尖抬起，身體向後側移動，然後恢復至起始姿勢，換另一側。訓練過程中注意，身體產生拉伸感後保持1秒。每側練習6~8次，練習1~2組。

<h2 align="center">◂◂◂ 第二節 膝關節靈活性訓練 ▸▸▸</h2>

動作名稱： 大腿前側滾筒滾揉

鍛鍊目的： 放鬆大腿前側肌群，改善膝關節活動度。

身體姿勢： 俯臥於瑜伽墊上，將滾筒放在一側大腿的下方，另一側腿屈膝屈髖著地支撐，雙臂屈肘支撐於地面。

動作過程： 大腿在滾筒上來回滾揉，使肌肉產生輕微酸痛感。滾揉過程中注意，肌肉產生輕微酸痛感即可。滾揉30~60秒，練習1~2組。

動作名稱： 大腿前側滾筒加強滾揉

鍛鍊目的： 放鬆大腿前側肌群，提升膝關節活動度。

身體姿勢： 俯臥於瑜伽墊上，將滾筒放在雙腿的大腿下方，雙臂屈肘支撐於地面。

動作過程： 大腿在滾筒上來回滾揉，使肌肉產生輕微酸痛感。滾揉過程中注意，肌肉產生輕微酸痛感即可，滾揉30~60秒，練習1~2組。

動作名稱：**大腿外側滾筒滾揉**

鍛鍊目的： 改善大腿外側肌群柔韌性，降低大腿外側肌群及髂脛束緊張程度。

身體姿勢： 側臥於瑜伽墊上，將滾筒壓於左側大腿外側下方，左臂屈肘撐於地面，右腿屈膝屈髖置於身體前側支撐。

動作過程： 大腿外側在滾筒上來回滾揉，使肌肉產生輕微酸痛感。滾揉過程中注意，肌肉產生輕微酸痛感即可。滾揉 30~60 秒，練習 1~2 組。

動作名稱：**大腿外側滾筒加強滾揉**

鍛鍊目的： 改善大腿外側肌群柔韌性，降低大腿外側肌群及髂脛束緊張程度。

身體姿勢： 側臥於瑜伽墊上，兩腿併攏伸直，將滾筒置於左側大腿外側下方，左臂屈肘撐於地面。

動作過程： 大腿外側在滾筒上來回滾揉，使肌肉產生輕微酸痛感。滾揉過程中注意，肌肉產生輕微酸痛感即可。滾揉 30~60 秒，練習 1~2 組。

動作名稱：**大腿內側滾筒滾揉**

鍛鍊目的： 放鬆大腿內側肌群，改善膝關節活動度。

　　身體姿勢：俯臥於瑜伽墊上，右側腿向外側抬腿，將滾筒壓於右側大腿內側，雙臂屈肘支撐於地面，左腿伸直，腳尖支撐於地面，軀幹抬離地面。

　　動作過程：大腿內側在滾筒上來回滾揉，使肌肉產生輕微酸痛感。滾揉過程中注意，肌肉產生輕微酸痛感即可。滾揉 30~60 秒，練習 1~2 組。

動作名稱：臥姿大腿前側拉伸

　　鍛鍊目的：改善大腿前側肌群柔韌性，提升膝關節活動度。

　　身體姿勢：側臥於瑜伽墊上，下側腿伸直，上側腿勾小腿，用同側手握住踝關節處。

　　動作過程：用力將腳跟拉向臀部，使大腿前側肌群產生輕微拉伸感。拉伸過程中保持均勻呼吸，雙腿靠攏。維持 20~30 秒，每側練習 1~2 組。

　　錯誤動作：雙腿間距過大。

動作名稱：坐姿大腿內收肌群拉伸

　　鍛鍊目的：改善大腿內收肌群柔韌性，提升髖關節活動度。

　　身體姿勢：坐於瑜伽墊上，雙腿屈膝且腳掌相對，雙手握住雙腳踝關節處，兩側前臂貼緊小腿。

　　動作過程：兩側前臂用力向下按壓，使大腿內側產生輕微拉伸感，持續一定時間。拉伸過程中保持均勻呼吸，每次練習 20~30 秒，練習 1~2 組。

　　動作名稱：站姿大腿內收肌群拉伸

　　鍛鍊目的：改善大腿內收肌群柔韌性，提升髖關節活動度。

　　身體姿勢：站立位，右側腿單腿站立，左腿外展伸直放於訓練凳上，軀幹向左側彎曲，使左側大腿內側有輕微拉伸感。保持 20~30 秒，練習 1~2 組。

　　動作名稱：跪姿大腿前側拉伸

　　鍛鍊目的：改善大腿前側肌群柔韌性，提升膝關節活動度。

　　身體姿勢：單腿跪於瑜伽墊上，右側腿膝蓋跪地，腰背挺直，目視前方。

　　動作過程：右手握住右側腳踝，將其拉向臀部，使右側大腿前側有輕微拉伸感。

拉伸過程中使身體保持穩定，維持 20~30 秒，練習 1~2 組。

動作名稱：**大腿前側拉伸**

鍛鍊目的：改善大腿前側肌群柔韌性，提升膝關節活動度。

身體姿勢：單腿站立，另一側腿勾小腿，同側手握住踝關節將腳跟拉向臀部，使大腿前側保持輕微拉伸感。拉伸過程中保持身體穩定。 每側拉伸 20~30 秒，練習 1~2 組。

錯誤動作：被拉伸腿外展。

錯誤動作

◂◂ 第三節　踝關節靈活性訓練 ▸▸

動作名稱：**小腿後側滾筒滾揉**

鍛鍊目的：放鬆小腿後側肌群，改善踝關節活動度。

　　身體姿勢：坐於瑜伽墊上，將滾筒放於左側小腿下方，右腿屈膝支撐於地面，雙臂支撐在身體後方。

　　動作過程：雙手推地帶動身體前後移動，小腿在滾筒上來回按壓滾揉。滾揉過程中使肌肉產生輕微酸痛感，滾揉 30~60 秒，練習 1~2 組。

　　動作名稱：小腿後側滾筒加強滾揉

　　鍛鍊目的：放鬆小腿後側肌群，改善踝關節活動度。

　　身體姿勢：坐於瑜伽墊上，將滾筒置於左側小腿下方，雙腿交疊，雙臂支撐在身體後方。

　　動作過程：雙手推地帶動身體前後移動，小腿在滾筒上來回按壓滾揉。滾揉過程中使肌肉產生輕微酸痛感，滾揉 30~60 秒，練習 1~2 組。

　　動作名稱：小腿外側滾筒滾揉

　　鍛鍊目的：放鬆小腿外側肌群，改善踝關節活動度。

　　身體姿勢：坐於瑜伽墊上，一側腿屈膝屈髖，並將滾筒放於同側小腿外側下方，雙手握住該側腿膝部下方和踝部上方，另一側腿向外伸直。

　　動作過程：小腿外側在滾筒上滾揉，同時雙手適當按壓，使肌肉產生輕微酸痛感。滾揉 30~60 秒，練習 1~2 組。

動作名稱：小腿前側滾筒滾揉

鍛鍊目的：放鬆小腿前側肌群，改善踝關節活動度。

身體姿勢：單腿跪姿，一側小腿前側跪於滾筒上，雙臂伸直支撐於地面，腰背挺直。

動作過程：一側小腿前側在滾筒上按壓滾揉。滾揉過程中使肌肉產生輕微酸痛感，滾揉 30~60 秒，練習 1~2 組。

動作名稱：網球足底滾揉

鍛鍊目的：放鬆腳底筋膜及肌肉，改善踝關節靈活性。

身體姿勢：站於地上，一隻腳將網球踩於足底。

動作過程：腳掌用力踩壓網球並進行前後滾揉，滾揉過程中使足底產生輕微酸痛感。滾揉 20~30 秒，練習 1~2 組。

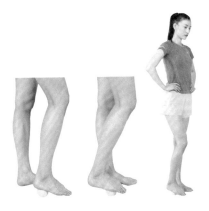

動作名稱：小腿後側網球滾揉

鍛鍊目的：放鬆小腿後側肌肉，改善踝關節活動度。

身體姿勢：坐於瑜伽墊上，一側腿伸直，將網球放於小腿後側下方，腰背挺直，雙手支撐於身體後方。

動作過程：小腿後側在網球上來回滾揉，使肌肉產生輕微酸痛感。每側練習30~60秒，1~2組。

動作名稱：勾腳尖小腿後側網球滾揉

鍛鍊目的：放鬆小腿後側肌肉，改善踝關節活動度。

身體姿勢：坐於瑜伽墊上，一側腿伸直並勾腳尖，將網球放置於小腿後側下方，腰背挺直，雙手支撐於身體後方。

動作過程：小腿後側在網球上滾揉，使肌肉產生輕微酸痛感。每側練習30~60秒，1~2組。

動作名稱：小腿外側網球滾揉

鍛鍊目的：放鬆小腿外側肌群，提升踝關節活動度。

身體姿勢：坐於瑜伽墊上，一側腿盤腿，將網球放置於小腿外側下方，另一側腿向外屈膝，腳踩實地面。

動作過程：小腿外側在網球上滾揉，並用雙手適當按壓，使肌肉產生輕微酸痛感，換另一側。滾揉 30~60 秒，練習 1~2 組。

動作名稱：小腿前側網球滾揉

鍛鍊目的：放鬆小腿前側肌群，改善踝關節活動度。

身體姿勢：單腿跪姿，一側小腿前側跪於網球上，雙臂伸直支撐於地面，腰背挺直。

動作過程：小腿前側在網球上滾揉，使肌肉產生輕微酸痛感。滾揉 30~60 秒，練習 1~2 組。

動作名稱：小腿內側網球滾揉

鍛鍊目的：放鬆小腿內側肌群，提升踝關節活動度。

身體姿勢：坐於瑜伽墊上，一側腿盤腿，並將網球放置於小腿內側上方，雙手交疊按壓在網球上，另一側腿向外伸直。

動作過程：雙手適當按壓，同時用網球沿小腿內側進行上下滾揉，使肌肉產生輕微酸痛感。滾揉 30~60 秒，練習 1~2 組。

動作名稱：小腿弓步拉伸

鍛鍊目的：放鬆小腿後側肌群，提升踝關節活動度。

身體姿勢：雙腿前後分開，弓步站立，雙手扶一固定物體，後腿充分伸直，腳跟著地。

動作過程：軀幹向前傾，使小腿後側肌群產生輕微拉伸感。訓練過程中注意雙腳腳尖指向前方。拉伸 20~30 秒，練習 1~2 組。

錯誤動作：腳尖外八字。

錯誤動作

動作名稱：站姿小腿拉伸

鍛鍊目的：放鬆小腿後側肌群，提升踝關節活動度。

身體姿勢：雙腳前後站立，前腳腳尖向上抵在穩定物體上，腳跟著地，後腿伸直，雙手扶一穩定物體，軀幹前傾。

動作過程：身體重心前移，使小腿後側肌群產生輕微拉伸感。每側持續 20~30 秒，練習 1~2 組。

動作名稱：**小腿深層比目魚肌拉伸**

鍛鍊目的：放鬆小腿後側深層比目魚肌，提升踝關節活動度。

身體姿勢：雙腳前後站立，雙腿屈膝半蹲，雙手扶住椅背。

動作過程：身體向前、向下發力，主動屈膝，使小腿後側深層肌群產生輕微拉伸感。維持 20~30 秒，練習 1~2 組。

動作名稱：**小腿外側拉伸**

鍛鍊目的：放鬆小腿外側肌群，提升踝關節活動度。

身體姿勢：坐於瑜伽墊上，一側腿伸直抬高至與地面成 45 度，對側手握住抬高腿的腳掌外側，使腳輕度內翻，另一側腿伸直放於地面，另一側手臂伸直撐地。

動作過程：抬高腿逐漸伸直，使小腿外側產生輕微拉伸感。訓練過程中注意保持身體穩定。每側拉伸 20~30 秒，練習 1~2 組。

動作名稱：**腳趾背屈**

鍛鍊目的：放鬆小腿後側和足底肌群，提升踝關節活動度。

　　身體姿勢：跪於瑜伽墊上，雙腳腳尖撐地，臀部坐於腳後跟處，使小腿後側和足底肌群產生輕微拉伸感。訓練過程中注意腰背挺直，核心收緊。維持 20~30 秒，練習 2~3 組。

　　動作名稱：站姿小腿靈活性訓練

　　鍛鍊目的：放鬆小腿後側肌群，提升踝關節活動度。

　　身體姿勢：雙腿前後站立，後腿伸直，前腿膝蓋半屈，軀幹挺直，雙手扶住椅背。

　　動作過程：前腿在腳跟不抬起的情況下，充分屈膝努力讓膝蓋向前移至最大幅度，重複進行。每側練習 15~20 次，練習 1~2 組。

◂◂◂ 第四節　胸椎靈活性訓練 ▸▸▸

　　動作名稱：胸椎滾筒滾揉

　　鍛鍊目的：改善胸椎屈伸活動度。

　　身體姿勢：仰臥於瑜伽墊上，將滾筒放於背部胸椎處，腰背挺直，核心收緊，雙手置於耳旁。

　　動作過程：卷腹，肩部向上抬起，然後緩慢下落，使脊柱後伸，保持 2 秒後恢復至起始姿勢。訓練過程中保持均勻呼吸，練習 10~15 次，1~2 組。

動作名稱：上犬式

鍛鍊目的： 改善胸椎屈伸活動度，提高胸椎靈活性。

身體姿勢： 俯臥於瑜伽墊上，雙手置於肩部正下方並伸直雙臂撐起身體，伴隨背肌用力，腹部會產生輕微拉伸感，注意避免給予腰椎過大壓力。訓練過程中注意保持自然呼吸，不要憋氣。維持 20~30 秒，練習 1~2 組。

動作名稱：全身擰轉式

鍛鍊目的： 改善胸椎旋轉活動度，提升胸椎靈活性。

身體姿勢： 側臥於瑜伽墊上，對側手將上側腿向上拉至最大幅度，另一側手握住下側腿腳踝向後拉伸至最大幅度，保持身體的輕微拉伸感。維持 20~30 秒，練習 1~2 組。

動作名稱：貓式 / 駱駝式

鍛鍊目的： 改善胸椎旋轉活動度，提升胸椎靈活性。

身體姿勢： 跪撐於瑜伽墊上，雙臂伸直。

動作過程： 吸氣，腰腹向上拱起，低頭，使上半身成弓形，保持 1 秒，然後呼氣，腰腹向下壓，頭後仰，保持 1 秒，交替進行。訓練過程中注意呼吸，向上運動吸氣，向下運動呼氣。練習 10~15 次，2~3 組。

動作名稱：仰臥單腿鐘擺

鍛鍊目的：改善下肢及胸椎靈活性。

身體姿勢：仰臥於瑜伽墊上，直膝抬起一側腿與地面垂直，雙手張開與軀幹垂直。

動作過程：抬起腿左右擺動，並接觸地面，使身體產生輕微牽拉感，接觸地面時保持 1 秒，左右側交替進行。訓練過程中注意動作要連續、緩慢、有控制。每側練習10~ 15 次，練習 1~2 組。

動作名稱：**側臥胸椎旋轉**

鍛鍊目的：改善胸椎旋轉活動度，提高胸椎靈活性。

身體姿勢：側臥於瑜伽墊上，上側腿屈髖屈膝，對側手下壓上側腿膝關節，上側手與軀幹垂直。

動作過程：手臂與軀幹上半部同時進行左右旋轉，頭與軀幹一起轉動，使身體產生輕微牽拉感，保持 1 秒還原。訓練過程中固定髖部及下肢，避免它們隨身體發生轉動。每側練習 10~15 次，練習 1~2 組。

動作名稱：**跪姿胸椎旋轉**

鍛鍊目的：改善胸椎旋轉活動度，提高胸椎靈活性。

身體姿勢：跪撐於瑜伽墊上，腰背挺直，核心收緊，雙手支撐於肩關節正下方。

動作過程：一側手扶頭，與軀幹保持一致，軀幹進行左右旋轉，使身體產生輕微牽拉感，保持 1 秒還原。每側練習 10~15 次，練習 1~2 組。

動作名稱：坐姿旋轉

鍛鍊目的：提高下肢和胸椎靈活性。

身體姿勢：坐於瑜伽墊上，左腿在身體前側屈髖屈膝，右腿在身體後側屈髖屈膝，腰背挺直。

動作過程：軀幹向左右交替旋轉，使身體產生輕微牽拉感，保持 1 秒還原。每側旋轉 10~15 次，練習 1~2 組。

動作名稱：坐姿轉體

鍛鍊目的：改善胸椎旋轉活動度，提高胸椎靈活性。

身體姿勢：坐於板凳上，雙腿、雙腳併攏，軀幹挺直，兩臂折疊交叉放於胸前。

動作過程：軀幹、頭、手臂一起進行左右側旋轉。訓練過程中保持自然呼吸，每側練習 12~16 次，練習 1~2 組。

動作名稱：蹲姿轉體

鍛鍊目的：改善下肢和胸椎靈活性。

　　身體姿勢：雙腳開立，略微外展，下蹲至大腿與地面平行，雙肘緊貼雙膝。

　　動作過程：軀幹與頭向右側旋轉，右手向正上方舉起，使身體產生輕微牽拉感，左右側交替進行。每側練習 10~15 次，練習 1~2 組。

動作名稱：弓步旋轉

　　鍛鍊目的：改善胸椎旋轉活動度，提升胸椎靈活性。

　　身體姿勢：站立於地面，雙腿伸直，雙手放於身體兩側。

　　動作過程：右腳向前邁一步呈弓步姿勢，左手放到前腿右方，右手臂側平舉，連同軀幹向右側旋轉，使身體產生輕微牽拉感，保持 1 秒，左右側交替進行。每側練習 10~15 次，練習 1~2 組。

◂◂ 第五節 上肢穩定性訓練 ▸▸

動作名稱：**肩胛骨 Y 形收緊訓練**

動作難度：初級。

鍛鍊目的：活化肩關節局部肌群，強化上肢穩定性。

身體姿勢：雙腳開立，軀幹前傾，雙臂伸直上舉，使手臂與軀幹呈 Y 形，大拇指指向上方。

動作過程：肩胛骨後縮，雙臂向後上方移動，恢復至起始姿勢。訓練過程中注意腰背挺直，核心收緊。每組練習 15~20 次，練習 1~2 組。

動作名稱：**肩胛骨 T 形收緊訓練**

動作難度：初級。

鍛鍊目的：活化肩關節局部肌群，強化上肢穩定性。

身體姿勢：雙腳開立，軀幹前傾，雙臂側平舉，使手臂與軀幹呈 T 形，大拇指指向上方。

動作過程：肩胛骨後縮，雙臂向後上方移動，恢復至起始姿勢。訓練過程中注意腰背挺直，核心收緊。每組練習 15~20 次，練習 1~2 組。

動作名稱：肩胛骨 W 形收緊訓練

動作難度：初級。

鍛鍊目的：活化肩關節局部肌群，強化上肢穩定性。

身體姿勢：雙腳開立，軀幹前傾，雙臂伸直上舉，然後使手臂呈 W 形，大拇指指向上方。

動作過程：肩胛骨後縮，雙臂向後上方移動，恢復至起始姿勢。訓練過程中注意腰背挺直，核心收緊。每組練習 15~20 次，練習 1~2 組。

動作名稱：肩胛骨上回旋收緊訓練

動作難度：初級。

鍛鍊目的：活化肩關節局部肌群，強化上肢穩定性。

身體姿勢：雙腳開立，軀幹前傾，雙臂伸直上舉，然後使手臂呈 W 形，大拇指指向上方。

動作過程：肩胛骨後縮，雙臂沿軀幹向上伸直手臂，再恢復至起始姿勢。訓練過程中注意腰背挺直，核心收緊。每組練習 15~20 次，練習 1~2 組。

動作名稱：跪姿伏地挺身

動作難度：中級。

鍛鍊目的：發展上肢力量。

身體姿勢：俯撐姿勢，雙臂伸直支撐於肩部正下方，雙腿彎曲，膝關節支撐於地面，腰背挺直。

動作過程：屈肘下降至肘關節成 90 度，然後雙臂伸直將身體撐起，回到起始姿勢，循環進行。訓練過程中注意腰背挺直，核心收緊。每組練習 10~15 次，練習 2~3 組。

錯誤動作：向下運動時臀部未下落。

錯誤動作

動作名稱：標準伏地挺身

動作難度：高級。

鍛鍊目的：發展上肢力量。

身體姿勢：俯撐姿勢，雙臂伸直支撐於肩部正下方，雙腿伸直，腳尖支撐於地面。

動作過程：屈肘下降至肘關節成 90 度，且肘與肩齊平，然後快速伸直雙臂將身體撐起，回到起始姿勢，循環進行。訓練過程中注意腰背挺直，核心收緊。每組練習 10~15 次，練習 2~3 組。

錯誤動作：塌腰。

錯誤動作

⁌⁌ 第六節　核心穩定性訓練 ⁍⁍

動作名稱：靜力跪姿手撐

動作難度：初級。

鍛鍊目的：活化核心穩定肌群，強化核心穩定性。

身體姿勢：俯撐於瑜伽墊上，手臂伸直支撐於肩關節正下方，雙腿屈膝使膝關節著地支撐，腰背挺直，肩、髖、膝在同一直線上。訓練過程中注意核心收緊，保持自然呼吸。維持 20~60 秒，練習 2~3 組。

錯誤動作：肩、髖、膝不在同一直線上。

動作名稱：靜力跪姿肘撐

動作難度：初級。

鍛鍊目的：活化核心穩定肌群，強化核心穩定性。

身體姿勢：俯撐於瑜伽墊上，屈肘 90 度支撐於肩關節正下方，雙腿勾小腿使膝關節著地支撐，腰背挺直，肩、髖、膝在同一直線上。訓練過程中注意核心收緊，保持自然呼吸。維持 20~60 秒，練習 2~3 組。

錯誤動作：肩部、髖部和膝部不在同一直線上。

錯誤動作

動作名稱：靜力側平板膝撐

動作難度：初級。

鍛鍊目的：活化腰腹外側肌群，強化核心穩定性。

身體姿勢：側支撐於瑜伽墊上，一側手臂屈肘 90 度支撐於肩關節正下方，雙腿屈膝使膝關節著地支撐。訓練過程中保持肩、髖、膝成一條直線。維持 20~60 秒，每側練習 2~3 組。

動作名稱：靜力跪撐伸腿

動作難度：初級。

鍛鍊目的：活化核心穩定肌群，強化核心穩定性。

身體姿勢：跪姿，俯身支撐於瑜伽墊上，雙臂伸直放於肩關節正下方，一側腿伸直抬高，與地面平行。訓練過程中注意腰背挺直、核心收緊。維持 20~60 秒，每側練習 2~3 組。

錯誤動作： 伸腿指向斜後方。

錯誤動作

動作名稱：卷腹

動作難度： 初級。

鍛鍊目的： 發展上腹肌力量。

身體姿勢： 仰臥於瑜伽墊上，雙腿屈膝 90 度，雙手交叉放於胸前。

動作過程： 肩部緩慢抬離瑜伽墊，使腹直肌充分收縮，身體與地面成 30~45 度角即可，腰部不要離開地面，然後向下還原。訓練過程中保持自然呼吸，不要憋氣。每組 12~16 次，練習 2~3 組。

動作名稱：倒卷腹

動作難度：初級。

鍛鍊目的：發展下腹肌力量。

身體姿勢：仰臥於瑜伽墊上，大腿抬至與地面垂直，腳尖勾起，雙手放於身體兩側。

動作過程：雙腿向軀幹部位靠攏，收緊腹部，使臀部離開地面，然後慢慢回到起始姿勢，循環進行。每組 12~16 次，練習 2~3 組。

動作名稱：靜力臀橋

動作難度：初級。

鍛鍊目的：活化臀部及腰腹後側肌肉，強化核心穩定性。

身體姿勢：仰臥在瑜伽墊上，膝關節彎曲使腳跟儘量貼近臀部，然後將臀部抬離地面，肩、髖、膝成一條直線。訓練過程中注意腰背挺直、核心收緊。維持 20~60 秒，每側練習 2~3 組。

動作名稱：交替摸肩

動作難度：中級。

鍛鍊目的：活化腰腹外側肌群，強化核心穩定性。

身體姿勢：俯撐於瑜伽墊上，手臂伸直支撐於肩關節正下方，雙腿勾小腿使膝關節著地支撐。

動作過程：左右手交替抬離地面，觸碰對側肩關節。訓練過程中注意腰背挺直、核心收緊。重複 12~16 次，練習 2~3 組。

錯誤動作：交替摸肩過程中軀幹傾斜。

動作名稱：**靜力平板手撐**

動作難度：中級。

鍛鍊目的：發展核心肌群力量，增強核心穩定性。

身體姿勢：俯撐於瑜伽墊上，雙手支撐於肩關節正下方，雙腿伸直，腳尖撐地，肩、髖、膝和踝保持在同一直線上。訓練過程中注意腰背挺直、核心收緊，保持均勻呼吸。維持 20~60 秒，練習 2~3 組。

動作名稱：**平板支撐**

動作難度：中級。

鍛鍊目的：發展核心肌群力量，增強核心穩定性。

身體姿勢：俯撐於瑜伽墊上，手臂屈肘 90 度支撐於肩關節正下方，雙腿伸直，腳尖撐地，肩、髖、膝和踝保持在同一直線上。訓練過程中注意腰背挺直、核心收緊，保持均勻呼吸。維持 20~60 秒，練習 2~3 組。

　　錯誤動作：支撐過程中塌腰。

　　錯誤動作：支撐過程中弓腰。

　　錯誤動作：支撐過程中肘關節支撐位置過於靠前。

　　動作名稱：靜力平板單手撐

　　動作難度：中級。

　　鍛鍊目的：發展核心抗旋轉能力，提升核心穩定性。

　　身體姿勢：俯撐於瑜伽墊上，單手支撐於肩關節正下方，另一側手臂抬高伸直，雙腿伸直，腳尖撐地，肩、髖、膝和踝保持在同一直線上。訓練過程中注意腰背挺

直、核心收緊，保持均勻呼吸。維持 10~15 秒，練習 2~3 組。

動作名稱：靜力平板單腳撐

動作難度：中級。

鍛鍊目的：發展核心抗旋轉能力，提升核心穩定性。

身體姿勢：俯撐於瑜伽墊上，雙手支撐於肩關節正下方，單腿支撐，另一側腿伸直抬高，肩、髖、膝和踝保持在同一直線上。訓練過程中注意腰背挺直、核心收緊，保持均勻呼吸。每側維持 20~30 秒，練習 2~3 組。

動作名稱：靜力側平板腳撐

動作難度：中級。

鍛鍊目的：發展腰腹外側肌群力量，增強核心穩定性。

身體姿勢：側支撐於瑜伽墊上，一側手臂屈肘 90 度支撐於肩關節正下方，雙腳併攏，抬起髖部，使身體成一條直線。訓練過程中保持均勻呼吸，每側維持 20~40 秒，練習 2~3 組。

動作名稱：靜力側支撐膝撐腿外展

動作難度：中級。

鍛鍊目的：發展腰腹外側肌群力量，增強核心穩定性。

身體姿勢：側支撐於瑜伽墊上，一側手臂屈肘 90 度支撐於肩關節正下方，下側腿屈膝使膝關節著地支撐，上側腿伸直抬高外展。訓練過程中注意雙腿膝關節朝前。每側維持 10~20 秒，練習 2~3 組。

動作名稱：俄羅斯轉體

動作難度：高級。

鍛鍊目的：發展腹內斜肌和腹外斜肌力量，增強核心穩定性。

身體姿勢：坐於瑜伽墊上，雙手交叉放於體前，雙腿屈膝抬離地面，腰背挺直，略微後倒。

動作過程：軀幹向左右兩側交替旋轉。訓練過程中注意保持軀幹挺直。重複 12~16 次，練習 2~3 組。

動作名稱：轉體踩車

動作難度：高級。

鍛鍊目的：發展腹內斜肌和腹外斜肌力量，增強核心穩定性。

身體姿勢：仰臥於瑜伽墊上，雙手置於耳後。

動作過程：頭部、肩部抬離瑜伽墊，軀幹向一側旋轉，對側肘膝儘量觸碰，左右側交替進行。訓練過程中注意上下肢的協調與配合。每組 12~16 次，練習 2~3 組。

動作名稱：靜力超人式

動作難度：高級。

鍛鍊目的：發展核心肌群力量，增強核心穩定性。

　　身體姿勢：跪姿，俯身支撐於瑜伽墊上，對側手臂和腿伸直，核心收緊。訓練過程中注意保持自然呼吸，不要憋氣。維持 20~30 秒，每側練習 2~3 組。

動作名稱：靜力平板對角撐

動作難度：高級。

鍛鍊目的：發展核心肌群力量，增強核心穩定性。

　　身體姿勢：俯撐於瑜伽墊上，對側手臂和腿伸直並抬離地面，保持規定時間，換另一側。訓練過程中注意腰背挺直，核心收緊。維持 10~15 秒，每側練習 2~3 組。

動作名稱：靜力單腳撐提膝

動作難度：高級。

鍛鍊目的：發展腰腹外側肌群力量，增強核心穩定性。

身體姿勢：側支撐於瑜伽墊上，上側腿支撐，下側腿屈膝屈髖各 90 度，耳、肩、髖成一條直線。訓練過程中注意腰背挺直，核心收緊。維持 10~20 秒，每側練習 2~3 組。

動作名稱：靜力側支撐腳撐腿外展

動作難度：高級。

鍛鍊目的：發展腰腹外側肌群力量，增強核心穩定性。

身體姿勢：側支撐於瑜伽墊上，一側手臂屈肘 90 度支撐於肩關節正下方，下側腿伸直以腳外側撐地，上側腿伸直抬高。訓練過程中注意腰背挺直，核心收緊。維持 10~20 秒，每側練習 2~3 組。

動作名稱：靜力單腿臀橋

動作難度：高級。

鍛鍊目的：發展臀部及核心後側力量，增強核心穩定性。

身體姿勢：仰臥在瑜伽墊上，單腿臀橋支撐，另一側腿伸直，保持穩定。維持 10~ 30 秒，每側練習 2~3 組。

‹‹ 第七節　下肢穩定性訓練 ››

動作名稱：貝殼式

動作難度：初級。

鍛鍊目的：發展臀中肌力量，提升髖關節穩定性。

身體姿勢：側臥於瑜伽墊上，屈膝 90 度，雙腿併攏。

動作過程：將上側腿膝關節向上抬起至最大幅度，雙腳腳後跟不能分開，保持 1 秒，恢復至起始姿勢，循環進行。每側練習 12~16 次，練習 2~3 組。

錯誤動作：骨盆發生旋轉。

錯誤動作

動作名稱：側臥腿外展

動作難度：初級。

鍛鍊目的：發展臀中肌力量，提升髖關節穩定性。

身體姿勢：側臥於瑜伽墊上，下側腿屈膝屈髖各 90 度，上側腿伸直勾腳尖。

動作過程：上側腿外展至最大幅度，然後還原。訓練過程中注意動作連續、緩慢、有控制。每側練習 12~16 次，練習 2~3 組。

錯誤動作：腳尖朝上。

錯誤動作

動作名稱：側臥直腿畫圓

動作難度：初級。

鍛鍊目的：發展臀中肌力量，提升髖關節穩定性。

身體姿勢：側臥於瑜伽墊上，下側腿屈膝屈髖各 90 度，上側腿伸直懸空。

動作過程：上側腿依次向後、下、前和上移動，畫一個圓形。訓練過程中注意上側腿保持伸直。每組 12~16 次，練習 2~3 組。

動作名稱：抓毛巾

動作難度：初級。

鍛鍊目的：強化足底肌肉力量。

身體姿勢：站立位，一側腳踩毛巾。

動作過程：腳趾張開、下壓併發力抓住毛巾，保持 1 秒後鬆開，循環進行。每組 16~ 20 次，練習 2~3 組。

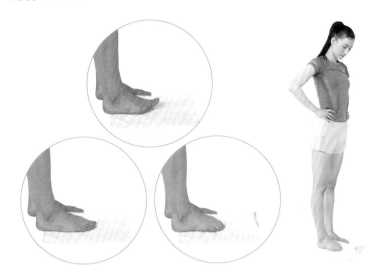

動作名稱：側平舉單腿靜力平衡

動作難度：初級。

鍛鍊目的：強化下肢的穩定性。

身體姿勢：單腿站立，一側腿抬高使大腿與地面平行，雙臂側平舉。訓練過程中注意腰背挺直，核心收緊。每側維持 20~60 秒，練習 2~3 組。

錯誤動作：身體向一側傾斜。

錯誤動作

動作名稱：**抱胸單腿靜力平衡**

動作難度：初級。

鍛鍊目的：強化下肢的穩定性。

身體姿勢：單腿站立，一側腿抬高使大腿與地面平行，雙臂環抱於胸前。訓練過程中注意腰背挺直，核心收緊。每側維持 20~60 秒，練習 2~3 組。

動作名稱：**側橋貝殼式**

動作難度：中級。

鍛鍊目的：發展臀中肌力量與核心力量，提升髖關節穩定性。

身體姿勢：側支撐於瑜伽墊上，右手肘部支撐起身體，左手叉腰，雙膝併攏撐地，向後勾小腿。

動作過程：左腿膝關節向上抬起至最大幅度，雙腳腳後跟不能分開，保持 1 秒，緩慢下落。訓練過程中注意腰背挺直，核心收緊。每側練習 10~15 次，練習 2~3 組。

動作名稱：**側橋腿外展**

動作難度：中級。

鍛鍊目的：發展臀中肌和核心力量，提升下肢穩定性。

身體姿勢：側支撐，下側腿屈膝撐地，上側腿伸直抬起，與地面平行。

動作過程：上側腿儘量上抬至最大幅度，保持 1 秒，緩慢下落，循環進行。訓練過程中注意腳尖朝前。每組 10~15 次，練習 2~3 組。

動作名稱：半蹲

動作難度：中級。

鍛鍊目的：發展腿部及臀部肌肉力量，增強下肢穩定性。

身體姿勢：雙腳開立，腳尖指向前方或略微外旋，雙手交叉環抱對側肩部。

動作過程：向下半蹲至膝關節呈 90 度，然後快速蹬地站起，循環進行。訓練過程中注意腰背挺直，膝蓋不超過腳尖，膝蓋與腳尖方向一致。每組 20~30 次，練習2~3 組。

動作名稱：硬拉

動作難度：中級。

錯誤動作：弓背。

錯誤動作

鍛鍊目的：發展大腿後側肌肉力量，增強下肢穩定性。

身體姿勢：站立位，雙腳與肩同寬，腰背挺直，核心收緊，雙臂自然伸直。

動作過程：以髖關節為軸，軀幹前傾至雙手觸碰膝關節的位置，然後軀幹向後運動至中立位。訓練過程中注意腰背挺直，核心收緊。每組 10~15 次，練習 2~3 組。

錯誤動作：弓背。

動作名稱：單腿提踵

動作難度：中級。

鍛鍊目的：發展小腿後側肌肉力量，提升踝關節穩定性。

身體姿勢：右腿前腳掌踩臺階，左腿抬起懸空，左手扶一固定物體。

動作過程：前腳掌蹬地，將腳跟抬至最高處。每側練習 10~15 次，練習 2~3 組。

動作名稱：側平舉閉眼單腿靜力平衡

動作難度：中級。

鍛鍊目的：改善本體感覺，提升下肢的穩定性。

身體姿勢：單腿站立，閉眼，雙臂側平舉，一側大腿抬起。訓練過程中注意腰背挺直，核心收緊。每側維持 20~30 秒，練習 2~3 組。

動作名稱：**抱胸閉眼單腿靜力平衡**

動作難度：中級。

鍛鍊目的：改善本體感覺，提升下肢的穩定性。

身體姿勢：單腿站立，閉眼，雙臂交叉抱胸，一側大腿抬起，身體保持穩定。訓練過程中注意腰背挺直，核心收緊。每側維持 15~30 秒，練習 2~3 組。

動作名稱：**單腿外展**

動作難度：高級。

鍛鍊目的：發展臀中肌力量，增強髖關節穩定性。

身體姿勢：單腿站立，一側腿伸直懸空，收腹挺胸，腰背挺直，雙手叉腰。

動作過程：懸空腿外展至最大幅度，保持 1 秒，然後還原。訓練過程中注意腳尖指向前方。每側練習 10~15 次，練習 2~3 組。

錯誤動作：腳尖應當朝前，腳尖不能朝上。

錯誤動作

動作名稱：**單腿淺蹲後外擺**

動作難度：高級。

鍛鍊目的：發展臀中肌力量，增強髖關節穩定性。

身體姿勢：單腿屈膝站立，一側腿懸空，收腹挺胸，腰背挺直，雙手叉腰。

動作過程：懸空腿向側後方伸展，保持 1 秒，恢復至起始姿勢。訓練過程中注意腳尖指向前方。每側練習 10~15 次，練習 2~3 組。

錯誤動作：腳尖指向外側。

動作名稱：側弓步

動作難度：高級。

鍛鍊目的：發展臀部和大腿肌肉力量，增強下肢穩定性。

身體姿勢：雙腳開立，雙腳距離約兩倍肩寬，雙臂交叉於胸前或腰部。

動作過程：左右腿交替側蹲，循環進行。訓練過程中注意雙腳踩實地面，下蹲腿膝蓋與腳尖方向一致且不超過腳尖。每側練習 10~15 次，練習 2~3 組。

錯誤動作 1：伸直腿腳外翻。

錯誤動作 2：膝蓋超過腳尖。

動作名稱：深蹲

動作難度：高級。

鍛鍊目的：發展腿部及臀部肌肉力量，增強下肢穩定性。

身體姿勢：站立位，雙腳開立與肩同寬，收腹挺胸，雙臂交叉放於體前。

動作過程：向下半蹲至大腿平行於地面，然後快速撐起，循環進行，完成規定次數。訓練過程中注意腰背挺直，膝蓋不超過腳尖，膝蓋與腳尖方向一致。每組 12~20 次，練習 2~3 組。

錯誤動作 1：下蹲過程中膝蓋內扣。

錯誤動作 2：下蹲過程中弓背且膝蓋超過腳尖。

錯誤動作 3：下蹲過程中半蹲且膝蓋超過腳尖。

動作名稱：單腿硬拉

動作難度：高級。

鍛鍊目的：發展臀部與大腿後側肌肉力量，增強下肢穩定性。

身體姿勢：單腿站立，一側腿伸直略微後伸，離開地面，腰背挺直，核心收緊，雙臂自然伸直。

動作過程：以髖關節為軸，軀幹前傾至雙手觸碰膝關節的位置，同時一側腿後伸並向上抬起，身體呈「T」字形，然後軀幹向後運動至中立位。訓練過程中注意身體保持穩定，腰背挺直，核心收緊。每組 10~16 次，練習 2~3 組。

錯誤動作：身體傾斜。

動作名稱：單腿全蹲

動作難度：高級。

鍛鍊目的：發展下肢肌肉力量，增強下肢穩定性。

　　身體姿勢：雙手叉腰，左腿站立，右腿向前抬起。

　　動作過程：左腿下蹲至最低處，右腿與地面平行。訓練過程中保持身體穩定。每側練習 8~10 次，練習 2~3 組。

第六章 無傷跑法技術訓練

◄◄ 第一節　初級難度 ►►

動作名稱：屈膝單腿支撐

鍛鍊目的：強化跑步著地動作模式，提升下肢穩定性。

身體姿勢：單腿屈膝站立，腰背挺直，身體前傾，雙手叉腰。

動作過程： 身體重量壓於前腳掌，腳跟略微離地，保持身體穩定，自然呼吸，不要憋氣。訓練過程中避免含胸駝背，膝關節不要內扣。維持 20~30 秒，練習 2~3 組。

錯誤動作：膝關節內扣。

錯誤動作：含胸駝背。

錯誤動作

動作名稱：原地小碎步

鍛鍊目的：改善跑步協調性，提升步頻，強化跑步節奏。

身體姿勢：雙腳開立與肩同寬，腰背挺直，軀幹略微前傾，手臂呈前後擺臂姿態。

動作過程：雙腳原地快速交替點地，腳跟不落地，手臂始終保持較慢的擺臂頻率，注意上下肢協調與配合。每組 20~30 秒，練習 2~3 組。

動作名稱：原地小跳

鍛鍊目的：強化跑步節奏，提升步頻。

身體姿勢：雙腳開立與肩同寬，腰背挺直，軀幹略微前傾，雙手叉腰。

動作過程：前腳掌蹬地發力，雙腳快速、同時離開地面，保持節奏，持續原地進行。注意踝關節發力，動作富有彈性。每組 15~20 秒，練習 2~3 組。

動作名稱：蹲姿開合跳

鍛鍊目的：改善跑步協調性，強化跑步節奏。

身體姿勢：雙腳開立與肩同寬，腰背挺直，軀幹略微前傾，雙手叉腰。

動作過程：前腳掌蹬地發力跳起，雙腿快速內收，著地後迅速跳起，雙腿快速分開，連續快速進行。訓練時踝關節發力，動作富有彈性，減小身體重心上下起伏幅

度。每組 15~20 秒，練習 2~3 組。

動作名稱：蹲姿交替前後跳

鍛鍊目的：改善跑步著地過程中，左右腿的銜接及跑步協調性。

身體姿勢：雙腳開立與肩同寬，腰背挺直，軀幹略微前傾，雙手叉腰。

動作過程：前腳掌蹬地發力，雙腳快速前後交替跳躍，保持節奏，持續進行。訓練時踝關節發力，動作富有彈性。每組 15~20 秒，練習 2~3 組。

動作名稱：前後跳

鍛鍊目的：強化跑步節奏，提升身體控制能力。

身體姿勢：雙腳開立與肩同寬，腰背挺直，軀幹略微前傾，雙手叉腰。

動作過程：前腳掌蹬地發力，雙腿有彈性、有節奏地前後快速跳躍。訓練時踝關節發力，節奏變化明顯，減小身體重心上下起伏幅度。每組 15~20 秒，練習 2~3 組。

動作名稱：**左右跳**

鍛鍊目的：強化跑步節奏，提升身體控制能力。

身體姿勢：雙腳開立與肩同寬，腰背挺直，軀幹略微前傾，雙手叉腰。

動作過程：前腳掌蹬地發力，雙腿有彈性、有節奏地進行左右快速跳躍。訓練過程中核心收緊，注意對身體重心的控制。每組 15~20 秒，練習 2~3 組。

動作名稱：**交叉跳**

鍛鍊目的：改善跑步著地過程中，左右腿的銜接及跑步協調性。

身體姿勢：雙腳開立與肩同寬，腰背挺直，軀幹略微前傾，雙手叉腰。

動作過程：前腳掌蹬地發力，跳起後雙腿左右交叉落地，落地後迅速跳起，雙腿分開著地，循環進行。訓練過程中，左右腿交替在前，注意對身體重心的控制。每組15~20秒，練習 2~3 組。

動作名稱：小步扒地

鍛鍊目的：改善踝關節靈活性，強化跑步著地時的扒地動作模式。

身體姿勢：雙腳開立與肩同寬，呈站立姿態，腰背挺直，手臂呈擺臂姿態放於身體兩側。

動作過程：提膝抬腿使腳尖離開地面，踝關節放鬆，腳尖自然下垂，然後迅速伸腿使腳尖落地，向後扒地，左右側交替進行。訓練時注意上肢擺臂協調配合。每組完成 8~10 公尺，練習 2~3 組。

動作名稱：高抬腿

鍛鍊目的：模擬跑步訓練，強化跑步節奏。

身體姿勢：雙腳開立與肩同寬，膝關節略微彎曲，腰背挺直，手臂呈擺臂姿態放於身體兩側。

動作過程：左右腿快速交替屈膝抬腿，上肢與下肢協調配合，快速擺臂。訓練中提膝到最高處時，保持大腿與地面平行，核心收緊，不要低頭。每組 10~15 秒，練習 2~3 組。

動作名稱：直腿跑

鍛鍊目的：改善身體協調性，強化跑步節奏。

身體姿勢：雙腳開立與肩同寬，呈站立姿態，腰背挺直，手臂呈擺臂姿態放於身體兩側。

動作過程：左右腿伸直交替向前跑，前腳掌著地。訓練過程中使動作保持一定節奏，並注意著地緩衝，自然呼吸，不要憋氣。每組完成 8~10 公尺，練習 2~3 組。

動作名稱：後踢腿跑

鍛鍊目的：改善身體協調性和膝關節靈活性，提升跑步過程中大小腿的折疊幅度。

身體姿勢：雙腳開立與肩同寬，呈站立姿態，腰背挺直，手臂呈擺臂姿態放於身體兩側。

動作過程：左右腿交替後踢向前跑，儘量使腳跟接觸臀部。訓練中擺臂協調，配合良好，自然呼吸。每組完成 8~10 公尺，練習 2~3 組。

◂◂　第二節　中級難度　▸▸

動作名稱：原地單腿提拉

鍛鍊目的：強化跑步提拉技術動作，提升跑步經濟性。

身體姿勢：雙腳開立與肩同寬，膝關節略微彎曲，腰背挺直，手臂呈擺臂姿態放於身體兩側。

動作過程：屈膝屈髖，快速將右腳跟拉向臀部，然後下落著地，左腳原地墊步，循環完成規定次數後，換左腿進行。完成動作過程中注意上下肢、左右腿的協調與配合。每組完成 20~30 次，練習 2~3 組。

動作名稱：原地弓步提拉

鍛鍊目的：模擬跑步過程中的著地動作，強化著地動作模式。

身體姿勢：雙腿前後分開，呈弓步姿態站立，腰背挺直，雙手叉腰。

動作過程：將前腿腳跟迅速拉向臀部，然後自然落地，連續快速進行。訓練時動作保持快速、連續、有節奏，身體重心保持穩定。每組完成 20~30 次，練習 2~3 組。

動作名稱：肩繞環後踢腿跑

鍛鍊目的：改善全身協調性，提升跑步經濟性。

身體姿勢：雙腳開立與肩同寬，呈站立姿態，腰背挺直，手臂自然下垂放於身體兩側。**動作過程：**左右腿交替後踢向前慢跑，同時雙臂伸直以肩關節為軸由後向前或由前向後運動。訓練時儘量使腳跟踢向臀部，上下肢協調配合。每組完成 8~10 公尺，練習 2~3 組。

動作名稱：側向肩繞環後踢腿跑

鍛鍊目的：改善全身協調性，提升跑步經濟性。

身體姿勢：雙腳開立與肩同寬，呈站立姿態，腰背挺直，手臂自然下垂放於身體兩側。

動作過程：左右腿交替後踢向前慢跑，同時雙臂屈肘，以肩關節為軸由左向右或由右向左運動。訓練時儘量使腳跟踢向臀部，上下肢協調配合。每組完成 8~10 公尺，練習 2~3 組。

動作名稱：反弓跳

鍛鍊目的：改善全身協調性，提升跑步經濟性。

身體姿勢：雙腳開立與肩同寬，呈站立姿態，腰背挺直，手臂自然下垂放於身體兩側。

動作過程：雙臂伸直向上抬起，同時一側腿後伸，然後快速向前踢腿，雙手向前伸觸碰小腿，快速循環進行。訓練過程中注意上下肢的協調與配合。每組完成 10~16次，練習 2~3 組。

動作名稱：**側步跳**

鍛鍊目的：提升跑步著地時膝關節的穩定性，預防膝關節損傷。

身體姿勢：雙腳開立與肩同寬，腰背挺直，軀幹略微前傾，手臂屈肘 90 度放於身體兩側。

動作過程：左右腿交替側向蹬地，著地時保持穩定。訓練時擺臂協調，核心收緊，著地時保持穩定。每組完成 10~16 次，練習 2~3 組。

動作名稱：**側高抬腿交叉跑**

鍛鍊目的：改善全身協調性，提升跑步經濟性。

身體姿勢：雙腳開立與肩同寬，腰背挺直，屈膝屈髖，身體略微前傾，手臂下垂放於身體兩側。

動作過程：身體重心向左側傾斜，右腿高抬腿前交叉於左腿左側後著地，左腿向左側快速移動，右腿與左腿後交叉，左腿向左側快速移動著地。訓練時擺臂要配合下肢運動，核心收緊。每組完成 8~12 次，練習 2~3 組。

動作名稱：墊步跳

鍛鍊目的：改善身體協調性，強化跑步節奏。

身體姿勢：雙腳開立與肩同寬，膝關節略微彎曲，腰背挺直，手臂呈擺臂姿態放於身體兩側。

動作過程：左右腿交替單腿起跳，雙腿同時落地，向前行走。訓練時擺臂要配合下肢運動，動作有節奏、有彈性。每組完成 8~10 公尺，練習 2~3 組。

▸▸◂ 第三節　高級難度 ▸▸▸

動作名稱：高抬腿跑

鍛鍊目的：模擬跑步訓練，強化跑步節奏。

身體姿勢：雙腳開立與肩同寬，膝關節略微彎曲，腰背挺直，手臂呈擺臂姿態放於身體兩側。

動作過程：左右腿快速交替提膝，向前慢跑，快速擺臂以配合。注意訓練中提膝至最高處時使大腿與地面平行，自然呼吸，不要憋氣。每組完成 8~10 秒，練習 2~3 組。

動作名稱：墊步踢腿

鍛鍊目的：改善身體協調性，強化跑步節奏。

身體姿勢：雙腳開立與肩同寬，呈站立姿態，腰背挺直，手臂呈擺臂姿態放於身體兩側。

動作過程：左右腿交替屈髖提膝至最高處快速伸腿，積極下壓擺動著地，行進中加以墊步配合，左右腿循環交替，向前行走。訓練時擺臂要配合下肢運動，動作有節奏、有彈性。每組完成 8~10 公尺，練習 2~3 組。

動作名稱：提拉跑

鍛鍊目的：強化跑步著地、提拉技術。

身體姿勢：雙腿前後分開，呈弓步姿態站立，腰背挺直，雙臂屈肘 90 度放於身體兩側。

動作過程：雙腿交替將腳跟拉向臀部，向前跑，左右兩腿均要訓練。訓練時動作保持連續、輕盈、有節奏。每組完成 10~20 次，練習 2~3 組。

動作名稱：後蹬跑

鍛鍊目的：改善跑步步幅，強化跑步節奏。

身體姿勢：雙腳開立與肩同寬，呈站立姿態，腰背挺直，手臂自然伸直放於身體兩側。

動作過程：左腿用力蹬地，同時右腿快速提膝抬高，積極下落著地，然後迅速用力蹬地，左側腿快速提膝抬高，積極下落著地，左右側腿交替運動向前跑動。訓練時注意後腿用力蹬地，擺臂要協調、配合。每組完成 8~10 公尺，練習 2~3 組。

動作名稱：車輪跑

鍛鍊目的：改善跑步步幅，強化跑步節奏。

身體姿勢：雙腳開立與肩同寬，呈站立姿態，腰背挺直，手臂自然伸直放於身體兩側。

動作過程：身體略微後仰，一側腿提膝至最高處，伸膝積極下壓擺動，雙腿交替進行，向前移動。訓練時擺臂要協調、配合，核心收緊。每組完成 8~10 公尺，練習 2~3 組。

動作名稱：前側前高抬腿

鍛鍊目的：改善身體協調性，強化跑步節奏。

身體姿勢：雙腳開立與肩同寬，呈站立姿態，腰背挺直，手臂自然伸直放於身體兩側。

動作過程：左腿進行前、側、前 3 個方向高抬腿，右腿進行行進間的墊步，完成

3 個方向的高抬腿為一個動作，左右腿交替進行。訓練時上肢放鬆，配合下肢。每組完成 8~10 公尺，練習 2~3 組。

第七章　無傷跑法專項力量訓練

◀◀ 第一節　專項核心訓練 ▶▶

動作名稱：臀橋提膝

動作難度：初級。

鍛鍊目的：模擬跑步蹬擺過程中核心保持穩定的訓練。

身體姿勢：仰臥於瑜伽墊上，一側腿屈膝屈髖進行支撐，另一側腿伸直略微離開地面，雙手放於身體兩側。

動作過程：支撐腿用力蹬地，將臀部抬離地面，同時另一側伸直腿快速屈膝抬腿 90 度，然後緩慢下落。訓練時兩條腿協調蹬擺，核心收緊，保持穩定。每組完成 12~16 次，練習 2~3 組。

動作名稱：伸腿死蟲式

動作難度：初級。

鍛鍊目的：活化核心肌群。

身體姿勢：仰臥於瑜伽墊上，屈膝屈髖 90 度，手臂伸直，指向天花板。

動作過程：雙臂保持不動，一側腿伸直，伸直後停留 1 秒，左右腿交替進行。訓練時保持下背部緊貼地面，均勻呼吸，不要憋氣。每組完成 16~20 次，練習 2~3 組。

動作名稱：身體前傾

動作難度：初級。

鍛鍊目的：體會跑步時身體重心的移動，提升跑步時核心穩定性。

身體姿勢：雙腳開立與肩同寬，呈站立姿態，腰背挺直，手臂屈肘 90 度放於身體兩側。

動作過程：核心收緊，身體前傾，體會身體重心的移動。前傾一定幅度後，一側腿向前支撐保持身體穩定。訓練時腰背挺直，目視前方。每組完成 10~15 次，練習 2~3 組。

動作名稱：臀橋交替提膝

動作難度：中級。

鍛鍊目的：強化雙腿擺動時的核心穩定性。

身體姿勢：仰臥於瑜伽墊上，靜力臀橋支撐，雙手放於身體兩側。

動作過程：在保持靜力臀橋的姿態下，雙腿交替屈膝屈髖 90 度。訓練時核心收緊，保持肩、髖、膝在一條直線上。每組完成 12~16 次，練習 2~3 組。

動作名稱：死蟲式

動作難度：中級。

鍛鍊目的：活化核心肌群，強化跑步時軀幹的穩定性。

身體姿勢：仰臥於瑜伽墊上，屈膝屈髖 90 度，手臂伸直，指向天花板。

動作過程：對側腿、手臂同時伸展，伸展至踝、膝、髖、肩、手臂成一條直線，保持 1 秒，左右交替進行。訓練時保持下背部緊貼地面，均勻呼吸，不要憋氣。每組完成 16~20 次，練習 2~3 組。

動作名稱：單腿支撐身體前傾

動作難度：中級。

鍛鍊目的：體會跑步時身體重心的移動，提升跑步時核心穩定性。

身體姿勢：身體呈單腿站立姿態，腰背挺直，手臂屈肘 90 度放於身體兩側。

動作過程：核心收緊，身體前傾，體會身體重心的移動。前傾一定幅度後，一側腿向前支撐保持身體穩定，循環進行。訓練時腰背挺直，目視前方。每組完成 10~15次，練習 2~3 組。

動作名稱：超人式

動作難度：中級。

鍛鍊目的：訓練核心的抗旋轉能力，提升跑步時軀幹的穩定性。

身體姿勢：身體呈俯臥跪撐姿態，腳尖、膝關節、手撐地。

動作過程：對側腳尖、膝關節、手臂屈肘抬離地面，然後腿向後伸直，手臂向前伸直，手臂、髖、膝、踝儘量保持在一條直線上，保持 1 秒，緩慢收回，循環進行，完成一定次數後，換另一側。訓練過程中核心收緊，保持穩定，身體不要左右傾斜，

保持均勻呼吸。每組完成 15~20 次，練習 2~3 組。

錯誤動作：腿、手臂屈曲的過程中身體左右傾斜。

錯誤動作

動作名稱：俯橋提膝後擺腿

動作難度：高級。

鍛鍊目的：訓練核心的抗旋轉能力，提升跑步時軀幹的穩定性。

身體姿勢：俯撐於瑜伽墊上，腳尖著地，雙手撐於肩關節正下方，肩、髖、膝、踝成一條直線。

動作過程：一側腿向前屈膝屈髖至最大幅度，然後屈膝約 90 度向後上方擺動，循環進行，完成規定次數後，換另一側。訓練時核心收緊，保持穩定。每組完成 12~16 次，練習 2~3 組。

動作名稱：側支撐上腿蹬擺

動作難度：高級。

鍛鍊目的：在模擬跑步姿態下強化腰腹外側肌力。

身體姿勢：側支撐於瑜伽墊上，屈膝 90 度，膝關節著地，肘關節支撐於肩關節正下方。

動作過程：上側腿向前擺動，同側手臂向後擺動，循環前後擺動。訓練時上下肢要協調配合，腰腹外側肌肉收緊，保持軀幹穩定。每組完成 16~20 次，練習 2~3 組。

動作名稱：**側支撐下腿蹬擺**

動作難度：高級。

鍛鍊目的：在模擬跑步姿態下強化軀幹穩定性。

身體姿勢：側支撐於瑜伽墊上，上側腿伸直，腳內側著地，下側腿屈膝屈髖 90 度，置於身體前側，肘關節支撐於肩關節正下方，肩、髖、膝成一條直線。

動作過程：下側腿屈膝 90 度向前擺動，同時對側手臂向前擺臂，循環前後擺動。訓練時上下肢要協調配合，腰腹外側肌肉收緊，保持軀幹穩定。每組完成 12~16 次，練習 2~3 組。

動作名稱：**登山者式**

動作難度：高級。

鍛鍊目的：強化跑步時核心的穩定性。

身體姿勢：俯撐於瑜伽墊上，腳尖著地，雙手支撐於肩關節正下方，肩、髖、膝、踝成一條直線。

動作過程：左右腿交替屈膝抬腿至最大幅度，核心收緊，保持穩定。訓練時自然呼吸，不要憋氣。每組完成 16~20 次，練習 2~3 組。

◄◄◄ 第二節　蹬擺協調訓練 ►►►

動作名稱：原地軍步

動作難度：初級。

鍛鍊目的：強化跑步節奏，提升跑步過程中下肢的擺動能力。

身體姿勢：雙腳開立與肩同寬，呈站立姿態，腰背挺直，手臂呈擺臂姿態放於身體兩側。

動作過程：左右腿交替屈髖抬腿抬至最大幅度，進行原地踏步，同時屈肘 90 度前後擺臂。訓練時動作有節奏、有力量。每組完成 20~30 次，練習 2~3 組。

動作名稱：墊步高抬腿

動作難度：初級。

鍛鍊目的：強化跑步節奏，提升跑步過程中下肢的擺動能力。

身體姿勢：雙腳開立與肩同寬，呈站立姿態，腰背挺直，手臂呈擺臂姿態放於身體兩側。

動作過程：一側腿用力蹬地略微跳起，另一側腿快速屈髖抬腿抬至最大幅度，左右腿交替進行，同時屈肘 90 度前後擺臂。訓練時動作有節奏、有力量。每組完成 20~30 次，練習 2~3 組。

動作名稱：弓步蹲

動作難度：初級。

鍛鍊目的：強化下肢力量，提升跑步經濟性。

身體姿勢：雙腳前後分開，呈弓步站立姿態，腰背挺直，雙手叉腰。

動作過程：屈膝屈髖向下蹲至前側大腿與地面平行，然後快速蹬地站起，循環進行。訓練時核心收緊，身體保持穩定，目視前方。每組完成 12~16 次，練習 2~3 組。

動作名稱：弓步提膝

動作難度：中級。

鍛鍊目的：強化下肢力量，提升跑步蹬擺能力。

身體姿勢：雙腳前後分開，呈弓步站立姿態，腰背挺直，雙手叉腰。

　　動作過程： 下蹲至前側大腿與地面平行，然後前腿原地蹬地站起，後腿提膝抬腿至最大幅度，原地循環進行，完成一定次數後，換另一側。訓練時核心收緊，身體保持穩定。每組完成 12~16 次，練習 2~3 組。

動作名稱：弓步提膝擺臂

動作難度： 中級。

鍛鍊目的： 強化下肢力量，提升跑步蹬擺能力。

　　身體姿勢： 雙腳前後分開，呈弓步站立姿態，腰背挺直，雙臂屈肘 90 度放於身體兩側。

　　動作過程： 下蹲至前側大腿與地面平行，然後前腿原地蹬地站起，後腿提膝抬腿至最大幅度，對側手向前擺臂，原地循環進行。訓練時核心收緊，身體保持穩定。每組完成 12~16 次，練習 2~3 組。

動作名稱：單腿硬拉接提膝

動作難度：中級。

鍛鍊目的：提升跑步協調蹬
擺能力。

身體姿勢：左腿支撐，單腿
站立，右腿懸空，腰背挺直，雙
臂自然伸直放於身體兩側。

動作過程：身體前傾，同時
右腿向後伸直，保持軀幹與伸直

腿的連線與地面平行，然後原地快速站立，提膝擺臂。訓練時下肢保持穩定，同時核心收
緊，軀幹保持穩定。每組完成 10~12 次，練習 2~3 組。

動作名稱：弓步走

動作難度：高級。

鍛鍊目的：強化下肢力量，提升跑步蹬擺能力。

身體姿勢：雙腳前後分開，呈弓步站立姿態，腰背挺直，雙手叉腰。

動作過程：下蹲至前側大腿與地面平行，然後前腿原地蹬地站起，後腿提膝抬腿
至最大幅度，向前落地，左右腿交替運動，向前行走。訓練時核心收緊，身體保持穩
定，目視前方。每組完成 12~16 次，練習 2~3 組。

動作名稱：弓步提膝跳

動作難度：高級。

鍛鍊目的：強化下肢力量，提升跑步蹬擺能力。

身體姿勢：雙腳前後分開，呈弓步站立姿態，腰背挺直，雙臂屈肘 90 度放於身體兩側。

動作過程：下蹲至前側大腿與地面平行，然後前腿原地蹬地跳起，同時後腿提膝抬腿至最大幅度，對側手向前擺臂。訓練中落地時要積極緩衝，身體保持穩定。每組完成 8~12 次，練習 2~3 組。

動作名稱：弓步跳

動作難度：高級。

鍛鍊目的：強化下肢力量，提升跑步蹬擺能力。

身體姿勢：雙腳前後分開，呈弓步站立姿態，腰背挺直，雙臂屈肘 90 度放於身體兩側。

動作過程：快速下蹲至前側大腿與地面平行，然後快速蹬地跳起，在空中進行左右腿的前後交換，換另一側繼續。訓練中落地時要積極緩衝，膝關節保持穩定。每組完成 12~14 次，練習 2~3 組。

◀◀ 第三節　落地緩衝訓練 ▶▶

動作名稱：**快速下蹲**

動作難度：初級。

鍛鍊目的：提升跑步過程中下肢的落地緩衝能力。

身體姿勢：雙腳開立與肩同寬，腳跟離地，呈站立姿態，腰背挺直，手臂伸直上擺，使身體處於拉長狀態。

動作過程：快速下蹲至大小腿成 90 度夾角並制動，同時快速向後擺臂，然後緩慢站起。訓練時注意上下肢的協調與配合，並在下蹲至一定幅度後快速制動。每組完成 10~12 次，練習 2~3 組。

動作名稱：**單腿淺蹲**

動作難度：初級。

鍛鍊目的：強化下肢力量與穩定性，提升跑步經濟性。

身體姿勢：單腿支撐站立，一側腿屈膝懸空，腰背挺直，雙手叉腰。

動作過程：臀部後坐，屈膝屈髖 45 度下蹲，然後站起。訓練時保持身體穩定，不要膝關節內扣。每組完成 12~16 次，練習 2~3 組。

錯誤動作：膝關節內扣。

錯誤動作

動作名稱：直腿跳

動作難度：初級。

鍛鍊目的：提升跑步過程中踝關節的落地緩衝能力。

身體姿勢：雙腳開立與肩同寬，呈站立姿態，腰背挺直，手臂呈擺臂姿態放於身體兩側。

動作過程：膝關節保持自然伸直，前腳掌蹬地發力垂直跳起，前腳掌積極、主動著地，快速循環進行。訓練過程中膝關節保持自然伸直，踝關節富有彈性，使動作有節奏。每組完成 16~20 次，練習 2~3 組。

動作名稱：高處跳下緩衝

動作難度：中級。

鍛鍊目的：強化落地緩衝能力，提升跑步著地時下肢的穩定性。

身體姿勢：雙腳開立與肩同寬，呈站立姿態，站在約 10 公分高的板凳上，腰背挺直，雙臂自然伸直放於身體兩側。

動作過程：雙腿蹬地從高處跳下，雙腿落地的同時向後擺臂，落地時屈膝屈髖，積極緩衝。訓練時著地動作輕盈，膝關節穩定。每組完成 8~12 次，練習 2~3 組。

動作名稱：連續蹲跳

動作難度：中級。

鍛鍊目的：強化落地、蹬地之間的協調轉換，提升跑步過程中著地、蹬地的效率。

身體姿勢：雙腳開立與肩同寬，挺胸收腹，雙臂自然伸直放於身體兩側。

動作過程：快速下蹲蹬地跳起，落地時要積極緩衝下蹲，然後迅速蹬地跳起，循環連續進行。訓練時保持腰背挺直，動作富有連續性。每組完成 12~16 次，練習 2~3 組。

動作名稱：原地向前跨步單腿緩衝

動作難度：中級。

鍛鍊目的：模擬跑步著地緩衝動作，提升著地時的動態穩定能力。

身體姿勢：左腿屈膝屈髖支撐站立，右腿屈膝懸空，腰背挺直，雙臂呈擺臂姿態放於身體兩側。

動作過程：左腿向後蹬地，身體前傾，右腿著地支撐，保持穩定，保持 1~2 秒，再跳回起始位置。訓練時落地輕盈，膝關節保持穩定。每組完成 12~16 次，練習 2~3 組。

動作名稱：交替向前跨步單腿緩衝

動作難度：中級。

鍛鍊目的：模擬跑步著地緩衝動作，提升著地時的動態穩定能力。

　　身體姿勢：左腿屈膝屈髖支撐站立，右腿屈膝懸空，腰背挺直，雙臂呈擺臂姿態放於身體兩側。

　　動作過程：左右腿交替向前跨步，單腿落地緩衝，保持 1~2 秒。訓練時，落地輕盈，膝關節保持穩定。每組完成 12~16 次，練習 2~3 組。

　　動作名稱：高處跳下單腿緩衝

　　動作難度：高級。

　　鍛鍊目的：強化單腿落地緩衝能力，提升跑步著時下肢的穩定性。

　　身體姿勢：雙腳開立與肩同寬，呈站立姿態，站在約 10 公分高的板凳上，腰背挺直，雙臂呈擺臂姿態放於身體兩側。

　　動作過程：下蹲，向前擺臂，雙腿用力蹬地從高處跳下，單腿落地的同時向後擺臂，落地時屈膝屈髖積極緩衝。訓練時著地動作輕盈，膝關節穩定。每組完成 16~20 次，練習 2~3 組。

動作名稱：連續單腿跳

動作難度：高級。

鍛鍊目的：強化落地、蹬地之間的協調轉換，提升跑步過程中著地、蹬地的效率。

身體姿勢：單腿支撐站立，一側腿抬離地面，腰背挺直，雙臂屈肘 90 度，放於身體兩側。

動作過程：臀部後坐，快速下蹲蹬地跳起，落地時要積極緩衝下蹲，然後迅速蹬地跳起。訓練時保持身體穩定，不要膝關節內扣。每組完成 12~16 次，練習 2~3 組。

動作名稱：轉體跨跳單腿緩衝

動作難度： 高級。

鍛鍊目的： 提升著地時的動態穩定能力。

身體姿勢： 一側腿屈膝屈髖支撐站立，另一側腿屈膝懸空，腰背挺直，雙手呈擺臂姿態放於身體兩側。

動作過程： 向支撐腿的對側轉體 90 度，懸空腿落地緩衝，保持穩定 1 秒，再次轉體 90 度跳回起始位置。訓練時上肢要協調配合，落地輕盈，膝關節保持穩定。每組完成 16~20 次，練習 2~3 組。

第三篇　無傷跑法訓練 ▶

第八章　無傷跑法科學訓練

‹‹ 第一節　跑步三要素 ››

　　跑步是一項看似簡單，但事實上十分強調科學性的運動。科學地跑步可以讓你更有效地提升自己，能讓你從跑步中得到快樂和健康，而不科學地跑步不僅無法帶來上述好處，反而可能給你的身體帶來傷害。跑步相關內容總結起來幾乎都有三大要素。

一、跑者應當具備的三大要素

　　跑步是一項耐力型運動，但絕非僅僅耐力好就能持久、健康地跑步，還應當具備一定的力量素質和身體柔韌性。耐力是長時間持續奔跑的基礎，沒有耐力也就談不上跑步，但良好的力量素質卻是無傷跑步的重要保證。因為跑步時心肺系統將氧氣運輸到肌肉，從而讓肌肉持續收縮為身體提供足夠動能，肌肉骨骼系統和心肺系統同樣重要。而良好的身體柔韌性可以使關節全幅度運動，不僅動作舒展，跑姿流暢、飄逸，還不易受傷。

二、跑者應當進行的三大訓練

　　正如前文所說，跑者應當具備耐力、力量、柔韌性三大身體素質，為了獲得三大素質，應該進行耐力訓練、力量訓練和柔韌性訓練三大訓練。很多跑者只是跑，即只重視耐力素質，而忽視力量訓練，建議跑者每週進行 1~2 次力量訓練，這對於提升跑步能力和預防傷痛是十分重要的。而柔韌性訓練主要在耐力訓練和力量訓練結束後進行，既可以作為放鬆方式，也是一種單獨的訓練，所以跑後拉伸不是可有可無，而是訓練的組成和延續，其目的就是保持和發展身體柔韌性，避免身體變得僵硬。當然，跑者參加一些瑜伽之類的特別有利於發展身體柔韌性的運動也是大有裨益的。

三、決定心肺耐力的三大因素

心肺耐力在跑者應具備的三大素質中佔據決定性地位，心肺耐力主要由心肺機能、血液中血紅蛋白含量和肌肉利用氧氣的能力三大因素決定。其中心肺機能最為重要，所以跑者必須有一顆強大的心臟，而呼吸功能一般不是限制心肺機能的決定性因素，呼吸功能重在提高呼吸效率和通氣效率。氧氣在血液中的運輸必須與血紅蛋白結合，血紅蛋白含量越高，氧氣運輸效率越高。肌肉利用氧氣的能力由肌肉中毛細血管密度、粒線體數量（細胞的能量工廠）、肌纖維類型、氧化酶活性等決定。總體而言，正確的耐力訓練和適度的力量訓練可以幫助跑者提高肌肉利用氧氣的能力。

四、正確、合理的跑姿應當具備的三大特徵

正確、合理的跑姿對於改善跑步體驗、提升跑步經濟性、減少傷痛等非常重要。每個人甚至包括優秀運動員的跑姿都未必完全相同，所以可能並不存在最佳跑姿一說，只要跑姿符合生物力學的基本原理，正確、合理就已經足夠了。正確、合理的跑步技術應當體現為核心穩定、動作協調、著地輕盈。所謂核心穩定是指跑步過程中軀幹穩定，良好的核心穩定性可以為上肢擺臂、下肢擺腿提供最佳力學支點，從而減少用力損失，提升跑步經濟性；所謂動作協調是指跑步過程中雙腿蹬擺動作協調，跑步的動作特點是雙腿在時間和空間中交替往前邁出，這就需要高度的動作協調性；所謂著地輕盈則是指著地時要輕盈，沉重的著地當然會導致地面衝擊力增大。

五、透過跑步獲得健康、提升耐力的三大要素

透過跑步收穫健康、提升耐力顯然不是靠跑幾步就能實現的，你需要以一定強度持續一定時間、有規律地去跑才能獲得最大限度的耐力提升。這就是跑步的三大要素，運動強度（intensity）、持續時間（time）和頻率（frequency），這也是心肺耐力運動處方的三大要素。按照《2008 美國身體活動指南》和世界衛生組織《關於身體活動有益健康的全球建議》的基本要求，每週累計運動 75 分鐘是保持健康所需要的最低運動量。跑步基本上是一種高強度運動，每週跑步 3 次，每次 25 分鐘左右、跑 3~4 公里，就足夠有益健康，跑得越多，健康收益越大。如果你是一名馬拉松跑者，每週跑 75 分鐘顯然是遠遠不夠的，可能一次 LSD（Long Slow Distance，長距離慢跑）訓練就會超過 75 分鐘。選擇天天跑步還是隔天跑步，

跑得快還是慢，跑的時間長還是短並沒有統一要求，而應根據個人情況、訓練計劃選擇適合自己的跑步時間、強度和頻率。但對於大眾而言，輕鬆跑、隔天跑、每次跑 20 多分鐘，養成跑步習慣就已經非常不錯了。

六、科學、規範跑步的三大流程

很多跑者穿上跑鞋就開始跑步，跑完就回家，這是跑步不夠規範的表現。正確、科學的跑步是由跑前熱身、主體訓練和跑後拉伸三大流程組成的，缺一不可。跑者可能會問，不做跑前熱身和跑後拉伸我不也在正常跑步嗎？的確，不做熱身和拉伸不影響跑步本身，但不做跑前熱身，你跑步時進入狀態比較慢，容易發

生「極點」現象。而不做跑後拉伸則影響恢復，導致肌肉彈性下降，為傷痛埋下隱患。所以說，科學、規範的跑步不能缺乏跑前熱身和跑後拉伸環節，這是一名嚴肅跑者應該具備的素養。

七、正確、規範的跑前熱身由三部分組成

如果把跑前熱身做規範、做到位，至少可以獲得以下好處：喚醒機體，升高體溫，降低軟組織黏滯性，活化肌肉，調動心肺功能，促進關節滑液分泌，減少岔氣現象，促進身體散熱，等等。上述好處，不是隨便動動胳膊、扭扭腰就能獲得的，掌握科學、正確的熱身方法十分重要。原地模擬跑、肌肉動態牽拉外加

肌肉活化是被主流認可的熱身方式。所謂原地模擬跑就是在原地模擬跑步動作的跑步練習。熱身的第二步就是肌肉動態牽拉，肌肉動態牽拉與靜態牽拉相對應，是指在完成一系列動作的過程中，有控制地將肌肉牽拉較短時間（1~2 秒）並重複 8~12 次的拉伸方法，它可以在短時間內有效地拉伸多塊肌肉，能有效增加關節活動度。完成上述兩個步驟之後，再做幾個肌肉活化動作效果更佳。

八、跑後拉伸三要素

跑後拉伸是消除疲勞、放鬆肌肉、改善肌肉彈性的重要方式。跑後拉伸既是柔韌性訓練的主要內容，也是跑後恢復的重要形式。很多跑者幾乎不做跑後拉伸，或者草草了事，這帶來的最大問題是肌肉彈性下降使得傷痛發生機率提高。跑後拉伸應當對

下肢肌肉都進行完整拉伸。在拉伸強度方面，以產生牽拉感或者微痛感為度，並非越痛拉伸效果越好。一次拉伸時間以 15~30 秒為最佳，拉伸時間也並非越長越好。在拉伸次數方面，一個部位不是只拉伸一遍就可以了，而是要重複拉

伸 2~3 次。這樣下來，跑後拉伸一般需要持續 15~20 分鐘。

九、跑步訓練的 3 種跑法

如果只是跑步健身，那麼你完全可以只以固定速度完成固定距離的跑步，十年如一日都沒有任何問題，但如果你希望不斷提升自己的耐力，在馬拉松比賽中實現 PB，那麼這樣跑步遠遠不行。跑步訓練和跑步健身是兩個完全不同的概念。如果你希望在馬拉松比賽中「破 4」「破 3」，那麼你需要在訓練中融入有氧跑、混氧跑和無氧跑 3 種跑法。有氧跑主要是指以身體有氧氧化系統供能為主的運動，其中又包括輕鬆跑和馬拉松配速跑兩種跑法。輕鬆跑的心率介於最大心率的 65%~78%；馬拉松配速跑心率高一些，介於最大心率的 78%~88%，但仍然屬於有氧跑的範疇；混氧跑則是指有氧供能系統和無氧供能系統混合供能的跑法，無氧跑時體內會有一定的乳酸堆積，但乳酸值不會一直上升，此時心率介於最大心率的 89%~92%，這種訓練有時又被稱為速度耐力訓練或者抗乳酸訓練，一般持續時間不會超過半小時；無氧跑則是指以無氧供能系統供能為主，體內會有明顯的乳酸堆積且呈現上升趨勢的跑法，這種強度下配速很快，但你會因為乳酸堆積帶來的極端難受感而終止跑步，此時心率介於最大心率的 97%~100%，間歇跑、衝刺跑都是典型的無氧跑，一般持續 0.5~3 分鐘。

十、預防跑步傷痛的 3 個關鍵

對於跑者而言，跑步最大的問題恐怕並不是無法減肥、沒效果、無法提高，而是傷痛，85% 的跑者曾經或者正在經歷傷痛便是證明。作為不斷重複單一動作的運動，累積性負荷對身體局部產生的壓力正是導致傷痛的主要原因。預防跑步傷痛關鍵是要做到以下 3 點：第一是跑姿合理，正確、合理的跑姿可以有效緩衝地面衝擊和吸收能量，從而將累積性負荷減至最小；第二就是要提高身體承受負荷的能力，即強化體能，特別是加強力量對於預防傷痛很有意義；第三就是要讓身體能力與跑量匹配，有多大能耐就跑多遠。跑量合理首先是要預防過量運動，如在準備不足的情況下跑馬拉松，一些跑者跑完一場馬拉松後，身體這裡痛那裡痛的根源就是跑一次馬拉松的量大大超出了身體承受能力；其次是要防止跑量增長過快，一般週跑量增長 10% 是較為合理的，超過 50% 會使得傷痛發生風險大大增加。所以預防傷痛的關鍵是處理好跑量與身體能力之間的關係，並不說跑量不能大、不能增長，而是跑量要和身體能力匹配。

十一、參加馬拉松的 3 個基本要求

馬拉松是一項長時間、高強度的極限運動，完全不同於平時跑步，在身體準備不充分的情況下，貿然跑馬拉松非常容易導致各種狀況和傷痛。參加馬拉松有 3 個基本要求：體能儲備要充分，體能分配要合理，要學會在比賽中正確補給。所謂體能儲備要充分就是準備要充分：從月跑量要求來說，為全馬而備賽，理想月跑量應當達到 200~250 公里，多一些更好，至少也需要達到 150~200 公里；為半馬而備賽，理想月跑量應當達到 120~150 公里，至少也需要達到 80~100 公里；在訓練中要能夠完成接近比賽距離的 70%~80% 的訓練量，這樣的訓練次數不一定要很多，但一定要安排，如跑全馬之前要跑完過 30 公里，跑半馬之前要跑完過 15 公里。在馬拉松比賽中體能分配也很重要，要注意體能均勻分配。全程勻速或者前半程快一點、後半程慢一點都是允許的，但要避免前半程速度過快，以防後半程「撞牆」或者心率飆升。一般而言，跑半馬最佳配速比跑 5 公里時的最佳配速慢 15~20 秒，跑全馬最佳配速比跑 5 公里時的最佳配速慢 20~40 秒，跑者可以根據這個關係去考慮馬拉松比賽時的合理體能分配策略。參加馬拉松比賽會大量出汗，所以比賽中補糖、補鹽、補水對於推遲疲勞和防止抽筋、預防「撞牆」就顯得很重要。比賽中提倡逢補給站必進，頭 10 公里可以只喝白開水，10 公里以後白開水和運動飲料要搭配飲用，少量多次，後半程進食和補充鹽丸等也能發揮作用，馬拉松比賽中防脫水、防電解質紊亂很重要。

十二、促進恢復的 3 個基本方法

無論是平時跑步，還是參加馬拉松比賽，重視恢復對於消除疲勞、預防抵抗力下降、更快「滿血復活」都顯得十分重要。「恢復是訓練的組成和延續」這個概念如果能在跑者腦海中形成，無疑是跑者科學跑步理念的一次飛躍。大眾跑者不能像專業運動員那樣使用「高精密」的恢復方式，但做好肌肉放鬆、注重均衡合理的膳食、保證充足睡眠對於消除疲勞、促進恢復都是很有必要的。肌肉放鬆可以透過拉伸、滾筒放鬆以及現在流行的筋膜槍等方式實現；膳食營養方式遵循《中國居民膳食指南》的基本要求就行；而在睡眠方面，成年人應當保證 8 小時的睡眠。

十三、選擇一雙適合自己的跑鞋看 3 個方面

跑鞋是跑者的第一裝備，如何選鞋至關重要，鞋的價格儘管從某種程度上代表了鞋的某些性能或者特性，買了貴的鞋但穿上並不舒服的情況比比皆是。鞋合不合適，只有腳知道。選鞋主要考慮 3 個方面，最重要的就是適合自己的腳，適不適合自己的腳主要從長度、寬度、高度等幾個方面來衡量。長度是最重要的但並非唯一指標，一

般來說，大腳趾距離鞋頭至少要有能容納一個大拇指的空間，亞洲人腳普遍偏肥，所以鞋的寬度其實也很重要，鞋背則不能壓腳背。在鞋合腳的前提下，再考慮功能。功能方面主要考慮緩震和支撐，由於跑步具有雙腳騰空期，所以著地時，人體（主要是足）會與堅硬地面發生撞擊，跑鞋緩震性能越好，就越能減少這種撞

擊對人體的不利影響。而一雙支撐良好的跑鞋可以減少腳的過度偏轉，對於某些扁平足跑者具有一定意義。

十四、把跑步堅持到底的 3 個訣竅

把跑步堅持一輩子是一件偉大的事情，首先你要有堅定的信念，就是要堅持積極健康的生活方式。選擇什麼樣的生活方式直接決定了你的健康水平，如果你想健康幸福地生活一輩子，堅持跑步就是最佳實現途徑之一。當然，跑步是一件需要付出體力的事情，你需要有堅強的意志，這種意志不僅能讓你堅持跑，還能讓你不找藉口，無論嚴寒酷暑還是風吹日曬。當然，堅持跑步不是蠻幹，只有掌握了

正確的方法，你才能健康、無傷、持久地跑步。跑步跑太快導致體驗差、胡亂跑步導致傷痛都是妨礙你將跑步堅持到底的原因。

十五、總結

持久、健康、無傷地跑步不是說你能跑 10 公里還是 40 公里，而是說你能不能將跑步堅持 10 年、20 年甚至是一輩子，堅持跑步一生是一件偉大又幸福的事情，也是需要科學和智慧的事情。

◂◂ 第二節　系統訓練的重要性 ▸▸

　　跑者是不是常常有這種感覺：平時練得很勤快也比較認真，但為什麼感覺自己沒什麼進步？是訓練方法不得當，還是真的快到自己的天花板了？看過了本節你一定會找到讓你糾結的問題的答案。

一、跑者為什麼會感覺自己沒什麼進步

　　跑者經過一段時間的訓練，感覺自己沒什麼進步，是基於什麼樣的邏輯呢？首先這樣的跑者對自己有比較高的要求，希望自己能跑得越來越快，或者耐力越來越好，能有所提高。那麼什麼叫作提高呢？主要表現為在同等心率情況下或者在同等疲勞情況下，速度加快；又或者在同等速度下，心率變慢及疲勞感減輕。跑者感覺自己沒進步，其實主要表現為在同等心率或者同等疲勞情況下，配速沒有提高。也就是說，跑步還是那麼累，速度還是那麼慢，沒有明顯提高，所以會感覺焦慮和無助，感覺自己白練了。

二、跑者其實是杞人憂天，把運動能力和運動表現混為一談了

　　在多數情況下，跑者感覺自己沒有進步，並不是真的沒有進步，其實有實實在在的進步，只不過進步有大有小，跑者看了這個一定會覺得很詫異。不會吧！真的確定我在進步？明明感覺自己跑得還是那麼慢，想要全馬破 4 小時，3 個半小時乃至 3 小時差距很大呀！

　　本書要告訴大多數跑者，你真的在進步！只不過由於你一直在訓練，所以這種進步被掩蓋了，用科學語言來表達，那就是你把運動能力和運動表現混為一談了。所以跑者首先要明白什麼是運動能力，什麼是運動表現。

　　運動能力是一種能力（ability），能力代表著你的競技實力，也就是你的「底子」和「厚度」。只有認認真真、扎扎實實地訓練，夯實你的耐力「底子」，增加你的耐力「厚度」，能力才能獲得提升，但能力能不能表現出來，受到疲勞、恢復等多種因素的影響。當你持續進行中高強度訓練，身體比較疲勞、恢復不足的時候，你的能力就不一定能表現出來。

　　運動表現是一種表現（performance），一種當前的狀態，代表你目前實際能跑多快。實際跑多快從根本上說是由運動能力決定的，但也受到天氣、疲勞、恢復等其他很多因素的影響，跑者說自己練得挺勤快但沒什麼進步，其實說的是運動表現不好。運動表現不好不代表運動能力沒有提高，而運動能力提高肯定會帶來運動表現的提升，但假如身體比較疲勞、恢復不足，那麼運動能力與運動表現就有可能不匹配，這是完全正常的現象。

　　所以說，跑者認為自己經過訓練沒有提高，其實說的是自己運動表現不好，但運動能力在很大程度上是提高了的，只不過沒有表現出來而已。那麼怎樣才能讓運動能

力表現出來呢？不要急，在賽前透過減量訓練，加強恢復，調整狀態，你就能在比賽中將運動能力表現出來。例如，在冬訓階段，運動能力處於隱秘的、緩慢的、逐步的提高過程中，而由於訓練比較辛苦，你的運動表現是不佳的，但這完全不代表你沒有提高，你確實是在提高！

三、從運動能力－運動表現－疲勞模型中理解為什麼你感覺自己沒有進步

蘇聯運動訓練學家，後移居美國，目前在賓夕法尼亞大學任教的扎齊奧爾斯基教授提出的著名的運動能力－運動表現－疲勞模型，是對超量恢復理論的重要補充和更新。他認為訓練負荷既會對運動表現產生影響，也會對疲勞產生影響，二者相互作用，決定了運動負荷作用於人體的最終走向。

首先訓練負荷決定了運動能力，雖然訓練負荷與運動能力並不成線性關係。但總體而言，訓練負荷越小，所獲得的運動能力提升就越小；訓練負荷越大，所獲得的運動能力提升越大。對於跑步而言，就是相對跑得越多，耐力提高越明顯，但跑量與耐力之間並不成典型線性關係。

換句話說，訓練負荷決定了運動能力，但運動能力能不能發揮出來則受到訓練負荷所帶來的疲勞的影響。由於訓練本身會直接導致疲勞，所以儘管訓練能提高你的能力這一點毫無疑問，但在短時期內，你的運動表現水平卻因為這種負荷所累積的疲勞而下降了，這就是下圖所顯示的左邊部分，即訓練負荷越大，身體疲勞越明顯，運動表現就越差，但潛在的運動能力提升越大；反之亦然。

而到了賽前，我們都知道訓練要減量，為什麼要減量呢？跑者會說因為要消除疲勞，促進恢復，可是這背後的邏輯又是什麼呢？扎齊奧爾斯基教授的運動能力－運動表現－疲勞模型給予了很好的解釋。透過減量訓練，訓練負荷大幅度下降，此時你的運動表現其實因為缺乏訓練也會下降。但訓練負荷下降，首先影響的並不是運動表現，而是使訓練後的疲勞程度減輕，而疲勞減輕的速度超過運動表現水平下降的速度的時候，就是你表現出最佳競技狀態的時候。

所以運動表現受到運動能力、身體疲勞和訓練負荷的共同影響。**當訓練負荷增加、疲勞程度加重時，運動表現水平是暫時性下降的，但運動能力卻是漸進性上升的**。而當賽前減量訓練時，你的運動表現水平會因為缺乏刺激而開始下降，但此時你的疲勞程度也明顯減輕，只要疲勞消退的速度超過運動表現水平下降的速度，你的運動表現水平就會透過超量恢復得以提升。而比賽之後，你的運動表現水平也隨之自然下降，這是賽後需要較長時間才能恢復運動表現的根本原因所在。

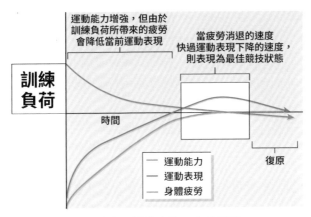

運動能力－運動表現－疲勞模型

　　我們總結一下：訓練的目的是提升你的運動能力，進而讓你獲得更好的運動表現，但運動能力的提升並不一定伴隨運動表現的立馬改善；運動表現具有一定滯後性，運動能力是相對穩定的，是變化比較緩慢的；而運動表現是不穩定的，變化快速的。舉例來說，今天天氣特別好，你的狀態也特別好，這裡的狀態其實說的就是運動表現，但如果天氣特別悶熱，你的狀態可能就會立馬變差。運動表現變化就像天氣變化一樣，運動表現水平可以忽高忽低，但運動能力卻是相對穩定的。

四、對於大多數跑者而言，並不存在垃圾跑量或者無效訓練

　　很多跑者認為自己經過訓練沒有提高，這從本質上說是一種由於運動表現水平暫時性下降導致的錯覺，你的運動能力並不是真的沒有提高，反而還在一點點緩慢地進步。這個時候，很多跑者就會覺得自己是不是 LSD 跑多了，沒有受到強度刺激，又或者懷疑這、懷疑那，受到某些誤導時，還會覺得自己跑的都是垃圾跑量或者進行的是無效訓練。

　　其實，對於大多數大眾跑者而言，主要矛盾並不是訓練方法不對，而是繁忙工作與有限的訓練時間之間的矛盾。也就是說，訓練時間不足、訓練系統性不夠、三天打魚兩天曬網是導致大眾跑者提升較慢的核心原因。只要多跑，你的耐力，即運動能力一定會提高！只不過如果你的訓練方法更得當、更系統，你的提升會更快；你用的方法單一，訓練系統性差，提升就相對慢一點。**對於大眾跑者而言，沒有所謂的垃圾跑量，在不產生傷痛的情況下，多跑一點，對於耐力提升肯定是大有裨益的。**

五、大眾跑者不要指望什麼神奇的方法可以突飛猛進，想要進步這 4 個字最重要

　　工作較忙、訓練時間有限的大眾跑者希望學習更多先進的訓練方法以更快提升自己的心情是完全可以理解的，但這個世界上從來就沒有靈丹妙藥。對大眾跑者而言，

做到系統訓練就足夠好了，即不要輕易中斷訓練，方法其實沒那麼重要。

所謂系統訓練是指按照一定訓練計劃或者安排，有目的地堅持訓練，很少發生因為種種原因而長時間中斷訓練的情況。系統訓練是實現 PB 的必經之路和根本保證，只有透過連續、不間斷的訓練，才能循序漸進地提升耐力，最終保證你具備實現 PB 所需的能力。

系統性訓練的精髓在於扎實訓練，不輕易也不隨意中斷訓練，中斷訓練是對系統性訓練最大的傷害。因為中斷訓練會使訓練所累積的效果發生消退，回到起點。大眾跑者想要實現系統訓練，面臨的最大困難就是如何讓訓練不中斷。因為大眾跑者不同於專業運動員，專業運動員每天的工作就是訓練，而大眾跑者都有自己的工作。客觀上的工作繁忙、加班、應酬、出差、天氣等原因，主觀上的意志力不夠堅定、偶有偷懶思想等，都會使原本計劃好的訓練難以進行。而不連續的、時斷時續的訓練就會讓系統訓練的效果大打折扣。

很多跑者希望能運用某些神奇的訓練方法，實現跑步能力的迅速提升，如一些跑者相信間歇跑能有效提升最大攝氧量，而有些跑者則更願意相信 LSD 的作用。其實從馬拉松備賽角度而言，不同的訓練方法都有它的作用，關鍵在於兩點，一是你的薄弱環節是什麼。是基礎耐力不夠還是遭遇瓶頸，配速提升不了？是肌肉力量不足還是心肺耐力欠缺？缺點是什麼就應該優先發展某方面的能力。如果這些能力都需要加強，那麼第二點來了，在馬拉松備賽週期的不同階段應用不同的訓練手段和方法。有些理論支持先發展基礎耐力，再強化專項耐力，丹尼爾斯訓練法就是如此；有些理論則建議先加強速度訓練，如多應用間歇跑提升速度，再增強基礎耐力。

從根本上說，系統訓練雖然要講究不同訓練方法組合運用，但更重要的是你要堅持訓練，盡可能不中斷訓練。沒有堅持，就不要談什麼方法，也就是說，再好的方法如果不堅持運用，那效果就是曇花一現，所產生的訓練效果也會隨時間而消退。所以說，一些跑者堅持進行 LSD 訓練能實現 PB，一些跑者堅持間歇跑也能獲得很大進步，一些跑者加強力量也能實現 PB，這說明方法從某種意義上說其實沒那麼重要，重要的是你能不能堅持訓練，不中斷訓練。

六、影響系統性訓練的常見原因

前文已經反覆強調，系統性訓練的核心是不輕易、不隨意中斷訓練。而大眾跑者面臨的最大問題就是種種原因導致系統性訓練變得不系統，以下是常見原因。

工作繁忙沒時間訓練：忙可以說是導致跑者系統性訓練效果大打折扣最主要的原因。我們常常說，忙是藉口，其實誰都有忙的時候，首先要敢於承認忙不是藉口，我們不需要站在道德制高點上批判沒空訓練的情況。但如果每次都以忙作為理由，這是需要改進的。

傷痛導致沒法堅持訓練：傷痛是導致系統性訓練變得不系統的重要原因。因為傷痛，不得不養病治病，暫停訓練是很常見的。此外，一些跑者盲目訓練，導致某段時間跑量陡增，本想加強訓練，但過於冒進，適得其反。

意志力不夠：個人意志力不夠，偷懶思想時而作祟，也是導致訓練不系統的重要原因。例如，冬季寒冷使得一些跑者出現了畏難情緒，一段時間不練或者好幾天暫停跑步，就會影響訓練的系統性。

七、總結

首先，我們需要明確一點，堅持訓練但感覺自己沒有什麼提升的跑者都是嚴肅、認真的跑者。只是太急於求成了，只要堅持訓練，你的能力就會有提高，只不過由於訓練較多，身體比較疲勞無法表現出最佳狀態。沒有必要現在就表現出最佳狀態，堅持訓練，重視恢復，預防傷病，到了賽季再透過減量訓練以及狀態調整在比賽中表現出最佳狀態才是應持有的正確態度。現在沒進步不是真的沒進步，你其實一直在進步，放寬心，加油練！

第三節　科學訓練五大組成

如今的成熟跑者對提升耐力、在馬拉松比賽中實現 PB 有了越來越高的要求，由此也促進了大眾跑者業餘訓練的發展。由於這都來源於大眾跑者的自我實現和自我成就動機，沒有人強制他們訓練也沒有人壓著他們訓練，所以大眾跑者在訓練態度、訓練自覺性等方面已經表現得相當不錯了。

跑步訓練　體能訓練　疲勞恢復　醫療保障　營養支持　完整訓練

可以說，大眾跑者在訓練態度上甚至不輸於專業運動員。但運動員擁有較為科學、系統的訓練體系和強大、完備的保障體制，這是大眾跑者不具備的。大眾跑者完全可以學習專業運動員訓練的方法，即使無法完全掌握，也可以學習和借鑒其中的某些思想和做法。這樣做，就可以幫助大眾跑者實現大踏步前進。他們本來就有很好的訓練主動性，再加上更為科學的訓練，想不進步都難！

一、把訓練做得更系統、更扎實

訓練是否具有足夠的系統性是大眾跑者和運動員在訓練方面最主要的差別。很多大眾跑者只是做到了堅持跑步，但堅持跑步和系統訓練完全是兩碼事。單一重複按照某種速度去跑一定距離的方式可以有效提升健康水平，但對於耐力提升或者實現馬拉松 PB 而言，就遠遠不夠，這種訓練方式不僅低效還容易導致傷痛。

　　所謂系統訓練是指按照一定訓練計劃或者安排，有目的地堅持訓練，並且在訓練中按照一定週期將不同配速、不同跑量的訓練有機組合。系統訓練是實現 PB 的必經之路和根本保證，跑者只有透過連續、不間斷、科學的訓練，才能循序漸進地提升耐力，最終具備實現 PB 所需要的能力。

　　系統性訓練一般**可以根據準備階段、比賽階段、過渡階段 3 個階段來安排相應的跑步訓練**。準備階段分為一般準備階段、專門準備階段，一般準備階段的主要任務是著重發展基礎耐力，專門準備階段的目的是提高專項耐力。對於馬拉松來說，基礎能力水平就是指基礎耐力，LSD 是一般準備階段最主要的訓練方法；提升專項能力則是指透過最大攝氧量強度訓練，進一步增加有氧耐力的增長空間，所以專門準備階段應當增加更多間歇跑、乳酸閾跑訓練。

　　比賽階段的主要任務是發展專項競技能力，以在比賽中能夠充分表現自己已經擁有的能力水平，因此比賽階段也分為賽前準備和集中比賽兩個階段。該階段主要發展在有氧狀態下跑得更快、跑得更久的能力，也就是在乳酸閾（乳酸閾反映了機體由有氧代謝為主過渡到無氧代謝為主的臨界點或轉折點）強度下進行訓練，此時進行乳酸閾

為馬拉松而備賽，需要至少進行以上 5 種訓練

（乳酸門檻）訓練最合適。除此以外，跑者為了能夠在比賽日順利完賽並正常發揮，在馬拉松賽事較為集中的比賽期（如上半年 3~5 月，下半年 9~11 月）進行馬拉松配速跑也是必需的。

　　過渡階段的主要目的是使機體恢復，透過低強度、較小量的訓練進行積極的休息，運動員能夠從心理、生理等方面消除疲勞，並總結上一週期的訓練經驗與教訓，為下一週期的訓練提供參考依據。所以在過渡階段跑者可以進行慢跑或其他類型的運動，主要以使心情愉悅為主。

1. LSD

　　有氧耐力跑是在最大心率的 65%~78% 或者在此心率相對應的配速下進行 30~150 分鐘的訓練。LSD 是有氧耐力跑的主要訓練方式，也是跑者平時主要的跑步訓練方法，它的訓練目的是發展基礎耐力、儲備體能，從而為馬拉松比賽以及後期訓練打下堅實基礎。

2. 馬拉松配速跑

馬拉松配速跑又被稱為有氧動力跑，其本質是模仿馬拉松比賽時的配速，其主要目的是提高訓練強度，其強度會略高於有氧耐力跑，其速度就是你在馬拉松比賽時使用的配速。訓練強度為在最大心率的 79%~87% 或者此心率對應的配速下持續訓練 40~110 分鐘。

3. 乳酸閾跑

乳酸閾跑訓練是一種較為艱苦的訓練方法。其目的在於加強身體對乳酸的清除能力，減少乳酸堆積，使乳酸在體內處於可控的水平，提升有氧耐力。訓練強度為在最大心率的 88%~90% 下進行 20 分鐘訓練，或者每一組只進行 5 分鐘，進行 4 組訓練，組間休息 1 分鐘。

4. 間歇跑

間歇跑是最為痛苦的訓練，因為在間歇跑訓練中你將會達到最大心率，你會相當難受。間歇跑的主要目的簡單來說就是提升身體從空中吸入氧氣的能力，同時提高身體的乳酸閾值。間歇跑的強度為最大心率的 91%~100%。每一組進行 3~5 分鐘，然後休息，間歇跑時間與休息時間之比為 1：1，也就是間歇休息時間也是 3~5 分鐘，如此循環進行。

5. 衝刺跑

增加一些快速衝刺訓練，讓神經經常接受不同刺激，這樣就可以保證大腦擁有足夠的靈活性和可塑性，並且有助於消除長期慢跑帶來的肌肉伸縮速度變慢的副作用。每組衝刺跑訓練從十幾秒到 2 分鐘不等，最長控制在 2 分鐘以內，訓練時間與休息時間之比為 1：2 或 1：3。總訓練時長控制在 15~20 分鐘以內，持續 4~8 組。衝刺跑速度很快，但不完全等於那種 10 多公尺的衝刺，要根據距離，在能夠保持全程速度穩定的情況下，盡全力全速奔跑。

5 種跑法中包括馬拉松週期訓練的 4 種核心訓練方法，其運用並不是說每週 1~2 次 LSD 訓練、1 次馬拉松配速跑訓練、1 次乳酸閾跑訓練等，而是結合備賽週期進行合理、有機的組合。在一般準備階段，主要進行 LSD 訓練；專門準備階段，在繼續保持一定 LSD 訓練的基礎上，要增加更多的間歇跑訓練；而在賽前或者長達兩三個月的比賽階段，則要更加重視乳酸閾跑和馬拉松配速跑訓練。只有學會組合，才能真正將週期訓練運用起來，並在這個過程中實現耐力的遞進式增長。

5種訓練方法

	訓練強度	訓練時間	訓練時間與休息時間之比	單次訓練跑量占週跑量比例
最大心率的	最大心率的65%~78%	30~150分鐘	—	週跑量的25%~30%
馬拉松配速跑	最大心率的79%~87%	40~110分鐘	—	週跑量的15%~20%
乳酸閾跑	最大心率的88%~90%	20分鐘/組或4組5分鐘	5:1	週跑量的10%
間歇跑	最大心率的91%~100%	3~5分鐘/組	1:1	週跑量的8%
衝刺跑		最長2分鐘	1:2~3	週跑量的5%

　　總而言之，日常訓練要想達到最佳訓練效果，僅採取一兩種訓練方法是不行的，而是需要一種循序漸進、系統性、多樣化的訓練，包括備賽階段的劃分、不同強度的跑法的合理搭配，按照訓練階段有步驟、有計劃地實施不同跑法。有了這樣的邏輯，訓練才是正確的。

二、重視體能訓練

　　如果把跑步訓練僅僅理解為就是跑，那麼顯然你的這種理解就顯得太過時了。加強體能，尤其是加強力量訓練對於任何項目都顯得特別重要。當然，不同項目對於體能的要求不同，如技術型技巧性項目體能占比可能就沒有體能型或者技術體能型項目多，但體能訓練對於任何項目而言，都是不可或缺的。對於跑步而言，加強上肢、核心、下肢力量以及爆發力訓練，對於跑得更快、跑得更省力、跑得更輕鬆、跑得更無傷都顯得十分重要。特別在是備賽初期，體能訓練在訓練中占比還會更大一些。劉翔的教練孫海平說過一句經典的話：「跨欄能力並不是都在跑道上練出來的。」意思就是說體能訓練、力量訓練這些非跑道上的訓練，事實上也可以有效提升跨欄能力。對於跑步，將孫海平的話改一下就是「耐力並不是都在馬路上跑出來的！」

　　對於大眾跑者而言，加強體能訓練顯得更為重要，因為大眾跑者並不具備專業運動員那種常年訓練所形成的良好身體素質，各種各樣的力量訓練，如徒手訓練、負重訓練、核心訓練等，對於預防因為跑量過大而受傷特別有意義。當然，如果能在此基礎上，多做一些跑步專項力量訓練，如輕負重、多次數、結合跑步動作的力量訓練或者輕負重、多次數的爆發力訓練，對於提升跑步經濟性也許更有幫助。

三、恢復不是可有可無，而是訓練的延續和組成

　　沒有疲勞就沒有訓練。如果跑步總是很輕鬆，那麼這種跑步可以帶來健康，卻難以讓你提升，還有一句話更重要：沒有恢復就沒有提升。疲勞並不是目的，疲勞之後

的恢復才是目的，並且這種恢復還有一個名稱——超量恢復。

　　超量恢復是運動生理學的一個經典術語，它是指運動持續一段時間後，人體會疲勞，但如果負荷合理、休息得當，經過一段時間後，你的運動能力不僅可以恢復到個人原有水平，甚至會超過身體原有水平。這個超出部分，就是你透過運動所獲得的提升。

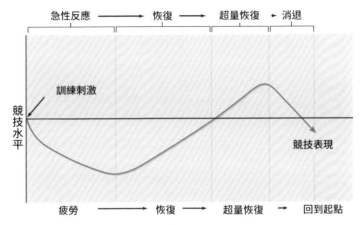

超量恢復圖示

　　超量恢復發生在後，恢復發生在前，沒有恢復作為基礎，超量恢復也就成了空中樓閣。恢復越充分、越及時、越有效，超量恢復的效果也就越明顯，超量恢復來自身體內部的變化，其產生極為精妙，非人為控制，但恢復卻是完全可控的、人為的。所以，認認真真做好跑後恢復是訓練必不可少的流程，

跑後恢復不是可有可無，而是訓練的延續和組成。這也是真正的精英運動員與大眾跑者在認知上的重大差別。越是高水平運動員，越重視拉伸放鬆；越是低水平運動員對拉伸放鬆越是草草了事。大眾跑者做好恢復主要需要做好以下兩點：一是訓練後的肌肉拉伸放鬆，二是保證充足的睡眠。

　　拉伸和滾筒放鬆這兩種最常用的跑後恢復方式，有何區別？簡單地說，拉伸的核心作用是透過拉長肌纖維來改善肌纖維的彈性和伸展性；滾筒的作用則是在肌肉和筋膜表面施加各方向的作用力，達到調整肌纖維、促進筋膜和肌肉放鬆、消除扳機點的目的。拉伸配合滾筒放鬆能達到 1+1>2 的效果。

　　促進恢復的另外一個重要措施就是睡眠，這是為什麼專業運動隊都要實施半軍事化管理，按時熄燈，其目的就是透過熄燈制度保證運動員有充足的睡眠。而一些大眾

跑者往往晚睡早起，睡眠不足，睡眠不足帶來的重要問題是身體疲勞消除不及時，總是帶著疲勞訓練，一方面降低了訓練效果，另一方面也大大增加了受傷的風險。保證充足睡眠需要注意以下幾點。

1. 遠離電子產品

我們都知道，自己在床上翻來覆去睡不著很有可能是因為手裡有一部手機或一個iPad，刷朋友圈、刷微博、刷抖音，很快 1 小時過去了，螢幕的藍光會使大腦皮層始終處於興奮狀態，從而無法入眠。當然看看書、聽聽舒緩的音樂這些你之前就習慣做的事情是允許的。

2. 調暗或者關閉房間的燈光

人類身體的生物鐘是根據對光線的感知來工作的，換言之就是只要你的入睡環境足夠昏暗，身體自然就會進入睡眠狀態。

3. 調低環境溫度

不需要過熱或過冷，這樣會輾轉難眠。臥室溫度在 16~18℃為最佳，夏季使用空調是保證我們睡眠充足的重要措施。

4. 調整好自己的睡眠狀態

選擇一套舒適柔軟的睡衣，有一個理想的枕頭，都有助於睡眠，睡眠就要有睡眠的狀態。而做好這一切就意味著你已經準備好心無旁騖地去睡覺了。

四、出現傷痛及時就醫，找對醫生

跑量增加，加之不科學地跑步，使得跑步傷痛發生率也大幅提高。一些跑者因為受到傷痛困擾，去醫院看病，往往醫囑就是：「以後不要再跑步了。」這句話可以說是絕大多數跑者都無法接受，卻又不得不聽的一句話，一些跑者甚至因為害怕聽到這句話而諱疾忌醫。

跑者因為跑步傷痛去醫院看病，首先想到找骨科醫生，這並沒有錯，但也許問題出現在供給側。如果是運動損傷，你最應該找運動醫學科醫生或者復健醫學科醫生（遺憾的是不是所有醫院都有運動醫學

一般骨科醫生	運動醫學科醫生康復醫學科醫生
從一般臨床視角看待疾病	從運動損傷視角看待疾病
把運動損傷看作一般疾病治療	強調運動損傷專業化和針對性治療
對運動和運動損傷機制理解有限	對運動和運動損傷機制有較深刻理解
通常建議今後不要再進行某項運動	針對患者今後的運動提出合理化建議

一般骨科醫生和運動醫學科醫生的
思維方式是有所區別的

科）。在中國專門從事運動醫學臨床工作的醫生相對比較少，這就使得運動損傷的診斷、治療、復健在很多時候顯得不是很專業，或者針對性不夠強。那麼，運動醫學科醫生和骨科醫生有什麼區別嗎？當然有區別，最大區別在於一般骨科醫生由於對於運動損傷理解有限，往往會採用一刀切的方式處理運動損傷，如建議患者今後不要再進行某項運動了；而運動醫學科醫生則很少採用這種思維方式，而是針對患者問題提出今後合理化運動的建議。

當然，由於一般骨科醫生與運動醫學科醫生思維方式的不同，他們在對待患者的病情時，處理方式也不同。一般骨科醫生傾向於治療後叮囑患者今後減少甚至不要再進行某項運動，而運動醫學科醫生則建議患者結合復健訓練治療（復健訓練並不是運動醫學科醫生的強項，應該找復健師）。此外，他們也很少對患者說「不要再運動」這樣的話，而是給予患者正確進行某項運動的運動建議，告知安全提示。

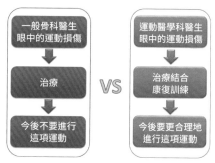

一般骨科醫生和運動醫學科醫生
對運動損傷的處理不同

事實上，透過專業治療結合針對性復健訓練，95% 以上的跑者仍然可以繼續跑步。

1. 專業治療

專業的診斷和治療可以幫助你找到問題所在，並給予你的運動損傷針對性極強的有效治療。我們強烈建議跑者諮詢更加專注於運動損傷診治的**運動醫學科或者復健醫學科**。運動醫學科的醫生更加熟悉和擅長運動損傷這一細分領域，而復健醫學科的醫生和治療師更加擅長恢復你的運動功能。看不對醫生，當然就得不到最專業的治療。相比美國，中國運動醫學起步比較晚，許多醫院沒有設立運動醫學專科，只有大城市的部分大醫院才設有運動醫學專科，這也加劇了跑者看病難、看不好的問題。

2. 運動復健

復健醫學的突飛猛進，或許可以讓「好好休息，祝你早日康復」這樣的傳統用語走進歷史了。「好好運動，才能幫助你早日康復」，這裡的運動就是指復健訓練，透過合理的復健訓練可以有效增加肌肉力量、提高關節穩定性、建立正確的運動模式，復健訓練是幫助傷痛跑者重新跑步不可或缺的重要環節。

五、保障訓練不僅靠疲勞恢復，膳食健康、合理也很重要

隨著跑量增加，身體消耗也增大。長距離跑後身體損失了大量糖原和電解質，還伴隨著肌肉的細微損傷，普通飲食難以補充運動所需，你需要豐富的碳水化合物和足量的優質蛋白去修復和恢復身體。如果營養跟不上，其後果可想而知，所以這是為什麼運動員的飲食都是專供的。只有充足、健康、合理的膳食才能保證運動員補充身體消耗，大眾跑者不可能像運動員那樣享受各式自助餐，即使天天吃自助餐也未必吃得健康、合理。對於大眾跑者而言，在飲食方面，遵循《中國居民膳食指南》更重要，包括：食物多樣，穀類為主；多吃蔬果、奶類食品、大豆；適量吃魚、禽、蛋、瘦肉；少鹽少油，控糖限酒。

六、總結

其實大眾跑者想要實現突破，相比運動員而言是更加困難的。右圖顯示了競技訓練複合型團隊的構成，運動員有教練、體能教練、復健師、隊醫、科研教練支持，而大眾跑者大多都得靠自己，因此科學訓練就顯得更加重要。科學訓練絕不只是指訓練本身，更包含訓練保障的方方面面。你懂得更多，做得更好，你的提升也就越明顯。

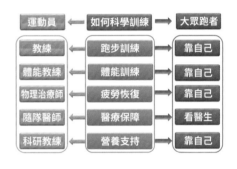

‹‹ 第四節　動作準備 ››

跑前熱身是跑步不可缺少的一個重要流程。隨著運動科學的不斷發展，一種新型的熱身方式開始在國際上流行，這種熱身方式稱為動作準備。

科學、有效的訓練是提升運動表現水平的基礎，充分的熱身則是快速進入有效運動狀態的重要手段，除了升高體溫和提高肌肉伸展性、彈性外，機體的其他系統也需要充分活化，如呼吸系統、神經系統等。促進身體機能、狀態全面提升，能幫助跑者取得更好的運動表現。

一、什麼是動作準備

動作準備是熱身的檔次升級版，它不同於常規的熱身、準備活動。動作準備是為了滿足運動員對日常訓練和比賽的特殊要求而準備的一類有效的、系統的、個性化的訓練方法，同時也是一種預防運動損傷和提升運動表現水平的訓練手段。

二、動作準備與傳統熱身的不同之處

傳統熱身方式主要包括慢跑、動態牽拉，其主要目的是升高體溫，降低肌肉黏滯性，提升肌肉伸展性和彈性，預防肌肉拉傷。**但是傳統熱身方式忽略了與運動專項的結合，存在重要肌肉活化不足、神經動員不夠等問題，使運動員進入狀態較慢。**

動作準備就可以很好地解決上述問題，它強調以動態的方式進行強度遞增的動作練習，這樣除了達到常規的升高體溫、有效拉伸肌肉、增加關節活動度等目的以外，還可以活化相關肌群、提高神經興奮性。同時熱身時的動作採用更具運動項目特徵，強化基礎動作模式和運動專項動作模式，建立起神經系統與肌肉系統之間的有效協調反饋機制，達到有效提升運動經濟性和運動表現水平的目的。

三、動作準備帶給身體不一樣的熱身效果

1. 強化基礎動作模式，提升運動經濟性

動作準備中會透過特定的動作練習，如自重半蹲等來強化身體整體動力鏈的參與，透過建立起神經支配下各運動系統之間的聯繫，使身體各個環節有序地運動，從而達到強化正確動作模式的目的。正確的運動模式是運動技術的基礎，動作模式正確與否與運動員的運動損傷和運動表現息息相關。

2. 活化相關肌肉，預防運動損傷

在運動中，身體的一些關節需要保持相對的穩定，一些關節需要保持相對的靈活。關節的靈活與穩定需要肌肉的控制，然而一些肌肉可能由於生理結構與日常生活習慣等原因處於休眠狀態，或力量不足，如維持膝關節穩定的臀中肌，維持核心穩定的腹橫肌、多裂肌，維持肩胛骨穩定的斜方肌中下束、前鋸肌等。因此需要透過特定的手段活化相關肌肉，從而加強運動中關節的位置感與穩定性，避免因力線異常引起運動損傷。

3. 刺激呼吸系統，弱化內臟器官惰性

在日常跑步中，如果剛開始配速較快，經常會遇到心動過速、呼吸難受等阻礙繼續跑步的症狀，這主要是熱身不充分、強度不足、沒有充分刺激呼吸系統造成的。而動作準備在整個過程中的強度遞增，到最後能夠充分刺激呼吸系統，弱化內臟器官惰性，能夠使運動員在比賽開始後進行高強度的運動和對抗，不受其影響。

4. 喚醒神經系統，快速進入運動狀態

神經系統對運動訓練的影響不言而喻，動作準備中會透過動態穩定訓練、反應訓練，提升運動員神經系統的專注度和參與度，使神經系統在整體機能的運動狀態下更加

興奮，使機體在神經系統的支配下，能夠有序、協調地完成技術動作，從而使運動員快速進入運動狀態，為訓練和比賽做好準備。

四、動作準備由 4 個板塊組成

動作準備與傳統熱身方式並不矛盾，它包含了傳統的熱身方式，同時又比傳統熱身方式內容更豐富、指向更明確。動作準備包括 4 個板塊：**臀肌活化、動態牽拉、動作技能整合及神經活化**。

臀肌活化	動態牽拉
動作技能整合	神經活化

1. 臀肌活化

顧名思義活化臀部肌肉。臀部是人體的發動機，是力量及爆發力的源泉，運動時身體移動的真正動力來源於臀部。如果臀肌未被活化，參與發力較少，腿部必然代償用力過多，導致更易疲勞，肌肉疲勞後會喪失對膝關節的保護作用，這是膝痛是跑者的頭號傷痛的重要原因。沒有臀肌的積極參與，膝關節自然負擔重，當然更易引發膝關節損傷。

2. 動態牽拉

所謂肌肉動態牽拉，是指透過特定動作讓肌肉做短暫牽拉並重複多次。動態牽拉與靜態牽拉相對應，靜態牽拉是指讓肌肉做持續牽拉，其通常用於運動之後的肌肉放鬆。動態牽拉可以達到改善肌肉彈性、活化肌肉的目的，同時也不會像靜態牽拉那樣導致肌肉鬆弛。

3. 動作技能整合

動作技能整合就是建立、強化正確的動作模式，強調在身體整體動力鏈的參與下，建立起身體各環節之間有序的組合運動。例如，跑步運動，它是一項前後方向上的週期性循環運動，它的主要動作模式是下肢的蹬擺提拉，因此跑前進行動作技能整合可以做弓箭接上擺、單腿硬拉接上擺等動作。這樣的技術練習有利於身體很快適應跑步動作模式，提升跑步經濟性。

4. 神經活化

神經活化可以很好地提升跑者神經系統的專注度，使大腦反應速度更快，從而提高中樞神經系統的興奮度。神經活化還能夠加強運動中樞的協調作用，使軀體在神經系統的支配下，有序、協調地完成動作，從而提升跑步效率，為完成高品質的訓練做好準備。簡單來說，神經活化的目的是讓你快速興奮，在訓練或比賽一開始就進入狀態。神經活化多採用較為複雜的複合型、協調性動作，來達到活化神經系統的目的。

五、跑者視情況不同，採用不同的熱身方式

不可否認「動作準備」彌補了傳統熱身方式的不足，給預防運動損傷、提升運動表現帶去了積極的影響。但是不同的跑者，在熱身方式選擇方面也應該有所不同。初跑者或以健身為目的跑者通常跑步強度較低、配速較慢、跑步持續時間較短，不需要特定的熱身方式，傳統熱身方式足以滿足此類跑者的需求。

但是正在備戰馬拉松或者要完成高品質的訓練，以及參加馬拉松比賽的跑者，都需要動作準備這種專業的熱身方式。因為他們的跑步訓練是目的性強、負荷高、需要高品質完成的訓練任務。所以跑者可以根據自身情況、訓練目的選擇適合自己的熱身方式。

六、一套完整的跑前動作準備

一套完整的跑前動作準備大約 10 分鐘，動作與動作之間無間歇，連續進行。臀肌活化可選擇 2~4 個動作，每個動作做 10~15 次；動態牽拉選擇 4~8 個動作，每個動作做 8~10 次；動作技能整合選擇 1~2 個動作，每個動作做 8~10 次；神經活化選擇 1~2 個動作，每個動作可持續 10 秒左右。同時跑步是一項週期性的雙腿交替向前的運動項目，因此動作技能整合中要結合相應的跑步動作模式進行熱身。

七、總結

科學、規範的跑步並不是單單指跑步本身，還包含跑前熱身與跑後拉伸等部分。動作準備是一套新型的訓練理念和模式，已經成為國內外專業運動員的主流熱身方式，對於大眾跑者來說也是非常好的訓練方式。如果你覺得自己的熱身不充分，可以試一試動作準備，相信其會給你帶來不一樣的體驗。

‹‹‹ 第五節　漢森馬拉松訓練法 ›››

扎實、系統的訓練需要從理論到方法的全面支撐，著名的漢森馬拉松訓練法就是這樣一套經過實踐充分證明，成功地幫助大量跑者實現 PB 的完善的訓練體系，**漢森馬拉松訓練法尤其適合進階跑者和高水平跑者。**

漢森馬拉松訓練法由美國漢森兄弟（凱文‧漢森、凱斯‧漢森）和盧克‧漢弗萊創造，是美國本土跑者較為喜愛的馬拉松訓練體系，其中盧克‧漢弗萊採用漢森馬拉松訓練法，實現了 2008、2012 兩屆奧運會選拔賽達標，並把個人最好成績提升至 2 小時 14 分 39 秒。與其他幾類流行的訓練方法不同的是，**漢森馬拉松訓練法不僅是要把跑者訓練成一個能不斷實現 PB 的人，更是要把跑者訓練成一名可以持久、健康地參加馬拉松比賽的跑者，後者也許對於大眾跑者更為重要。**

一、漢森馬拉松訓練法的訓練理念

累積性疲勞理論始終貫穿於漢森馬拉松訓練法。所謂的累積性疲勞理論就是緩慢地實現疲勞累積效應，是經過日復一日、週復一週、月復一月的持續訓練形成一定程度的疲勞疊加。簡單地說，就是在不斷重複訓練中，實現疲勞的累積效應，這種重複訓練在訓練日中不會讓身體完全恢復，但是這種訓練所引發的疲勞也並不會達到過度訓練的程度，即讓你每一次訓練都產生疲勞，但不會讓你過度疲勞。

漢森馬拉松訓練法的疲勞累積理論不是與超量恢復理論相矛盾，而是希望透過較為深度的疲勞，產生更為顯著的超量恢復，即將超量恢復放在一個更長的週期中去實現，而不是指望一兩次訓練就能獲得超量恢復，這一點也許對於跑者很有啟發！

二、漢森馬拉松訓練法的 5 種跑法

在漢森馬拉松訓練體系中，跑步被分為兩類：輕鬆跑和實質跑。輕鬆跑顧名思義跑起來比較輕鬆。實質跑分為長距離跑、速度跑、力量跑、節奏跑，根據這幾種跑法的命名就可以看出它們是有一定強度要求並且強度較大的跑步訓練法。

1. 輕鬆跑

這裡的輕鬆跑並不是跑者常說的 LSD，而是比 LSD 強度還要低的跑法。在漢森馬拉松訓練體系中，無論是初級跑者訓練計劃，還是高級跑者訓練計劃，一週輕鬆跑的總跑量占週跑量的 50%，這體現了漢森馬拉松訓練法始終重視輕鬆跑的理念。輕鬆跑的訓練目的是使跑步過程中身體的脂肪氧化能力變高。對脂肪的消耗越多，對糖的消耗就會越少，延遲馬拉松比賽時「撞牆」的發生，從而提升跑步成績。換句話說，輕鬆跑是為了訓練跑者的脂肪供能能力。

輕鬆跑如何跑

在漢森馬拉松訓練法中，所有的跑法都以馬拉松配速為基準，上調或者下調配速來定義訓練強度。輕鬆跑的配速比馬拉松目標配速慢 34~74 秒，持續 20~150 分鐘，每週訓練 3 次，通常是週一、週五、週六。

例如，馬拉松配速為 6:00 的跑者，它的輕鬆跑配速則為：7:14~6:34。

最慢配速為 360 秒（6 分鐘）+74 秒 =434 秒（7 分 14 秒）。

最快配速為 360 秒（6 分鐘）+34 秒 =394 秒（6 分 34 秒）。

2. 長距離跑

長距離跑帶來的身體上的生理適應與輕鬆跑相似，有利於提高最大攝氧量、加速毛細血管的生長、提升脂肪氧化的能力。長距離跑訓練重要的一點是模擬馬拉松後半程的情形，也就是說在身體疲勞的狀態下完成 26 公里。

長距離跑如何跑

漢森馬拉松訓練法中並沒有對長距離跑給出明確的配速、心率、最大攝氧量等強度指標，而是強調長距離跑的距離要基於每週總跑量而制定，並且強調長距離跑過程中配速要穩定。在漢森馬拉松訓練法中長距離跑的距離為週跑量的 25%~30%，訓練時間為 2~3 小時。通常長距離跑安排在週日，週五、週六連續進行輕鬆跑，週四進行節奏跑或者力量跑，這樣意味著在長距離跑前，身體已經承受了一定負荷的訓練，這樣就形成了疲勞累積。換句話說，長距離跑是在身體處於一定的疲勞狀態下完成的，這就很好地模擬了馬拉松後半程的情形。

3. 速度跑

速度跑就是跑者經常進行的**間歇跑**。速度跑訓練可有效地活化中間狀態的肌纖維（Ⅱa 型肌纖維），當紅肌纖維疲勞時，中間狀態的肌纖維可以繼續代替其工作。另外，速度訓練還可以有效增加肌紅蛋白，有了肌紅蛋白的幫助，人體才能應對毛細血管和粒線體需求的增強，在進行高強度訓練時提升有氧閾值。這些能力的增強最終會提升跑者的跑步經濟性，使跑者的跑步效率更高。

速度跑如何跑

原則上速度跑的強度是在最大攝氧量的 100% 下訓練，但是漢森馬拉松訓練法認為強度太高，跑得太快，提升雖快，但獲得的生理效應消失也快，還可能導致傷病，因此建議在最大攝氧量的 80%~95% 下進行 2~8 分鐘的訓練，恢復時間為訓練時間的50%~100%。也就是說跑 4 分鐘，間歇休息時間為 2~4 分鐘，單次速度跑訓練的距離不應超過 5 公里。

速度跑進階配速表

訓練要求		熱身	慢跑 1.6~5 公里	放鬆	慢跑 1.6~5 公里
		400 公尺×12 組	800 公尺×6 組	1200 公尺×4 組	1600 公尺×3 組
		間歇時間：50%~100% 的訓練時間慢跑恢復			
5000 公尺配速（分：秒）	10000 公尺配速（分：秒）	400 公尺配速（分：秒）	800 公尺配速（分：秒）	1200 公尺配速（分：秒）	1600 公尺配速（分：秒）
15:30	32:30	01:15	02:30	03:42	05:00
16:00	33:35	01:18	02:35	03:50	05:10

續表

訓練要求		熱身	慢跑 1.6~5 公里	放鬆	慢跑 1.6~5 公里
		400 公尺 ×12 組	800 公尺 ×6 組	1200 公尺 ×4 組	1600 公尺 ×3 組
		間歇時間：50%~100% 的訓練時間慢跑恢復			
5000 公尺配速（分：秒）	10000 公尺配速（分：秒）	400 公尺配速（分：秒）	800 公尺配速（分：秒）	1200 公尺配速（分：秒）	1600 公尺配速（分：秒）
16:30	34:40	01:20	02:40	03:57	05:20
17:00	35:45	01:23	02:45	04:05	05:30
17:30	36:50	01:25	02:50	04:12	05:40
18:00	37:55	01:28	02:55	04:20	05:50
18:30	39:00	01:30	03:00	04:27	06:00
19:00	40:05	01:33	03:05	04:35	06:10
19:30	41:10	01:35	03:10	04:42	06:20
20:00	42:15	01:38	03:15	04:50	06:30
20:30	43:20	01:40	03:20	04:57	06:40
21:00	44:25	01:43	03:25	05:05	06:50
21:30	45:30	01:45	03:30	05:12	07:00
22:00	46:35	01:48	03:35	05:20	07:10
22:30	47:40	01:50	03:40	05:27	07:20
23:00	48:45	01:53	03:45	05:35	07:30
23:30	49:50	01:55	03:50	05:42	07:40
24:00	50:55	01:58	03:55	05:50	07:50
24:30	52:00	02:01	04:00	05:57	08:00
25:00	53:05	02:03	04:05	06:05	08:10
25:30	54:10	02:06	04:10	06:12	08:20
26:00	55:15	02:08	04:15	06:20	08:30
27:00	57:25	02:13	04:25	06:36	08:50
28:00	59:45	02:18	04:35	06:51	09:10
29:00	62:05	02:23	04:45	07:07	09:30
30:00	64:25	02:28	04:55	07:23	09:50

　　漢森馬拉松訓練法的速度跑訓練是需要一步一步進階的，從 400 公尺、600 公尺、800 公尺到 1600 公尺，不同距離的配速是根據 5 公里、10 公里的目標配速決定的。漢森馬拉松訓練法專門制定出了不同能力情況下速度跑的配速表，跑者可以根據自身 5 公里、10 公里的目標成績選擇相對應的速度跑配速。

4. 力量跑

力量跑並不是指在健身房進行「健身運動」訓練，它是一種跑法。漢森馬拉松訓練法中把它定義為在體內有適量乳酸堆積的情況下，強制跑更長的距離，其實這也是跑者較為熟悉的**抗乳酸訓練**。眾所周知，運動中乳酸的堆積是產生疲勞的主要原因，那麼強化機體對乳酸的耐受性與提升身體對乳酸的分解能力就可以有效地耐受體內乳酸的堆積。漢森馬拉松訓練法中力量跑的好處就在於此，它可以提升身體對乳酸的代謝能力、耐受能力，對氧氣的攜帶能力等，在延長疲勞出現時間的同時，使跑者在較快配速下堅持更長時間。

力量跑如何跑

力量跑訓練的前提是體內有一定乳酸堆積，因此單組的訓練時間、距離比速度跑長，但是速度會降低。因此力量跑的配速比馬拉松目標配速快 6 秒（每公里配速快 6 秒），間歇時間不超過訓練時間的 50%，每組訓練 1.6~5 公里，單次訓練的總量不超過 10 公里。

在漢森馬拉松訓練法中，力量跑訓練計劃中通常包含 1.6 公里、2.5 公里、3.2 公里、5 公里等距離的訓練，其中在 1.6 公里訓練中進行慢跑 400 公尺的間歇休息，超過 1.6 公里的力量跑訓練都進行慢跑 800 公尺的間歇休息。

力量跑進階配速表

訓練要求		熱身	慢跑 1.6~5 公里	放鬆	慢跑 1.6~5 公里
		1600 公尺 ×6 組	2500 公尺 ×4 組	3200 公尺 ×3 組	5000 公尺 ×2 組
		間歇時間：50% 的訓練時間慢跑恢復			
全程馬拉松成績（小時：分：秒）	半程馬拉松成績（小時：分：秒）	1600 公尺配速（分：秒）	2500 公尺配速（分：秒）	3200 公尺配速（分：秒）	5000 公尺配速（分：秒）
02:28:00	01:14:00	05:30	08:15	11:00	16:30
02:33:00	01:16:30	05:40	08:30	11:20	17:00
02:38:00	01:19:00	05:50	08:45	11:40	17:30
02:42:00	01:21:00	06:00	09:00	12:00	18:00
02:46:00	01:23:00	06:10	09:15	12:20	18:30
02:50:00	01:25:00	06:20	09:30	12:40	19:00
02:55:00	01:27:30	06:30	09:45	13:00	19:30
02:59:00	01:29:30	06:40	10:00	13:20	20:00
03:03:00	01:31:30	06:50	10:15	13:40	20:30

續表

訓練要求		熱身	慢跑 1.6~5 公里	放鬆	慢跑 1.6~5 公里
		1600 公尺 ×6 組	2500 公尺 ×4 組	3200 公尺 ×3 組	5000 公尺 ×2 組
		間歇時間:50% 的訓練時間慢跑恢復			
全程馬拉松成績 (小時:分:秒)	半程馬拉松成績 (小時:分:秒)	1600 公尺配速 (分:秒)	2500 公尺配速 (分:秒)	3200 公尺配速 (分:秒)	5000 公尺配速 (分:秒)
03:08:00	01:34:00	07:00	10:30	14:00	21:00
03:12:00	01:36:00	07:10	10:45	14:20	21:30
03:17:00	01:38:30	07:20	11:00	14:40	22:00
03:21:00	01:40:30	07:30	11:15	15:00	22:30
03:25:00	01:42:30	07:40	11:30	15:20	23:00
03:30:00	01:45:00	07:50	11:45	15:40	23:30
03:34:00	01:47:30	08:00	12:00	16:00	24:00
03:38:00	01:49:00	08:10	12:15	16:20	24:30
03:43:00	01:51:30	08:20	12:30	16:40	25:00
03:47:00	01:53:30	08:30	12:45	17:00	25:30
03:51:00	01:55:30	08:40	13:00	17:20	26:00
03:56:00	01:58:00	08:50	13:15	17:40	26:30
04:00:00	02:00:00	09:00	13:30	18:00	27:00
04:04:00	02:02:00	09:10	13:45	18:20	27:30
04:09:00	02:04:30	09:20	14:00	18:40	28:00
04:13:00	02:06:30	09:30	14:15	19:00	28:30
04:18:00	02:09:00	09:40	14:30	19:20	29:00
04:22:00	02:11:00	09:50	14:45	19:40	29:30
04:26:00	02:13:00	10:00	15:00	20:00	30:00
04:13:00	02:15:30	10:10	15:15	20:20	30:30
04:35:00	02:17:30	10:20	15:30	20:40	31:00
04:39:00	02:19:30	10:30	15:45	21:00	31:30
04:44:00	02:16:30	10:40	16:00	21:20	32:00
04:48:00	02:24:00	10:50	16:15	21:40	32:30
04:53:00	02:26:30	11:00	16:30	22:00	33:00
04:57:00	02:28:30	11:10	16:45	22:20	33:30
05:01:00	02:30:30	11:20	17:00	22:40	34:00

5. 節奏跑

在漢森馬拉松訓練法中節奏跑是指馬拉松配速跑，以馬拉松的目標配速進行訓練。與輕鬆跑、長距離跑相比，馬拉松配速跑同樣能夠提升脂肪氧化能力，提升有氧耐力，但是它的重點不是這些，而是幫助你檢測你是否能夠達到馬拉松目標配速，幫助你在比賽中控制和維持馬拉松配速，幫助你模擬馬拉松比賽環境、能量供給情況等。節奏跑其實就是從實戰出發，模擬比賽配速，不斷調整直到找到適合自己的節奏，讓你在比賽日能夠充分地發揮出應有的水平。

節奏跑如何跑

在進行節奏跑訓練時，穩定配速是核心。在整個訓練過程中保持同樣的配速，不快不慢。在漢森馬拉松訓練法中，節奏跑的最長距離為 16 公里，初級跑者是從 8 公里開始進階至 12.8 公里、14.4 公里、16 公里，高級跑者是從 9.6 公里開始進階至 11.2 公里、12.8 公里、14.4 公里、16 公里，初級跑者和高級跑者在每個距離下都進行 3 週的訓練，然後進階到下一個距離。

節奏跑配速表

訓練要求		熱身	慢跑 1.6~5 公里	放鬆	慢跑 1.6~5 公里
		訓練距離:8~16 公里			
全程馬拉松成績 (小時:分:秒)	半程馬拉松成績 (小時:分:秒)	馬拉松配速 / 節奏跑 (分:秒)			
05:00:00	02:24:00	7:07			
04:45:00	02:17:00	6:45			
04:30:00	02:10:00	6:24			
04:15:00	02:02:00	6:03			
04:00:00	01:55:00	5:41			
03:55:00	01:53:00	5:34			
03:50:00	01:50:00	5:27			
03:45:00	01:48:00	5:20			
03:40:00	01:45:00	5:12			
03:35:00	01:43:00	5:04			
03:30:00	01:41:00	4:59			
03:25:00	01:38:00	4:51			
03:20:00	01:36:00	4:44			
03:15:00	01:33:30	4:37			
03:10:00	01:31:00	4:30			
03:05:00	01:29:00	4:23			

續表

訓練要求		熱身	慢跑 1.6~5 公里	放鬆	慢跑 1.6~5 公里
		訓練距離：8~16 公里			
全程馬拉松成績 （小時:分:秒）	半程馬拉松成績 （小時:分:秒）	馬拉松配速 / 節奏跑 （分:秒）			
03:00:00	01:26:00	4:16			
02:55:00	01:24:00	4:08			
02:50:00	01:21:30	4:02			
02:45:00	01:19:00	3:55			
02:40:00	01:17:00	3:47			
02:35:00	01:14:00	3:40			
02:30:00	01:12:00	3:33			
02:25:00	01:09:30	3:26			
02:20:00	01:07:00	3:19			
02:15:00	01:04:45	3:12			
02:00:00	01:02:30	3:04			

三、漢森馬拉松週期訓練

漢森馬拉松週期訓練階段針對中級跑者和高級跑者都是 **18 週**，分為 4 個階段：基礎階段、強度階段、力量跑階段、賽前減量階段。

1. 基礎階段

基礎階段，顧名思義是打基礎，身體適應了常規的訓練刺激，從而就能夠為下一階段訓練做好準備，訓練方法主要以輕鬆跑為主。在漢森馬拉松訓練法中，初級跑者的基礎階段為 5 週；在高級跑者訓練計劃中，基礎階段只有 1 週。

2. 強度階段

強度階段的訓練方法主要以速度跑、節奏跑為主，輕鬆跑和長距離跑為輔。這一階段是整個訓練週期中強度最高的階段，身體會承受更大的刺激，提升最大攝氧量和無氧能力，無氧能力的提升會讓你跑得更快，有氧能力的提升會讓你跑得更久。強度階段中，初級跑者訓練時間為 5 週，高級跑者為 9 週。

3. 力量跑階段

力量跑階段的訓練主要以力量跑、節奏跑為主，輕鬆跑和長距離跑為輔。目的主要是提升身體的乳酸清除能力和耐乳酸能力，最終達到的訓練效果是在較高配速下堅持更長時間。也就是說，在跑得更快的同時跑得更久。此階段初級跑者、高級跑者的

訓練時間均為 9 週，約占總訓練時間的 50%。

4. 賽前減量階段

賽前減量階段是漢森馬拉松週期訓練計劃中重要的一部分，也是馬拉松訓練策略成功的關鍵。此階段主要以輕鬆跑為主。透過 10 天的減量訓練，身體從整個週期中產生的累積性疲勞中恢復，最終達到最好的狀態迎接馬拉松比賽。

四、漢森訓練法進階、高級訓練計劃

漢森馬拉松訓練計劃是一套極為流程化、標準化的訓練方案，其以週作為訓練模板，設計出一週中每一天的訓練，這樣的訓練模板一直持續到訓練週期結束。進階跑者訓練計劃與高級跑者訓練計劃的整體訓練框架相差不大，訓練時間都為 18 週。相較於進階跑者馬拉松訓練計劃，高級跑者訓練計劃基礎階段較短、強度階段較長，配速較快，週訓練量較大。《漢森馬拉松訓練法》一書中列出了進階跑者和高級跑者的馬拉松週期訓練計劃，這套訓練計劃也正是漢森兄弟讓很多跑者在比賽中突破自己、實現 PB 的秘密所在。

五、漢森馬拉松訓練法是基於實戰的訓練

漢森馬拉松訓練法中輕鬆跑、速度跑、力量跑的配速都是以節奏跑（馬拉松配速跑）為依據，上下調整相應配速，輕鬆跑配速比馬拉松目標配速慢 34~74 秒，力量跑配速比馬拉松目標配速快 6 秒。長距離訓練最長不超過 26 公里，主要要求在身體相對疲勞的狀態下訓練 26 公里，模擬馬拉松後半程情形。這些訓練方法、訓練理念與馬拉松比賽緊密結合，使跑者明白、熟知訓練目的，明確目標配速，讓每一次的訓練都變成高品質的訓練。

六、總結

漢森馬拉松訓練法是一套佈局清晰、簡單易懂、能夠被進階跑者和成熟跑者快速掌握的訓練方法，這套訓練方法也幫助漢森－布魯克斯長跑訓練團隊成為美國成功的跑步團之一。**但是初級或者首次跑馬跑者，以及跑量不夠的跑者並不適合漢森馬拉松訓練法。**漢森馬拉松訓練法主要適合跑量達標的成熟跑者，因為高密度、大訓練量的訓練在讓跑步能力快速提升的同時，帶來的損傷風險也會增加。因此根據自身能力選擇的合適的訓練，才是屬於你最好的訓練。

◂◂ **第六節　間歇跑訓練** ▸▸

　　間歇跑作為成熟跑者普遍採用的一種訓練方法，在跑者心目中是「高級訓練」「高難度訓練」的代名詞。作為一種有效提升耐力表現水平的訓練方法，間歇跑有其不可替代的重要作用。如果你只是跑步健身，那麼練不練間歇跑都無所謂，但如果你希望不斷提升自己的耐力，在馬拉松比賽中實現 PB，那麼間歇跑就是必不可少的重要訓練內容。

　　間歇跑以強度大而著稱，訓練過程較為艱苦。一想到要練間歇跑就心生恐懼，跑到心肺快要爆炸、腿跟灌了鉛似的，跑完肌肉特別酸脹，有種難以言說的痛苦感，度秒如度年，這都是跑者對間歇跑的真實感受。

　　間歇跑之所以比較累，是因為以最大攝氧量強度訓練時，身體主要以無氧糖酵解方式供能。在這個過程中，糖無氧分解會產生乳酸，乳酸是一種酸性物質，當體內產生乳酸的速度大於清除的速度時，它就會在體內大量堆積，從而讓你迅速感覺疲憊不堪。這是間歇跑訓練很累的根本原因。

　　由於累是間歇跑最核心的特徵之一，加之跑者往往耐力好，不怕累，所以一些跑者錯誤地認為間歇跑越累越好，或者跑得越快越好，這種認知顯然是錯誤的。這不僅降低了訓練效果，也人為增加了痛苦和受傷風險，導致事倍功半。為什麼間歇跑並非越快越好？

一、理解間歇跑的本質：以最大攝氧量強度進行訓練

　　所謂最大攝氧量是指人體在進行有大量肌肉參加的長時間劇烈運動中，當心肺功能和肌肉利用氧的能力達到本人的極限水平時，每分鐘所能攝取的氧量就稱為最大攝氧量（maximal oxygen uptake，VO2max）。**間歇跑時，你基本上就能達到最大攝氧量**，所以間歇跑訓練的本質就是以最大攝氧量強度進行訓練。這也就意味著，間歇跑時你必須要達到最大攝氧量所對應的強度，才能取得最佳效果。但反過來看，沒有達到最大攝氧量強度或者超過最大攝氧量強度，其實就不是間歇跑訓練。沒有達到強度沒效果，這點很容易理解，但超過最大攝氧量強度的訓練同樣也會沒效果，很多跑者就不理解了。不是越累越好嗎？當然不是！

二、速度過快導致後面幾組間歇跑掉速明顯，訓練效果大打折扣

　　間歇跑訓練通常採用多組 500~1000 公尺的訓練模式，間歇跑只需要你以最大攝氧量強度進行訓練就可以了。超過這個速度，片面追求快，其實你就將間歇跑訓練變成衝刺跑（又稱為重複跑）訓練了；而且速度過快，儘管你第一組或者第二組完成得不錯，但速度越快，糖酵解分解速率越快，乳酸堆積越明顯，這會導致你在間歇休息

時心率下降不足，同時血乳酸清除也不足，完成後面幾組時心率進一步上升，血乳酸濃度進一步上升。這時你就會明顯掉速，因為你在頭一兩組奔跑時消耗了過多的體力。儘管你後面幾組跑得很痛苦，但其實你都沒有以自己的最大攝氧量強度進行奔跑，而是以低於最大攝氧量強度的強度進行的訓練。如果你的訓練是以極端痛苦作為訓練目的，那麼恭喜你，你達到目標了。但如果你的計劃是提升你的最大攝氧量，對不起，你完全錯失了目標，變成越痛苦，越沒效果。

下圖橫軸代表時間，縱軸代表間歇跑訓練時的攝氧量水平。在訓練時攝氧量上升，間歇休息時攝氧量下降，一個好的訓練模式是每組訓練都能穩定在最大攝氧量水平且配速穩定不掉速。

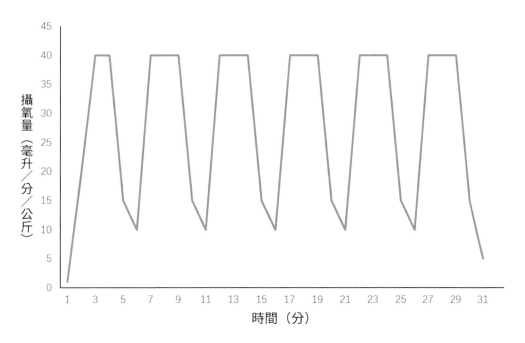

好的間歇跑訓練模式

而一個錯誤的、以片面追求累為目標的訓練模式，從下一頁圖中可以看到，頭一兩組的確可以達到最大攝氧量，但後面幾組由於過度疲勞，心率來不及恢復，血乳酸濃度一旦猛烈上升後很難下降，導致血乳酸越積越多，從而導致掉速明顯。速度掉了，攝氧量水平自然也就下降了，你雖然很累，但速度壓根不如頭一兩組。

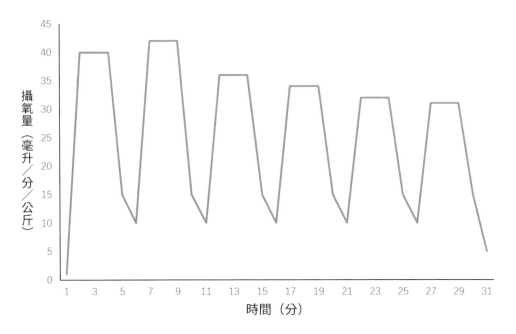

差的間歇跑訓練模式

三、真正科學的間歇跑標準是這樣的

間歇跑一般要達到最大心率的 90%~100%。每組訓練時長控制在 3~5 分鐘。每一組的訓練和休息時間之比應為 1：1。多組 500~1000 公尺的訓練模式是間歇跑最常用的模式。真正科學的間歇跑的標準要求如下。

- 每組均能達到最大攝氧量強度，對於跑者能衡量的指標而言，就是心率保持穩定，完成後面幾組心率不下降，但允許心率在完成後面幾組時輕微上升，因為此時心率與強度不再成線性關係。
- 不掉速，每組完成時間相同。
- 間歇時間相同，完成後面幾組時不會因為恢復不過來而延長休息時間。
- 很累但能承受，不會練到嘔吐或者完全筋疲力盡。

四、瞭解自己間歇跑的最佳配速

跑者應當根據自己現有馬拉松成績或者未來馬拉松 PB 成績，找到適合自己的間歇跑配速，而不能不考慮個人實際能力，一味在間歇跑中求快。舉例來說，你計劃在下一場馬拉松比賽中「破 4」，那麼根據下一頁的表，如果這次間歇跑訓練你準備跑 5 組 1000 公尺，那麼每組 1000 公尺的配速只需要達到 4:54 就足夠了，而不需要跑得更快。

用馬拉松成績找到適合自己的間歇跑配速

半程馬拉松 (小時：分：秒)	全程馬拉松 (小時：分：秒)	400 公尺 (分：秒)	1000 公尺 (分：秒)	1200 公尺 (分：秒)	1.6 公里 (分：秒)
2:21:04	4:49:17	2:22	\	\	\
2:17:21	4:41:57	2:18	\	\	\
2:13:49	4:34:59	2:14	\	\	\
2:10:27	4:28:22	2:11	\	\	\
2:07:16	4:22:03	2:08	\	\	\
2:04:13	4:16:03	2:05	\	\	\
2:01:19	4:10:19	2:02	\	\	\
1:58:34	4:04:50	1:59	5:00	\	\
1:55:55	3:59:35	1:56	4:54	\	\
1:53:24	3:54:34	1:54	4:48	\	\
1:50:59	3:49:45	1:52	4:42	\	\
1:48:40	3:45:09	1:50	4:36	\	\
1:46:27	3:40:43	1:48	4:31	\	\
1:44:20	3:36:28	1:46	4:26	\	\
1:42:17	3:32:23	1:44	4:21	\	\
1:40:20	3:28:26	1:42	4:16	\	\
1:38:27	3:24:39	1:40	4:12	5:00	\
1:36:38	3:21:00	1:38	4:07	4:54	\
1:34:53	3:17:29	1:36	4:03	4:49	\
1:33:12	3:14:06	1:35	3:59	4:45	\
1:31:35	3:10:49	1:33	3:55	4:40	\
1:30:02	3:07:39	1:32	3:51	4:36	\
1:28:31	3:04:36	1:31	3:48	4:32	\
1:27:04	3:01:39	1:30	3:44	4:29	\
1:25:40	2:58:47	1:28	3:41	4:25	\
1:24:18	2:56:01	1:27	3:37	4:21	\
1:23:00	2:53:20	1:26	3:34	4:18	\
1:21:43	2:50:45	1:25	3:31	4:14	\
1:20:30	2:48:14	1:23	3:28	4:10	\
1:19:18	2:45:47	1:22	3:25	4:07	\
1:18:09	2:43:25	1:21	3:23	4:03	\
1:17:02	2:41:08	1:20	3:20	4:00	\

半程馬拉松 (小時：分：秒)	全程馬拉松 (小時：分：秒)	400 公尺 (分：秒)	1000 公尺 (分：秒)	1200 公尺 (分：秒)	1.6 公里 (分：秒)
1:15:57	2:38:54	1:19	3:17	3:57	\
1:14:54	2:36:44	1:18	3:15	3:54	\
1:13:53	2:34:38	1:17	3:12	3:51	\
1:12:53	2:32:35	1:16	3:10	3:48	\
1:11:56	2:30:36	1:15	3:08	3:45	5:00
1:11:00	2:28:40	1:14	3:05	3:42	4:57
1:10:05	2:26:47	1:13	3:03	3:39	4:53
1:09:12	2:24:57	1:12	3:01	3:36	4:50
1:08:21	2:23:10	1:11	2:59	3:34	4:46
1:07:31	2:21:26	1:10	2:57	3:31	4:43
1:06:42	2:19:44	1:09	2:55	3:29	4:40
1:05:54	2:18:05	1:09	2:53	3:27	4:37
1:05:08	2:16:29	1:08	2:51	3:25	4:34
1:04:23	2:14:55	1:07	2:49	3:22	4:31
1:03:39	2:13:23	1:06	2:48	3:20	4:28
1:02:56	2:11:54	1:05	2:46	3:18	4:25
1:02:15	2:10:27	1:05	2:44	3:16	4:23
1:01:34	2:09:02	1:04	2:42	3:14	4:20
1:00:54	2:07:38	1:04	2:41	3:12	4:17
1:00:15	2:06:17	1:03	2:39	3:10	4:15
0:59:38	2:04:57	1:02	2:38	3:08	4:12
0:59:01	2:03:40	1:02	2:36	3:07	4:10
0:58:25	2:02:24	1:01	2:35	3:05	4:08
0:57:50	2:01:10	1:01	2:33	3:03	4:05

五、跑者需要警惕間歇跑配速過快，耐力仍然不足的現象

　　還是上面那個例子，計劃馬拉松「破 4」的跑者，間歇跑配速只需要達到 4:54 就可以了。也許跑者會說，以接近 5:00 的配速跑 1000 公尺，我還是比較輕鬆啊，並不算很累，我可以跑得更快嗎？這裡有兩個問題需要搞清楚：首先，你能不能以穩定的配速跑完多組 1000 公尺，如果前面幾組 1000 公尺能跑到 4:54，後面幾組不行，則說明你的最大攝氧量還有待提高；其次，間歇跑只是一種訓練方法，間歇跑能跑下來，不代表你在馬拉松比賽中就一定能達到自己的目標。

六、避免「間歇跑崇拜」

馬拉松備賽沒有靈丹妙藥，只有透過多元化訓練才能綜合、全面地提升你的跑步能力。現在有一種怪現象，就是「間歇跑崇拜」，即部分跑者認為只要多跑間歇跑就能快速、有效地提升跑步能力，並且輕視 LSD 訓練，還稱其為垃圾跑量，這樣的說法顯然是荒謬的。舉例來說，一位跑者進行 6 組 1000 公尺的間歇跑訓練，如果其具備每組 1000 公尺以 4 分鐘左右完成的能力，這意味著他的全馬應該能實現 3 小時 17 分鐘完賽。但事實上很多跑者即便是具備了多組 1000 公尺間歇跑以每組 4 分鐘完成的能力，也不代表他的全馬就必定能實現 3:17。跑量累積不足、LSD 訓練不足、馬拉松配速跑不去跑，你仍然無法實現全馬 3:17。可以這樣理解，如果你間歇跑具備以 4 分鐘完成 1000 公尺的能力，在訓練均衡、全面的情況下，你的全馬成績理論上可以達到 317。

當然，間歇跑中控制好配速並不是說你能夠跑快，卻讓你刻意大幅度降低配速。如果間歇跑時你能夠保持高配速，這就意味著你的速度能力不錯，你需要加強你的基礎耐力，用更高的目標激勵自己。同時你還要注意讓你的心率保持在最大心率的 91%~100%，只要超過最大心率的 91%，你做的就是間歇跑訓練。當然，當心率超過最大心率的 85% 時，心率與配速就不再成典型的線性關係，這時配速還能提升，但心率上升空間已經很有限了。所以間歇跑時重在看配速，同時應當適當參考心率，如果你的心率沒有達到最大心率的 91% 以上，這說明你的強度還不夠，或者說你還沒逼近你的最大心率，你就已經因乳酸堆積而疲勞了。

七、總結

間歇跑越快訓練效果越好的觀點是完全錯誤的。找到適合自己的間歇跑配速，循序漸進地進行，才是科學的間歇跑訓練，你必須理解：科學的間歇跑訓練的過程你會比較累，但這種累是可以承受的累，而不是累到嘔吐。

◄◄ 第七節　亞索 800 ►►

在馬拉松火熱的今天，跑步圈中流行著各種各樣的馬拉松訓練方法。其實眾多的流派體系基本可以歸納為兩類：一類強調基礎有氧訓練，以中低強度長時間跑步訓練為主，LSD、MAF180、細胞分裂法都屬於這一類訓練；一類強調高強度間歇跑訓練，以高強度、快配速、間歇性訓練為主，以亞索 800、法特萊克跑等為代表。

間歇跑一直是精英跑者的訓練秘籍，也是大眾跑者眼中的一種高級訓練。亞索 800 就是間歇跑的典型代表，但是並不是所有的 800 公尺訓練都被稱為亞索 800。今天我們就來深入聊聊亞索 800。

一、亞索 800 是一種比較好的預測馬拉松完賽成績的方法

亞索 800 的標準訓練是這樣的：在操場完成 10 組 800 公尺跑，每組 800 公尺跑完成的時間相同，並且組間休息時間與完成 800 公尺跑的時間相同，你如果能完成上述標準訓練，以多長時間完成每組 800 公尺跑，那麼最後你參加馬拉松比賽，代表完賽時間的數字與代表完成每組 800 公尺跑時間的數字近乎相同，當然，這裡的數字的單位不一樣。例如：以 3 分 30 秒完成每組 800 公尺跑，那麼最終馬拉松完賽成績將是 3 小時 30 分鐘，如果每組 800 公尺跑的成績是 3 分鐘，那麼全馬成績將是 3 小時。當然，這只是一種近似的計算方法，並不絕對。

二、不是所有的 800 公尺訓練都被稱為亞索 800

首先，亞索 800 的 800 公尺跑並不是全力衝刺跑 800 公尺。在進行亞索 800 訓練前，可以根據馬拉松目標成績設置訓練配速。全馬目標成績 4 小時，亞索 800 的配速就是 4 分鐘 /800 公尺；全馬目標成績 3 小時，亞索 800 的配速就是 3 分鐘 /800 公尺。全力衝刺跑 800 公尺，速度超過目標配速，就不能稱為亞索 800。

其次，每組配速不穩定的也不能稱為亞索 800。亞索 800 訓練的配速不是跑 800 公尺最快的速度，一些跑者在進行 800 公尺間歇跑時，會在前幾組保持較快配速，身體疲勞後，後面幾組就開始變慢，這樣的訓練違背了亞索 800 的本質。亞索 800 是以全馬成績為依據設置配速，然後以穩定的配速完成 10 組訓練。因此高效的亞索 800，第一配速合理，第二配速穩定，或者可以認為配速合理並配速穩定的 800 公尺訓練才能稱為真正的亞索 800。

三、亞索 800 對於耐力提高能帶來哪些好處呢

800 公尺在嚴格意義上屬於中距離跑，馬拉松則是長距離跑，為什麼馬拉松訓練也包括中距離跑？那是因為這樣才能全面訓練人體能量供應系統，單純的長距離跑只能訓練人體供能系統中的一部分供能能力。較高強度的 800 公尺跑，可以刺激乳酸生成，而乳酸是導致疲勞的重要因素。亞索 800 可以有效提高機體耐乳酸、抗疲勞能力，從而大大提高人體長時間工作的能力。

亞索 800 訓練時的配速一定快於馬拉松比賽時的配速，這種訓練並不是要求你按照跑 800 公尺時的速度去跑馬拉松，而是訓練你的速度能力。這種速度能力在提升跑步經濟性、保持穩定配速和在最後階段衝刺等方面發揮著重要作用。

有效提高體內糖類和脂肪的供能效率。人體在運動時基本是混合供能，提高糖的工作效率有助於提高配速，提高脂肪工作效率則有助於節約糖。亞索 800 有助於提高人體在糖和脂肪供能方面的效率，加快熱量產生速度。

亞索 800 由於本質上是高強度間歇跑，相比 LSD，強度明顯提高，乳酸堆積較為明顯，訓練時，疲勞感很明顯，因此，可用於鍛鍊跑者的意志。

四、亞索 800 應該這樣訓練

1. 首先確定亞索 800 配速

首先在自己現有的能力基礎上確定自己的目標成績，如全馬目標是 3 小時 30 分鐘，將全馬目標成績轉換為 800 公尺訓練的目標配速（800 公尺用時 3 分 30 秒，相當於 400 公尺用時 1 分 45 秒，或者 1000 公尺用時 4 分 22 秒）。

2. 保持至少 3 個月的備賽週期

賽前 3 個月左右開始訓練最好。剛開始每次訓練完成 4 組，每組以目標時間完成後，用等同於完成每一組的時間進行休息，然後再進行下一組訓練（休息和恢復時間之比為 1：1）。每週加一組，直到在賽前 12 到 14 天可以完成 10 組。如果你發現即使經過與完成上一組 800 公尺訓練同等時長的間歇，仍然無法從疲勞中緩過來，完成下一組 800 公尺訓練你掉速很明顯，非常累，那就說明你的能力還不足以進行該配速的訓練，你需要將完成 800 公尺訓練的時間延長。

3. 結合其他跑法共同訓練

亞索 800 屬於高強度的訓練，訓練目的主要在於提升機體的耐乳酸能力以及速度能力。但是一個科學的訓練體系需要結合高強度與低強度訓練，進行互補，因此在進行亞索 800 訓練的同時，要匹配每週的 LSD、輕鬆跑等低強度的有氧耐力訓練，這樣才能使訓練更加全面。

4. 透過改變間歇休息時間和距離調整強度

如果你是一個高級跑者，亞索 800 的訓練強度對身體的刺激不夠，那麼就可以採用在總訓練里程數不變的情況下增加每組訓練距離（如：800 公尺加到 1200~1600 公尺），或者縮短休息時間等方法來增強對身體的刺激。

5. 亞索 800 不是靈丹妙藥

亞索 800 並不是一個適合所有跑者的訓練。初級跑者首先還是應當打好有氧耐力基礎，在累積了一定跑量，心肺功能達到一定水平之後，再嘗試進行亞索 800 的訓練。總之，亞索 800 是一個典型的間歇跑訓練計劃，有用但沒有必要過度誇大其效果。

五、亞索 800 與丹尼爾斯訓練法中的間歇跑殊途同歸

亞索 800 的配速是根據馬拉松目標成績設定的。例如，全馬目標成績 4 小時，亞索 800 的配速就是 4 分鐘；全馬目標成績 3 小時，亞索 800 的配速就是 3 分鐘。對於這樣的簡單配速設定，很多跑者認為不科學，沒有訓練理論支撐。

亞索 800 的發明者，知名跑者，前《跑者世界》首席跑步官巴特・亞索也曾提到亞索 800 的訓練方式是他在多年的訓練經驗基礎

馬拉松完賽時間 (小時：分：秒)	亞索 800 配速 (分：秒)	丹尼爾斯間歇跑配速	
		800公尺配速 (分：秒)	1000公尺配速 (分：秒)
5:00:00	5:00	4:28	5:35
4:30:00	4:30	4:12	5:15
4:00:00	4:00	3:54	4:52
3:30:00	3:30	3:26	4:18
3:00:00	3:00	2:58	3:42
2:30:00	2:30	2:18	3:07

亞索 800 與丹尼爾斯訓練法互相印證

上總結歸納出來的，更多來源於經驗。但事實上，實踐出真知，亞索 800 雖然來自實踐，但從科學角度同樣經得起驗證。

丹尼爾斯經典跑步訓練法是跑步圈中公認的較為科學的馬拉松訓練方法，其中共有 5 種強度的跑法：輕鬆跑、馬拉松配速跑、乳酸閾跑、間歇跑、衝刺跑。每種跑法的速度是根據目標馬拉松成績設定的。

有趣的事情發生了。在相同目標馬拉松成績中，丹尼爾斯馬拉松訓練體系中的間歇跑配速與亞索 800 的配速的差值在 2~30 秒不等，這樣的差值其實是非常小的。總體速度越快，誤差則越小，可以認為二者是高度吻合的，這說明亞索 800 預測馬拉松成績是基本科學和經得起推敲的。

六、關於亞索 800 預測成績準確性的深度分析

亞索 800 是間歇跑的一種訓練方法，並非全部，有人按照亞索 800 進行訓練後參加馬拉松比賽，最終成績比亞索 800 的預測時間慢 10~20 分鐘，甚至更多。為什麼會出現這種情況？按照亞索 800 配速來跑馬拉松，那麼你通過前半程的時間會比你以實際的能力完成的時間快 5~10 分鐘，前半程快了 1 分鐘，後半程就會慢至少 2~5 分鐘。也就是說你在後半程要付出 10~50 分鐘的代價，歸納起來就是前半程跑得偏快，導致了一個痛苦的後半程。

這種現象說明一個道理，間歇跑能跑好不代表馬拉松能跑好，間歇跑不是馬拉松訓練的全部，間歇跑能力強，說明你的速度能力和抗乳酸能力尚可，但並不代表你的基礎耐力好，在加強間歇跑訓練的同時不要忽視基礎耐力訓練，即 LSD 訓練。LSD 訓練和間歇跑訓練均衡搭配（LSD 為主，輔以適當且時機正確的間歇跑訓練）才能有效提升馬拉松專項耐力，不要將間歇跑視作馬拉松訓練的靈丹妙藥。**事實上，巴特亞索**

提出的用 10 組 800 公尺跑預測全馬成績也是基於你具備良好基礎耐力，這樣的預測才有意義。

七、總結

亞索 800 易操作、易實踐，能力提升跑步作用明顯，受到跑者推崇，同時亞索 800 也具有一定預測馬拉松成績的作用。同時，跑者在進行亞索 800 訓練時，首先要遵守亞索 800 的訓練本質——「配速合理、穩定，間歇穩定」；其次，亞索 800 訓練應當結合輕鬆跑、LSD 等基礎有氧耐力訓練。訓練更加全面，跑步能力才能得到全面提升。

◄◄◄ 第八節　乳酸閾訓練 ►►►

跑步是一項有氧運動。與空氣中有沒有氧氣、跑步時要不要氧氣或者你能不能吸到氧氣無關，有氧運動是指體內的糖和脂肪在氧氣作用下，氧化分解，產生二氧化碳和水並在這個過程中為跑步提供能量的運動。氧氣從哪裡來？當然從呼吸中來。呼吸攝入的氧氣經過肺部和血液，運輸到肌肉裡，從而氧化分解，這就是能量產生的過程。

有氧運動的特點是強度較低，可以維持很長時間。但是隨著跑步速度加快，你會明顯感覺呼吸變得很費力，腿腳也開始酸脹，這種比較難受的感覺在高強度跑步中是必然會產生的。為什麼會感覺難受？因為這時體內會產生一種酸性物質——**乳酸**。

一、什麼是有氧運動和無氧運動

因為糖氧化分解所能輸出的功率比較低，所以當跑步速度比較快時，糖來不及充分氧化分解，無法滿足快速跑步的需要。這時為了維持較快的速度，糖也可以在氧氣供應不充分的情況下分解提供能量，這種供能狀態才能滿足快速跑步時輸出功率較高的要求，但在這個過程中，會產生許多跑者都非常熟悉的一種酸性物質——**乳酸**。乳酸為酸性物質，如果產生得越來越多，就會導致體內環境發生很大改變。一方面讓你感覺十分難受，另一方面會極大抑制你的運動表現，讓你迅速疲勞，也就是跑不動了。所以乳酸是我們跑步速度較快時感到疲勞的核心原因。這時的運動狀態就是所謂的無氧運動，無氧運動同樣跟有沒有氧氣沒有關係，而是指運動強度太大了，糖無法充分氧化分解，而是以無氧酵解的形式提供能量，以維持較高的運動強度。**所以有氧運動的本質就是中低強度運動，無氧運動的本質就是中高強度運動。**

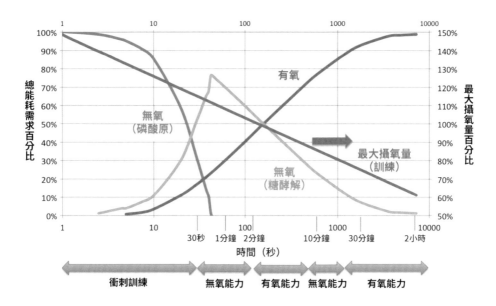

二、體內血乳酸濃度代表了運動強度

我們可以以體內是否產生乳酸及乳酸產生的多少來區分自己是在進行有氧運動還是無氧運動。當然，還有一種情況是即使體內不產生乳酸，身體也可以靠磷酸原系統無氧供能，這主要適用於 5~8 秒極限強度運動，這不在本書討論範圍以內。

也就是說，當運動強度比較低的時候，糖和脂肪充分氧化分解，除了產生二氧化碳和水以外，基本沒有其他代謝廢物產生，這時就是純粹的有氧運動。我們所說的慢跑、輕鬆跑、養生跑、健康跑，往往就屬於有氧運動，這種運動理論上可以堅持很長時間。在安靜狀態下，體內正常血液中也有一定血乳酸濃度，大約為 1 毫莫耳 / 升，不是 0，因為紅血球只能靠無氧分解提供能量。而在純粹的有氧運動狀態下，體內血乳酸濃度一般為 2 毫莫耳 / 升左右。

而隨著運動強度提升，糖開始無氧酵解，此時就會產生乳酸，你這時就會感覺有點難受，但還是能夠堅持的。因為這時乳酸不斷產生，又在不斷被清除。也就是說血乳酸能保持恆定的濃度，同時濃度又不是那麼高，一般介於 3~4 毫莫耳 / 升，有些人介於 3~6 毫莫耳 / 升，此時的運動就稱為混氧運動。因為這時能量供應既包括有氧供能，有氧供能來自脂肪和一部分糖的氧化分解，又包

括無氧供能，無氧供能來自另一部分糖的無氧酵解。只要糖開始無氧酵解，就標誌著機體進入了無氧供能狀態，但這時無氧供能占比不是太高，還有一部分來自有氧供能，所以此時的運動稱為混氧運動。混氧運動時，血乳酸濃度雖然有所升高，但處於乳酸一邊產生一邊消除的動態平衡狀態，也就是說沒有乳酸越積越多的情況。在馬拉松比賽中，如果你不是以在關門時間內完賽作為目標，而是希望獲得好成績，你會

竭盡全力跑上 3~4 個小時。這時的狀態基本就是混氧狀態，能堅持比較長的時間，但又比較累，絕對談不上輕鬆。而如果你的目標是 6 小時完賽，那麼你實際上可以以完全有氧狀態而不是以混氧狀態完成。

隨著運動強度進一步提升，由於所需的輸出功率越來越大，只有糖酵解才能滿足輸出功率的需要，因此糖酵解供能占比越來越大，脂肪分解占比越來越小，乳酸產生得越來越多，乳酸產生的速度大於清除的速度。可以想像，血乳酸濃度會越來越高，可以達到 6 毫莫耳 / 升以上，當高到一定程度，你就會感到極度難受，並很快敗下陣來，跑不動了。間歇跑時基本就是這種狀態，這時就稱為無氧運動。

因此，我們可以做出如下總結。

- 有氧運動時，乳酸產生很少，強度中等偏低。
- 混氧運動時，乳酸會產生，但濃度不高，乳酸產生和清除保持動態平衡，強度中等偏高。
- 無氧運動時，乳酸大量產生，乳酸在體內不斷堆積，乳酸產生速度大於清除速度，強度很大。

三、我們對於乳酸閾的理解往往是不全面的

乳酸閾又稱為乳酸門檻，所謂閾值門檻，其本質就是一條分界線。我們通常所理解的乳酸閾就是指從有氧運動到無氧運動的臨界點，在這個臨界強度以下就是有氧運動，而在這個臨界強度以上就是無氧運動。很多時候，教科書中或者跑步訓練中，乳酸閾是指血乳酸濃度 4~6 毫莫耳 / 升時所對應的強度，為什麼是一個範圍而不是一個確定的值呢？因為研究發現，乳酸閾存在很大的個體差異，大部分人的乳酸閾為 4 毫莫耳 / 升，還有一些人為 6 毫莫耳 / 升，當強度超過該水平，血乳酸濃度就會急劇上升，這就是所謂個體乳酸閾，即個人的乳酸閾值都不是完全相同的。

但事實上，進行逐級遞增運動負荷測試時，科學家們發現存在兩個乳酸閾轉折點，分別是第一乳酸轉折點和第二乳酸轉折點。第一乳酸轉折點為 2 毫莫耳 / 升左右，此時表明身體從有氧運動進入混氧運動；第二乳酸轉折點為 4~6 毫莫耳 / 升，此時則表明身體從混氧運動進入真正意義上的無氧運動。**而我們通常所說的乳酸閾其實僅僅指的是第二乳酸轉折點。**

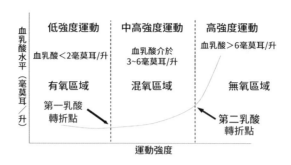

事實上，嚴格意義上，乳酸閾是指從有氧運動進入混氧運動的臨界點。因為只要有乳酸產生，就意味著一部分能量依靠無氧供能提供，這個臨界點不是我們通常所理解的 4~6 毫莫耳 / 升，而是 2 毫莫耳 / 升，即第一乳酸轉折點。而 4~6 毫莫耳 / 升的準確定義是血乳酸堆積點，即第二乳酸轉折點，因為只有超過 4~6 毫莫耳 / 升時，乳酸才能迅速堆積。血乳酸濃度從 2 毫莫耳 / 升到 4~6 毫莫耳 / 升的這個階段，乳酸會產生，但不會在體內大量堆積，濃度也會保持穩定，這就是所謂的混氧階段。

四、用有氧閾、無氧閾取代乳酸閾更容易讓大眾理解

由於乳酸閾存在兩個閾值，分別是第一乳酸閾和第二乳酸閾，第一乳酸閾代表身體從純粹的有氧運動進入混氧運動，這個閾值的血乳酸濃度為 2 毫莫耳 / 升左右，而第二乳酸閾則代表身體從混氧運動進入無氧運動，這個閾值的血乳酸濃度為 4~6 毫莫耳 / 升左右。而**真正的乳酸閾其實是第一乳酸閾**，第二乳酸閾稱為乳酸堆積點更加合適。與其糾結名稱，還不如用更為簡潔的有氧閾和無氧閾來表示，大眾跑者就不會糾結了。

有氧閾代表第一乳酸轉折點，無氧閾則代表第二乳酸轉折點。有氧閾值以內的運動屬於純粹的低強度有氧運動，而有氧閾值以上的運動屬於中高強度的混氧運動。同樣的道理，無氧閾值以內的運動，即介於有氧閾值和無氧閾值之間的運動屬於混氧運動，而無氧閾值以上的運動屬於高強度的無氧運動。

五、用心率確定有氧閾和無氧閾訓練

講了那麼多理論，那麼怎樣才能應用好有氧閾和無氧閾指導自己的訓練呢？美國運動醫學會定義最大攝氧量的 50%~60% 為有氧閾，而超過最大攝氧量的 85% 為無氧閾，介於最大攝氧量的 60%~85% 強度則是混氧強度。當然，對於有氧閾的切點，不同機構有不同觀點，美國運動醫學會認為最大攝氧量的 60% 為有氧閾切點，而美國心臟協會認為該切點為最大攝氧量的 70%。我們認為對於健康跑者而言，最大攝氧量的 70% 作為有氧閾的切點更加合適。

　　由於通常攝氧量百分比所對應的強度跑者無法計算，但最大攝氧量和最大心率儲備百分比是一一對應的，即最大攝氧量的 50% 等於最大心率儲備的 50%，所以運用最大心率儲備百分比我們就可以控制好有氧閾和無氧閾訓練。最大心率儲備的計算除了要運用最大心率，還需運用安靜心率，如最大心率儲備的 50%=（最大心率 - 安靜心率）×50%+ 安靜心率。舉例來說，一個人的安靜心率為 60 次 / 分，年齡為 40 歲，那麼其最大攝氧量的 50% 所對應的心率儲備 =（180-60）×50%+60=120 次 / 分。

有氧、混氧、無氧訓練心率區間

年齡 （歲）	安靜心率 （次 / 分）	50%~70% 最大攝氧量 （有氧區間，次 / 分）		70%~85% 最大攝氧量 （混氧區間，次 / 分）		超過 85% 最大攝氧量 （無氧區間，次 / 分）	
20	60	130	158	159	178	179	200
21	60	130	157	158	177	178	199
22	60	129	157	158	176	177	198
23	60	129	156	157	175	176	197
24	60	128	155	156	175	176	196
25	60	128	155	156	174	175	195
26	60	127	154	155	173	174	194
27	60	127	153	154	172	173	193
28	60	126	152	153	171	172	192
29	60	126	152	153	170	171	191
30	60	125	151	152	170	171	190
31	60	125	150	151	169	170	189
32	60	124	150	151	168	169	188
33	60	124	149	150	167	168	187
34	60	123	148	149	166	167	186
35	60	123	148	149	165	166	185
36	60	122	147	148	164	165	184
37	60	122	146	147	164	165	183
38	60	121	145	146	163	164	182
39	60	121	145	146	162	163	181
40	60	120	144	145	161	162	180
41	60	120	143	144	160	161	179
42	60	119	143	144	159	160	178
43	60	119	142	143	158	159	177
44	60	118	141	142	158	159	176

續表

年齡 （歲）	安靜心率 （次／分）	50%~70% 最大攝氧量 （有氧區間，次／分）		70%~85% 最大攝氧量 （混氧區間，次／分）		超過 85% 最大攝氧量 （無氧區間，次／分）	
45	60	118	141	142	157	158	175
46	60	117	140	141	156	157	174
47	60	117	139	140	155	156	173
48	60	116	138	139	154	155	172
49	60	116	138	139	153	154	171
50	60	115	137	138	153	154	170
51	60	115	136	137	152	153	169
52	60	114	136	137	151	152	168
53	60	114	135	136	150	151	167
54	60	113	134	135	149	150	166
55	60	113	134	135	148	149	165
56	60	112	133	134	147	148	164
57	60	112	132	133	147	148	163
58	60	111	131	132	146	147	162
59	60	111	131	132	145	146	161
60	60	110	130	131	144	145	160

該表格使用規則：最大心率以 220 減去年齡計算，但最大心率存在個體差異，建議透過極限強度測試個人實際最大心率。同樣，安靜心率不同，有氧、混氧、無氧訓練的心率區間也不同，跑者可以自行計算。

六、有氧閾和無氧閾不是推翻之前的理論，而是讓訓練方向更清晰

在實際訓練中，輕鬆跑就是有氧閾值以內的跑步，馬拉松配速跑的本質就是混氧跑，同時馬拉松配速跑處於混氧跑區間中，是心率中等或者接近下限的跑法。丹尼爾斯訓練法中的乳酸閾跑的本質就是接近混氧跑心率上限的一種跑法，所以丹尼爾斯訓練法中乳酸閾跑的強度極難控制，因為接近閾值就意味著強度區間很窄，超過了就變成無氧運動。或者我們可以這樣理解：混氧跑心率的下限更加接近有氧跑，混氧跑心率的上限更加接近第二乳酸閾值跑，而間歇跑、衝刺跑是無氧閾值以上的訓練。

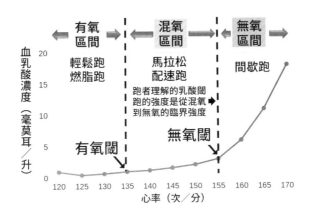

七、總結

　　大眾跑者所理解的乳酸閾訓練其實是無氧閾訓練，而乳酸閾實際上有兩個閾值，分別是第一乳酸閾和第二乳酸閾，用有氧閾和無氧閾分別代替，可能大眾更容易理解。有氧閾值以內的運動是純粹的有氧運動，而有氧閾值和無氧閾值之間的運動屬於混氧運動，而無氧閾值以上的運動就是無氧運動。

‹‹‹　第九節　輕鬆跑　›››

　　多數跑者主要以長距離、中低強度訓練為主，即 LSD（long slow distance）訓練為主，LSD 訓練也是跑者日常進行得最多的一種訓練，特別是到了週休二日，長距離訓練成為許多跑者的標配。那麼怎樣的長距離訓練才是有效的、高品質的長距離訓練呢？

一、為什麼說輕鬆跑對跑者至關重要

1. 有效增強心肺功能

　　輕鬆跑可以有效增強心臟功能，提高心臟收縮和舒張能力，也不會讓心臟因為心率過快而過於疲勞，輕鬆跑是塑造心肌最重要的方式之一。

2. 有效燃燒脂肪，提高脂肪利用率

　　輕鬆跑脂肪供能比例高，因此可以有效促進脂肪燃燒。對於那些耐力較好，不需要減脂的成熟跑者來說，這樣的低強度慢跑可以訓練脂肪供能能力，起到節約糖原、延緩糖原消耗導致的疲勞的作用。

3. 愉悅精神，提高身體承受負荷的能力

長距離慢跑可以有效地調節緊張情緒，緩解焦慮和抑鬱，是我們完成日常繁忙工作之後更為主動積極的放鬆方式。輕鬆跑還有利於強化肌肉、韌帶、骨骼，提高身體抵禦傷痛的能力。

4. 打下堅實的耐力基礎

輕鬆跑不僅可以提升最為重要的基礎耐力，也大大提升了疲勞恢復能力，這些能力對於一名精英跑者的成長是必備的。中國著名中長跑訓練專家，馬拉松運動員李芷萱的主帶教練，上海體育學院的李國強教授表示，中國的運動員從小到大的耐力底子都比較薄，這與東非運動員從小每天往返十幾里山路上下學所打下的扎實基礎相去甚遠。因為他認為基礎耐力不扎實是中國馬拉松項目的水平與世界先進水平差距較大的重要原因之一。

馬拉松世界紀錄保持者，在非正式比賽首次跑進 2 小時的人類第一人基普喬蓋同樣也是如此。基普喬蓋上小學時，每天要跑步 4 次，單程五六公里。因為時間有限，如果不跑上課就可能會遲到。就是這樣每天連跑帶走十幾公里練就的基礎耐力，為基普喬蓋日後的發展打下堅實基礎。

二、輕鬆跑究竟應該多輕鬆

輕鬆跑，顧名思義就是跑得比較輕鬆，那麼什麼叫作輕鬆呢？有人說，輕鬆跑就是跑步時可以自如說話。本書作者對這種說法不完全認同，如果跑步時可以像平時走路一樣自如說話，那麼這個強度不是輕鬆跑，它比輕鬆跑強度還要低一些，用恢復跑來表示更合適。所謂恢復跑就是指跑完步後明顯降速，用比走路快一點點的速度跑幾分鐘，這樣有助於讓身體從激烈狀態逐步恢復到平靜狀態，避免急剎車。

但輕鬆跑顯然也不是跑步時無法說話，那樣強度就太大了。跑步時無法說話意味著達到了乳酸閾跑或者間歇跑強度。輕鬆跑的感覺應該是可以說話但做不到像走路說話那樣完全自如，即可以短時間說話但不能長時間連續說話。輕鬆跑時也可以接打電話，並且接打電話時不需要降低配速，或者說輕鬆跑的感覺是能說話但不能唱歌，有這樣的主觀感覺就是輕鬆跑。除了主觀感覺，輕鬆跑用客觀指標心率來衡量也可以，按照丹尼爾斯訓練法，輕鬆跑的強度相當於最大心率的 65%~78%。

輕鬆跑重在落實輕鬆二字，但輕鬆跑不等於無限的慢。為了健身，用僅僅比走路快一點點的速度慢跑完全是可以的。但對於希望不斷提升耐力的成熟跑者而言，輕鬆跑也是有一定強度要求的。這個強度要優先滿足心率區間，同時兼顧配速，只有同時考慮心率和配速的輕鬆跑，才能讓跑者得到有效訓練。

三、你在輕鬆跑時的心率和配速可以很好地衡量你目前的耐力水平

雖然跑者都能理解輕鬆跑很重要，但在實際跑步過程中，跑者往往運用起輕鬆跑來卻「並不輕鬆」。有些跑者跑得偏快，其心率已經進入了強度更高的馬拉松配速跑區間，從下表可見。

30 歲以下的跑者，輕鬆跑一般心率不超過 150 次 / 分，最多 160 次 / 分。

30 歲以上的跑者，輕鬆跑一般心率不超過 140 次 / 分，最多 150 次 / 分。

輕鬆跑與馬拉松配速跑所對應的心率範圍

年齡(歲)	輕鬆跑心率區間(次 / 分)	馬拉松配速跑心率區間(次 / 分)
25	127~152	154~171
30	124~148	150~166
35	120~144	146~162
40	117~140	142~157
45	114~137	138~153
50	111~133	134~149
55	107~129	130~144
60	104~125	126~140

如果跑者跑步時心率長時間超過 140 次 / 分甚至 150 次 / 分，不是完全不可以，這時表明你並沒有在進行輕鬆跑，而是在進行強度更高的馬拉松配速跑。但很多跑者在進行馬拉松配速跑時又沒有進入真正相應的目標成績配速區間，其本質是耐力不夠，急於求成，又或者並沒有真正理解心率與配速之間的關係。

我們可以從下一頁表舉例。一名 40 歲的中年跑者如果計劃全馬跑進 3 小時 30 分鐘以內，那麼其馬拉松比賽時的配速應當達到 5:00 左右，其輕鬆跑配速則應當介於 5:23~6:03。相信很多跑者平時跑步的配速都能達到 5:23~6:03 並且跑上一個多小時，那麼是不是意味著這名跑者就可以順利實現跑進 3 小時 30 分鐘以內了呢？顯然並不能這樣推理。當這名跑者平時跑步配速介於 5:23~6:03 時，還要看其心率是多少。如果在該配速區間心率不超過 140 次 / 分，那麼這名跑者全馬跑進 3 小時 30 分鐘的希望較大；但如果這名跑者在配速介於 5:23~6:03 的時候，心率已經達到 155~160 次 / 分，表明這名跑者是在進行馬拉松配速跑而非輕鬆跑，但其想要跑進 3 小時 30 分鐘所需要達到的馬拉松配速為 5:00 左右，這名跑者的馬拉松配速卻是 5:30。按照這名跑者的配速情況，推薦他把目標定在 3 小時 45 分鐘左右更為合適，如果目標為 3 小時 45 分鐘，馬拉松配速則為 5:22，正好與這位跑者的實際跑步情況一致。上述情況就是跑者日常輕鬆跑的常見問題，跑得偏快導致心率較高，心率進入了馬拉松配速跑區間，但配速

又達不到其目標成績所需要的配速。以上情況從本質上說明這名跑者目前耐力水平還達不到跑進 3 小時 3 分鐘，需要降低自己的配速與預期。

　　還有一種情況是這樣的。有些跑者能壓住自己的心率跑，如一名 45 歲的跑者跑步時心率為140 次 / 分，如果其目標成績是全馬破 3 小時，那麼心率在 140 次 / 分的時候，「破 3」所對應的輕鬆跑配速應當為 4:43~5:19，但這名跑者心率在 140 次 / 分的時候，配速卻只能達到 5:30~5:45。如果想要配速進入 4:43~5:19，那麼心率又會上升至馬拉松配速跑所對應的心率區間。

　　以上兩種情況都說明了跑者在耐力不夠的情況下，按照某一心率或者配速目標去跑時，往往只能滿足一方面，而做不到兩頭兼顧。配速達到了，心率不達標；心率達標了，配速又不達標。而事實上，某一成績所對應的心率與配速，應該是匹配的。雖然說有些跑者心率較高，也能實現目標成績，但對於一般大眾跑者而言，心率所處範圍與其所對應的配速是完全符合線性對應關係的。心率低、配速高，或者心率高、配速低都不是一般跑者的正常現象。

馬拉松成績所對應的輕鬆跑與馬拉松配速跑心率區間

半馬成績 (小時：分：秒)	全馬成績 (小時：分：秒)	輕鬆跑配速 (分：秒)	馬拉松配速跑 (分：秒)
2:10:27	4:28:22	6:55~7:41	6:30
2:04:13	4:16:03	6:36~7:21	6:10
1:55:55	3:59:35	6:11~6:54	5:45
1:48:40	3:45:09	5:49~6:31	5:22
1:40:20	3:28:26	5:23~6:03	4:57
1:33:12	3:14:06	5:01~5:40	4:36
1:27:04	3:01:39	4:43~5:19	4:18
1:21:43	2:50:45	4:26~5:01	4:03

　　換句話說，跑者在進行輕鬆跑時，首先要注意控制住自己的心率，當然也可以透過主觀感覺來控制強度，同時看一下此時配速是多少、與目標成績所需要的輕鬆跑配速的差距是多少。舉例來說，如果心率在 140 次 / 分左右所對應的配速為 5:45，那麼你目前能達到的馬拉松成績應當介於 3 小時 30 分鐘至 3 小時 45 分鐘之間；如果你希望未來跑進 3 小時 15 分鐘，那麼你要努力讓心率在 140 次 / 分時的配速提升到 5:10~5:30。同等心率下，配速加快，或者同等配速下，心率變慢都是心肺功能提升的表現。

四、總結

輕鬆跑是跑者使用的最常見的跑步方式。一般來說，輕鬆跑的心率在 140 次 / 分左右，不超過 150 次 / 分，你可以看一下自己心率在 140 次 / 分左右時配速是多少，根據配速來評估自己目前的水平，以及與目標成績所需要的配速的差距。不是說你想跑進 3 小時 30 分鐘，天天以 5:00 配速去跑就能練成，還要看你在配速 5:00 時候的心率是多少。如果超過了 165 次 / 分，那麼你還需要慢慢訓練，讓自己循序漸進地進步，才能達到 3 小時 30 分鐘所對應的馬拉松配速 5:00 匹配的心率範圍（150 次 / 分）左右。你理解配速與心率的關係了嗎？

⊰⊰ 第十節　上坡跑訓練 ⊱⊱

間歇跑以高強度、富有難度而著稱，其難度往往與效果呈現一定程度的正相關，所以間歇跑對於大眾跑者而言，是一種有效提升耐力的訓練手段，是高水平跑者不可或缺的重要訓練方法。

間歇跑的確可以有效提升最大攝氧量。但從專項化角度而言，它卻並非專項化最強的訓練方法，因為間歇跑的配速會比實際馬拉松比賽時的配速要快一些。所謂高度專項化的訓練指的是動作模式、供能特點都與實際比賽高度一致的訓練。從這個意義上說，間歇跑由於速度快，動作幅度比馬拉松比賽時大很多，供能特點與馬拉松比賽也有所不同，所以間歇跑很有用，但也並不能誇大其作用。

事實上，還有一種訓練方法比間歇跑更加貼近跑步專項，這種訓練方法不僅動作模式、供能特點與馬拉松比賽幾乎一致，同時還能比比賽難度高一點，這種訓練方法就是——上坡跑。

上坡跑訓練與間歇跑類似，是跑者比較畏懼的一種訓練手段，但相比間歇跑，上坡跑速度沒有間歇跑那麼快，但難度並不亞於間歇跑；相比間歇跑，上坡跑在動作模式、供能特點等方面與實際馬拉松比賽更加接近，同時增加了訓練難度。所以跑者透過上坡跑可以有效提升馬拉松專項能力。事實上，精細化運用上坡跑，可以產生比間歇跑更好的訓練效果。

一、上坡跑有什麼好處

1. 上坡跑與平跑高度接近但增加了難度

上坡跑的動作模式、供能特點、速度都與平路跑步十分接近，但由於克服重力做功增加，難度相比平跑增加了許多，可以視作一種速度－阻力訓練。也就是說，在保持速度的情況下增加了阻力，所以說這是一種高度專項化的跑步訓練，訓練越專項化，訓練效果就越好。

2. 上坡跑可以有效發展心肺耐力

上坡跑可以有效刺激心肺功能，獲得比平路跑步更好的增強心肺功能的效果。

3. 上坡跑可以有效提升乳酸閾

上坡跑由於難度增加，所以上坡跑時乳酸生成明顯增多。但由於你其實還能堅持一段時間，所以上坡跑訓練更加接近乳酸閾強度的訓練，這樣就可以提升機體耐乳酸的能力。經過訓練，乳酸閾所對應的配速改變，原來可能是 5:30 配速出現乳酸閾，經過訓練可以實現配速達到 5:15 才出現乳酸轉折點。

4. 上坡跑可以強化意志力

上坡跑是許多跑者畏懼的訓練，其實你越畏懼的訓練就是你越需要加強的訓練。鼓起勇氣進行上坡跑訓練，對於強化意志力具有十分重要的意義。許多跑者在跑馬時談及最多的就是這個賽道上坡多不多，有多少跨越高架橋、穿過隧道或者上坡下坡的情況，似乎有點上坡就會感到非常累，如上海國際馬拉松賽的龍騰大橋、南京國際馬拉松賽的紫金山龍脖子路段等，這是因為平時缺乏這樣的訓練，所以自然心裡發怵。只有加強了這方面的訓練，你才能做到淡定面對馬拉松比賽中的坡道。

二、精細化地運用上坡跑

上坡跑看起來就是克服重力向上跑，但其實真要運用好上坡跑，同時還要因地制宜，就絕不簡單了。

1. 上坡跑的跑姿

上坡跑的跑姿與平跑接近，但又不完全一樣。由於相比平跑要克服更大的阻力，所以上坡跑要特別注意省力。那麼，怎樣才能做到省力地進行上坡跑呢？上坡跑時，可以適當加大一點身體前傾幅度，同時要適當降低步頻、加大步幅、降低騰空高度，使用類似於大步走的方式。這種跑姿由於降低了騰空高度，能達到省力的目的。同時要特別加大擺臂幅度，重點是加大向後擺的幅度，向前擺的幅度不用增加很多。

因為透過增大向後擺臂幅度，可以增加軀幹的旋轉幅度。舉例來說，右臂充分後擺，軀幹會向右旋轉，這樣就會使得左髖向前幅度增加，即擺臂配合擺腿使得「送髖」幅度增加。總體來說，上坡跑要採用類似大步快走的方式，透過加大步幅、降低步頻、降低騰空高度從而達到省力目的，同時透過加強擺臂增強助力效果。此外，還需要強調一點，上坡跑時，不要刻意前腳掌著地，也不用強調小腿用力扒地蹬伸，因為這樣會明顯增加小腿負擔。你採用跟平跑一樣的著地方式，如腳跟著地就可以了。

除了上述省力的上坡跑跑姿，在上坡跑距離不長的情況下，如 100 公尺以內的上坡，你還可以採用正常跑姿，動作模式與平地跑步類似，但充分用力，實現比平跑

更有力的上下肢協調及擺臂、擺腿，即把上坡跑變成跑姿訓練。這時的速度與平跑一樣，甚至比平跑略快一些都是完全可以的。

2. 上坡跑訓練要因地制宜進行訓練

如果你所在城市有長距離上坡道（坡道總長度達到400公尺以上），如盤山公路，那麼這時的上坡跑就是一種艱苦的心肺訓練。由於需要克服更大的重力，所以你的心率會比平跑明顯更快，你會感覺很累或者比較難受，建議你此時採用接近大步走的跑姿，相對更加省力。這種長距離上坡跑有助於增強心肺功能。

如果你所在城市沒有長距離的上坡道，只有短距離的比較陡的上坡道（100~200公尺），這時你可以採用重複爬坡的訓練方式，把上坡跑作為間歇跑訓練來安排。快速衝上去，然後走下來，重複進行多組。這時建議採用與平跑接近的跑姿，但可以比平跑稍快一些，你需要用力加大擺臂、擺腿幅度。

三、上坡跑練心肺，下坡跑練步頻

有上坡就有下坡，上坡跑和下坡跑幾乎是對應發生的，上坡跑是訓練心肺和跑姿的好方法，而下坡跑則是訓練步頻的好方法。

下坡跑時由於重力和慣性作用，會相對比較省力，但由於下坡跑時肌肉做離心收縮（就是指肌肉又在拉長又在收縮，而上坡時肌肉做向心收縮），所以下坡跑又被稱為「絞肉機」，意思是下坡跑會對肌肉會產生較大負荷，所以下坡跑省力卻並不輕鬆。下坡跑時重心要稍微靠後，身體直立或者稍微後仰，這時要明顯加快步頻、縮小步幅，採用小步快跑的方式讓身體快速往下，這樣可以減少下坡跑對肌肉的衝擊，還有利於重心控制。同時下坡跑還要注意用上肢保持身體平衡。

有些跑者說下坡跑能不能借助慣性，身體前傾，用力往下衝。這種方式對於長下坡跑是不合適的，但對於比較短的下坡跑，如100公尺以內，同時路上行人較少，可以採用這種方式。這種方式對於訓練步頻是不錯的，但由於此時速度不受控制，肌肉受的刺激大，受傷風險較大，還容易因剎不住車而撞到行人。

四、總結

如果你經常跑步的地方有坡，不要害怕，這恰恰是好事，跑過了很多坡路，你還害怕馬拉松比賽中的坡道嗎？這就是所謂艱苦的訓練會讓你變得更強大。間歇跑縱然再好，其實還有比間歇跑更接近馬拉松專項的訓練方式——上坡跑。經歷過上坡跑訓練，你才能對跑步訓練真正無所畏懼！

◀◀　第十一節　恢復跑　▶▶

參加馬拉松比賽會帶給你很強的疲勞感，因為你的體力消耗會更大，賽後恢復顯得更為重要。賽後頭幾天需要進行排酸跑的說法事實上也是深入人心，你今天進行排酸跑了嗎？其實排酸跑是徹頭徹尾的偽科學。

一、排酸跑的來歷

很多年以前，人們對運動的認識還比較膚淺，多數的觀點來自經驗認知。劇烈運動會導致肌肉產生明顯的酸脹感，運動強度越大，這種酸脹感越明顯。由於運動時的酸脹感主要是乳酸堆積引起的，因此乳酸就成為這種樸素認知的起點，排酸跑由此而來。

人們發現，除了劇烈運動本身會引發肌肉酸痛外，在參加完一次超出平時正常活動量的運動後，接下來幾天，肌肉仍然會表現得十分酸痛，人們就自然聯想到是不是乳酸一直堆積在體內。怎麼想辦法將其排出體外呢？克服酸痛，繼續運動，直至徹底排出……

二、無論運動多劇烈、時間多長，乳酸會在運動後半小時以內消失得一乾二淨

運動時的酸脹感的確是乳酸堆積引起的，這種酸脹感還是導致身體疲勞的重要原因之一。但無論運動時間有多長、運動強度有多大，以及你運動後是否做拉伸，運動時體內堆積的乳酸都會在運動結束後半小時以內被完全清除。

那這些乳酸去哪裡了呢？當然不可能排出體外。你感覺過體內有酸性物質從汗液、尿液、呼吸中排出了嗎？顯然沒有。首先，這些乳酸大部分會被徹底分解為水和二氧化碳並釋放能量；其次，還有一部分乳酸在肝臟重新轉變成糖被儲存起來，這一過程的專業術語為「糖質新生」。那麼，乳酸清除的整個過程大約需要多長時間呢？一般 10~20 分鐘，最多不超過 30 分鐘。

三、既然跑馬後第二天肌肉酸痛不是乳酸引起的，那會是什麼原因呢

既然不是乳酸堆積，那為什麼我們在跑馬後好幾天都會覺得肌肉酸痛呢？我們把這種運動後當天肌肉反應不明顯，卻在運動後第二天出現明顯肌肉反應的現象稱為延遲性肌肉酸痛（delayed onset muscle soreness，DOMS）。通常來說，延遲性肌肉酸痛會在運動後幾小時或一夜之後出現，所以具有延遲出現的特徵。同時，這種症狀消失得比較緩慢，短則兩三天，長則 3~7 天才能完全消失。

目前主流觀點認為，運動後的肌肉酸痛現象主要是肌肉細微損傷引發的。也就是說，由於運動量超過平時正常能承受的負荷量（如跑馬、挑戰新的距離、挑戰新的

配速），機體不適應，導致肌肉細微損傷，肌肉在修復過程中，引發了發炎反應，導致肌肉酸痛。這樣的細微損傷，不同於肌肉拉傷。肌肉拉傷是肌肉較大面積的急性損傷，立馬會出現腫脹甚至瘀青；而延遲性肌肉酸痛主要發生在微觀層面，肉眼根本看不見。

並且，延遲性肌肉酸痛雖然被稱為酸痛，但其實主要是痛，而不是酸，運動時的肌肉酸痛則主要是酸，而不是痛。這下你應該徹底明白了排酸跑這個說法為什麼是錯的。

四、既然無酸可排，跑馬後頭幾天接著跑步能緩解跑馬後的酸痛嗎

跑者應該理解乳酸不可能長時間堆積在體內，自然也就不存在排酸的概念，因此，排酸跑就是個以訛傳訛、流傳已久的錯誤說法。雖然無酸可排，但跑馬後第二天不休息而是接著跑步，這個事情本身是對的嗎？

跑馬後特別是初次跑馬後，肌肉的細微結構已經受傷了，機體這時會啟動修復機制，你需要做的就是休息，繼續跑步容易刺激肌肉，導致修復延遲，甚至加重損傷。這是排酸跑後第二天很多跑者仍然肌肉酸痛的原因。有些跑者甚至錯誤地怪自己排酸跑跑的距離太短，沒有達到排酸的效果，並進一步加大運動量，這時就會導致肌肉反覆細微損傷，並引發更為嚴重的發炎反應。**所以，排酸跑不是跑馬後的標配，休息才是跑馬後最好的恢復措施。**

五、為什麼有些跑者覺得排酸跑有效果呢

既然跑馬後第二天應該休息，但為什麼有些跑者覺得排酸跑後肌肉酸痛感的確減輕了呢？一方面，在肌肉酸痛很明顯時，中低強度運動具有即刻緩解酸痛的效果，但這樣的效果，持續時間短暫，過一兩個小時後，酸痛感又會再次來襲；另一方面，對於那些資深跑馬者而言，跑馬第二天肌肉只是有些輕微酸痛，到了第三天也就自然消失了。這並不是來自排酸跑，而是來自肌肉自然恢復過程。如果你恰恰在跑馬後第二天進行排酸跑，那麼你就會誤以為是排酸跑在起作用。

六、排酸跑是偽科學，你需要的是恢復跑

賽後第二天進行排酸跑，從概念上來講是錯誤的，從操作上來說也毫無必要。但是在賽後 2~3 天後，能力較強、馬拉松賽後肌肉反應較輕的跑者可以進行恢復跑訓練；能力較弱、肌肉反應較大的跑者建議在賽後一週後再開始恢復跑。

事實上，恢復跑是一種非常重要的訓練，也是大眾跑者普遍缺失的一種訓練。顧名思義，恢復跑可以視作積極性恢復。恢復的究竟是什麼呢？恢復的是身體狀態，即

讓身體從疲勞狀態中解脫出來。積極性輕鬆跑可以發揮調節狀態、促進恢復、加速血液循環、放鬆心情等作用，恢復跑應用範圍甚廣，以下是恢復跑的主要應用場景。

- 在平時跑步結束後進行 5~10 分鐘恢復跑，幫助身體從激烈運動狀態逐漸恢復到平靜狀態。
- 在間歇跑、衝刺跑等高強度訓練後進行 10~20 分鐘恢復跑，幫助體內乳酸更快清除。
- 在馬拉松比賽中衝過終點後，進行 10~20 分鐘恢復跑，給予身體從激烈運動狀態恢復到平靜狀態的信號，同時減輕肌肉半痙攣僵硬症狀。
- 在馬拉松賽後 3~5 天，進行 30~40 分鐘恢復跑，透過積極性恢復消除馬拉松給跑者帶來的深度疲勞。

七、恢復跑應該跑多快

恢復跑屬於速度很慢、很輕鬆的跑步。恢復跑是比平時的 LSD 訓練速度更慢的一種跑步訓練方法，LSD 訓練的強度一般為最大心率的 65%~78%，恢復跑的強度可以理解為熱身區間的強度，即 Garmin 運動手錶心率 1 區（熱身區間），最多達到 LSD 強度的心率下限水平。如果心率太高，事實上就變成 LSD 訓練了，並不需要，所以恢復跑一定要體現為跑得足夠慢。這對於成熟跑者反而不太容易做到，因為他們平時快慣了，所以在恢復跑時一定要耐得住性子，控得住速度。

八、基普喬蓋恢復跑配速僅為 6:00

馬拉松之王基普喬蓋 2019 年順利實現人類馬拉松成績首次突破 2 小時大關，堪稱人類創舉。為了這一計劃，他進行了十分科學、系統的訓練。為此，他將自己的週跑量從之前備戰倫敦馬拉松時的 190~210 公里提升到 200~230 公里，但是如果你認為基普喬蓋平時訓練一定跑得飛快，那你就大錯特錯了。

事實上，基普喬蓋有時在調整日進行恢復跑的時候，配速僅僅為 6:00 左右，這與他參加馬拉松比賽時配速在 3:00 以內可謂相去甚遠。連基普喬蓋都會進行 6:00 配速的恢復跑，大眾跑者還會介意恢復跑時速度太慢嗎？其實大眾跑者往往存在一個問題，就是慢不下來，自然也就快不上去。快慢結合，錯落有致，合理安排，這才是訓練的藝術。

九、總結

馬拉松賽後 1~3 天不要進行所謂的排酸跑，因為排酸跑不僅概念錯誤，方法也錯誤。賽後一兩天進行運動不利於身體恢復，但在賽後 3 天後，跑者可以根據個人情況進

行恢復跑。此時的恢復跑不同於排酸跑，這時進行積極性恢復有利於消除疲勞。訓練的藝術就體現在這些方面，安排精準、目的明確、執行到位，這才是訓練的王道！

‹‹‹ 第十二節　30 公里拉練 ›››

在馬拉松備賽邏輯中，有一個重要的方法就是要在賽前一個月左右進行一次 30 公里左右，不超過 35 公里的長距離拉練。這種拉練目的是什麼？應該跑多快？為什麼應該在賽前一個月左右進行？拉練時需要注意些什麼？本節一一道來。

一、為什麼要在賽前一個月進行 30 公里的拉練

馬拉松的距離長達 42 公里多，跑馬絕對是一項耗時長、高強度的極限運動。如果準備不足，強烈不推薦嘗試，因為你的心肺系統、肌肉骨骼系統以及身體其他與之相關的系統都要承受很大的壓力。筋疲力盡、脫水、「撞牆」、抽筋，甚至神志不清，這些都是你的身體無法適應馬拉松負荷的表現。為了讓身體提前瞭解、適應這種負荷，30 公里的拉練要達成以下目的。

1. 這是一種壓力測試，測試你的身體承受能力

大多數大眾跑者平時由於訓練時間有限，即使進行長距離拉練，距離一般也就 10~15 公里，最多也就跑個半馬，很少像專業馬拉松運動員那樣進行更長距離的拉練。這樣就帶來一個問題，馬拉松的距離長達 42 公里多，是平時最長跑步距離的兩倍甚至更多。身體能否承受馬拉松負荷其實是要打一個問號的，即使你跑半馬跑下來還不算太累，感覺還能接著跑，但再跑一個半馬身體是什麼反應，你其實是不清楚的。

這種 30 公里拉練可以視作一種壓力測試，測試一下你的身體能否承受這種比馬拉松負荷稍小一點，但比平時訓練負荷大得多的負荷。在後半程，你可以充分實測一下自己的心率、肌肉、關節等的感受，觀測一下自己的心率是否飆升太快、肌肉有沒有明顯的麻木感、關節是否有疼痛等。這些感受可以讓你重新考量你對一個月之後的比賽所設定的目標是否合理，是要調低還是堅持目標。如果跑完 30 公里很難受、很勉強，顯然你要降低你的預期；如果跑完之後感覺還比較輕鬆，不算特別累，那麼這也將顯著增強你對接下來的比賽的信心。

2. 這也是一種寶貴的訓練，可以在賽前進一步提升你的能力

當然，30 公里的拉練除了測試你的身體承受高負荷的反應以外，也是一種寶貴的訓練，因為你的身體平時很少承受這樣的高運動量負荷。運動生理學超負荷原理告訴我們，只有給予身體比原本適應的負荷更大的負荷，才能對身體產生刺激，並且經過刺激－反應－適應這一過程，實現能力的提升。在身體健康的情況下，人體事實上是有很強的適應能力的，30 公里的拉練可以有效刺激身體，提升耐力，特別是提升適應

高運動量負荷的能力。這種能力還可以形成短期記憶，讓身體在一個月後的比賽中還能對此保持記憶，從而適應馬拉松負荷。這也是跑過一次馬拉松之後，再跑馬拉松就會感覺相對輕鬆的原因之一，因為身體已經對馬拉松負荷產生了記憶和適應性。

二、為什麼要在賽前一個月進行 30 公里拉練？早一點或者晚一點不行嗎

為什麼這種拉練最好安排在賽前一個月左右呢？其意義主要在於以下幾個方面。如果你的訓練比較規律、系統，能力是逐步提升的，那麼賽前一個月身體狀態還是不錯的，這時進行拉練，條件比較成熟。

如果距離比賽太近，如距離比賽僅剩 2~3 週，這時我們就不建議你再進行拉練了。因為 30 公里的 LSD 畢竟是高強度、高運動量負荷的訓練，會造成明顯的身體疲勞。如果能力不夠，強行在賽前 2~3 週進行拉練，會導致身體恢復不足，進而影響正式比賽。而在賽前一個月左右進行，可以讓你有充分的恢復時間，也有利於賽前減量訓練。而如果過早進行 30 公里拉練，那麼這次訓練的痕跡可能會在賽前消失殆盡，失去長距離拉練的意義，白白消耗體能。

當然，有跑者可能會問，30 公里拉練能否在賽前幾個月中，每個月安排一次呢？通常我們是不建議的，因為 30 公里拉練負荷量很大，反覆用這種超量負荷刺激身體有可能會導致身體過度疲勞，所以一般安排 1 次 30 公里拉練，最多 2 次，每次間隔至少 3 週。當然，有些跑者跑量很大，能達到月跑量 300~400 公里，馬拉松成績也很不錯，如在 3 小時 30 分鐘以內。對於這樣的跑者，每月都安排一次 30 公里拉練也未嘗不可，但對於大多數月跑量在 200 公里左右的跑者，通常是不建議的，他們也沒有必要反覆進行 30 公里拉練。

三、賽前 30 公里拉練要跑多快

賽前 30 公里拉練既然是壓力測試、模擬比賽，就要完全模擬比賽時的配速進行，這裡要分為兩種情況，一種是以完賽為目標的跑者，一種是有成績要求的跑者。對於前者，只要以比較輕鬆的速度慢慢跑完 30 公里就好了，其主要目的是測試以輕鬆跑能否跑完 30 公里；而對於後者，則要嚴格按照一個月之後馬拉松比賽的目標成績所需要的平均配速，即馬拉松配速進行，而馬拉松配速比輕鬆跑的配速更快，它其實並非完全的有氧跑，而是混氧跑，跑起來並不輕鬆。我們根據丹尼爾斯訓練法，將馬拉松目標成績所需要的配速列入下表。例如，你計劃全馬 4 小時以內完賽，那麼你基本上要按照 5:40~5:45 的配速去完成 30 公里拉練，這樣才能測試出你的身體承受跑 30 公里的負荷的反應，並且預估自己能否順利完賽。

拉練要嚴格按照比賽目標配速去跑

全程馬拉松成績 (小時:分:秒)	半程馬拉松成績 (小時:分:秒)	馬拉松配速 (分:秒)
4:49:17	2:21:04	7:03
4:41:57	2:17:21	6:52
4:34:59	2:13:49	6:40
4:28:22	2:10:27	6:30
4:22:03	2:07:16	6:20
4:16:03	2:04:13	6:10
4:10:19	2:01:19	6:01
4:04:50	1:58:34	5:53
3:59:35	1:55:55	5:45
3:54:34	1:53:24	5:37
3:49:45	1:50:59	5:29
3:45:09	1:48:40	5:22
3:40:43	1:46:27	5:16
3:36:28	1:44:20	5:09
3:32:23	1:42:17	5:03
3:28:26	1:40:20	4:57
3:24:39	1:38:27	4:51
3:21:00	1:36:38	4:46
3:17:29	1:34:53	4:41
3:14:06	1:33:12	4:36
3:10:49	1:31:35	4:31
3:07:39	1:30:02	4:27
3:04:36	1:28:31	4:22
3:01:39	1:27:04	4:18
2:58:47	1:25:40	4:14
2:56:01	1:24:18	4:10
2:53:20	1:23:00	4:06
2:50:45	1:21:43	4:03
2:48:14	1:20:30	3:59
2:45:47	1:19:18	3:56
2:43:25	1:18:09	3:52
2:41:08	1:17:02	3:49

全程馬拉松成績 （小時：分：秒）	半程馬拉松成績 （小時：分：秒）	馬拉松配速 （分：秒）
2:38:54	1:15:57	3:46
2:36:44	1:14:54	3:43
2:34:38	1:13:53	3:40
2:32:35	1:12:53	3:37
2:30:36	1:11:56	3:34
2:28:40	1:11:00	3:31
2:26:47	1:10:05	3:29
2:24:57	1:09:12	3:26
2:23:10	1:08:21	3:24
2:21:26	1:07:31	3:21
2:19:44	1:06:42	3:19
2:18:05	1:05:54	3:16
2:16:29	1:05:08	3:14
2:14:55	1:04:23	3:12
2:13:23	1:03:39	3:10
2:11:54	1:02:56	3:08
2:10:27	1:02:15	3:06
2:09:02	1:01:34	3:03
2:07:38	1:00:54	3:01
2:06:17	1:00:15	3:00
2:04:57	0:59:38	2:58
2:03:40	0:59:01	2:56
2:02:24	0:58:25	2:54
2:01:10	0:57:50	2:52

四、賽前拉練需要跑更長嗎

　　一般來說，賽前拉練 30 公里就足夠了。這樣既比一次普通跑步訓練的負荷大不少，又比比賽負荷小，防止過度疲勞。對於月跑量在 200 公里左右的跑者，我們建議進行 30 公里拉練就夠了；對於月跑量能達到 250~300 公里的跑者，賽前拉練最長 35 公里，再長就沒有必要了，太長反而會導致身體在賽前過度疲勞，不利於恢復。

五、總結

全馬賽前進行一次 30 公里左右，不超過 35 公里的拉練對於跑者提前適應負荷，瞭解自己承受高負荷時的身體反應，提升能力，為即將到來的比賽做好準備具有重要意義。即使是參加半馬，建議賽前也要進行一次 15~18 公里的拉練。

◄◄◄ 第十三節　心率區間 ►►►

跑者跑步時，可能最關心自己的配速，也就是速度快慢。有的人追求快速，總想越跑越快；有的人則享受輕鬆跑的愜意。跑得慢的人常自嘲是菜鳥，而跑得快的人則在成為高水平跑者的道路上不斷奮進。

其實配速只是表象，更重要的是你在跑步時身體內部發生了什麼。如果你希望達到自己的跑步目的，最重要的不是配速，而是心率！如果你希望透過跑步減肥，跑到氣喘吁吁、心率很高，一方面體驗極差，另一方面效果也不好。因為高心率狀態下脂肪供能比例下降，此時你消耗得更多的是糖，與目標南轅北轍。而如果你希望提高自己的配速，那麼你就不能總是按照單一速度、單一節奏跑步，除了輕鬆跑以外，恐怕你還要做更多乳酸閾跑、間歇跑。這時你就要嚴格按照自己的心率區間來進行針對性訓練，這樣才能確保你所練的是你最需要、最想要的。

一、為什麼跑步時心率比配速更重要

毫無疑問，心率與配速高度相關。配速越快，當然心率越高，但問題是由於每個人心肺耐力不同，在相同速度下，如跑步團集體跑步時，每個人心率是不同的。舉例來說，同樣是 6:00 配速，能力強的跑者甲心率只有 135 次 / 分，能力弱的跑者乙的心率已經高達 175 次 / 分。對於甲來說，6:00 配速完全屬於輕鬆跑；而乙可能此時已經進入痛苦不堪的乳酸閾跑，而乙跑步的目的很有可能就是減肥，而非訓練抗乳酸能力。

- 怎樣才能最大限度確保自己的跑步狀態是與自己的目標完全對應的呢？你不要被配速迷惑，而應該遵循自己身體的反應來進行合理的訓練，本質就是根據自己的心率來選擇適宜的配速。
- 如果你的目的是提升健康水平、發展基礎耐力、減肥或提高心肺功能，那麼這時你需要的是輕鬆跑，心率就不能也不需要太高。
- 如果你的目的是找到馬拉松比賽時的節奏，或者正在進行賽前訓練，又或者你覺得輕鬆跑的速度過慢，那麼你可以進行速度更快、心率更高的馬拉松配

速跑。

- 如果你的目的是突破成績長時間沒有提高的瓶頸，你需要進行比較艱苦的乳酸閾跑，來提升身體耐受乳酸的能力，此時心率比較高，你會感覺很累。

- 如果你需要充分刺激你的心肺系統，提升最大攝氧量水平，那麼你就需要進行最為痛苦，但提升成績效果往往也最為明顯的間歇跑。此時，你可以達到你本人的最大心率，你需要很強的意志去完成多組間歇訓練。

所以說，無目標，不跑步。在任何時候跑步我們都要清楚自己想要什麼，然後根據這個目標去設定自己合理的心率區間，然後把速度牢牢掌控在這個心率區間。如果超過心率區間，說明你跑太快了；如果還沒達到心率區間，那麼你就需要把速度再加快一點。

二、根據不同的跑步目的選擇最佳的跑步心率區間

- 如果你進行的是輕鬆跑，那麼心率區間應為最大心率的 65%~78%。
- 如果你進行的是馬拉松配速跑，那麼心率區間應為最大心率的 79%~87%。
- 如果你進行的是乳酸閾跑，那麼心率區間應為最大心率的 88%~90%。
- 如果你進行的是間歇跑，那麼心率區間應為最大心率的 91%~100%。

不同跑步內容所對應的心率區間（次／分）

年齡（歲）	最大心率	輕鬆跑		馬拉松配速跑		乳酸閾跑		間歇跑	
		心率下限	心率上限	心率下限	心率上限	心率下限	心率上限	心率下限	心率上限
20	200	130	156	157	175	176	180	181	200
21	199	129	155	156	174	175	179	180	199
22	198	129	154	155	173	174	178	179	198
23	197	128	154	155	172	173	177	178	197
24	196	127	153	154	171	172	176	177	196
25	195	127	152	153	171	172	176	177	195
26	194	126	151	152	170	171	175	176	194
27	193	125	151	152	169	170	174	175	193
28	192	125	150	151	168	169	173	174	192
29	191	124	149	150	167	168	172	173	191
30	190	124	148	149	166	167	171	172	190
31	189	123	147	148	165	166	170	171	189
32	188	122	147	148	164	165	169	170	188

續表

年齡 (歲)	最大 心率	輕鬆跑		馬拉松配速跑		乳酸閾跑		間歇跑	
		心率 下限	心率 上限	心率 下限	心率 上限	心率 下限	心率 上限	心率 下限	心率 上限
33	187	122	146	147	164	165	168	169	187
34	186	121	145	146	163	164	167	168	186
35	185	120	144	145	162	163	167	168	185
36	184	120	144	145	161	162	166	167	184
37	183	119	143	144	160	161	165	166	183
38	182	118	142	143	159	160	164	165	182
39	181	118	141	142	158	159	163	164	181
40	180	117	140	141	157	158	162	163	180
41	179	116	140	141	157	158	161	162	179
42	178	116	139	140	156	157	160	161	178
43	177	115	138	139	155	156	159	160	177
44	176	114	137	138	154	155	158	159	176
45	175	114	137	138	153	154	158	159	175
46	174	113	136	137	152	153	157	158	174
47	173	112	135	136	151	152	156	157	173
48	172	112	134	135	150	151	155	156	172
49	171	111	133	134	149	150	154	155	171
50	170	111	133	134	149	150	153	154	170
51	169	110	132	133	148	149	152	153	169
52	168	109	131	132	147	148	151	152	168
53	167	109	130	131	146	147	150	151	167
54	166	108	129	130	145	146	149	150	166
55	165	107	129	130	144	145	149	150	165
56	164	107	128	129	143	144	148	149	164
57	163	106	127	128	142	143	147	148	163
58	162	105	126	127	142	143	146	147	162
59	161	105	126	127	141	142	145	146	161
60	160	104	125	126	140	141	144	145	160

三、最好評估一下自己的最大心率

　　最大心率的計算方式一般為使用 220 減去年齡。當然，這種計算方式用於群體是沒問題的，但用於個人存在一定誤差。也就是說你的實際最大心率可能會超過 220 減去年齡，也有可能達不到這個水平。有研究顯示採用「最大心率 =206.9-0.67× 年齡」這種計算方式會更準確一些。當然，最佳方式還是透過測試直接測出你的最大心率。

　　世界著名耐力訓練專家和跑步教練丹尼爾斯博士曾做過一個實驗：一位年齡為 30 歲，缺乏鍛鍊的男性，以最科學的方式測出其實際最大心率僅為 148 次 / 分，如果按照公式計算其最大心率為 220-30=190 次 / 分，這是多麼大的誤差！即使跑步時不用達到最大心率，只是以最大心率的 86% 來訓練，那麼其心率也需要達到 163 次 / 分，對於實際最大心率只有 148 次 / 分的他來說是根本不可能完成的任務！所以 220 減去年齡要麼可能高估你的最大心率，要麼可能低估你的最大心率，這樣就會導致按照該種方式計算出來的心率區間與本人實際感受不符合。例如，心率區間顯示你處於輕鬆跑狀態，而你感覺比較累，這種情況通常說明你的實際最大心率低於 220 減去年齡；如果心率區間顯示你處於乳酸閾跑狀態，而此時你卻感覺不太累，這種情況通常說明你的最大心率高於 220 減去年齡。

　　下面給大家介紹兩種方法，可以測出你的最大心率。當然，最大心率測試需要運動到極限狀態，不建議初跑者測試，這種測試適合有一定訓練經驗的跑者。

方法 1：3 公里測試

場地：正規 400 公尺跑道

測試距離：3 公里（7.5 圈）

測量儀器：心率錶

測試內容：

① 先帶上心率錶慢跑一圈，檢查心率錶能否正常工作，同時兼做熱身運動。

② 在 400 公尺跑道上連續跑 7.5 圈，前 5 圈在保持第 1 圈輕鬆跑的基礎上逐漸提高強度。從第 5 圈開始，每一圈都需要提升速度並觀察和記錄自己的心跳數值，保證自己的心率在持續上升（若心率沒有持續上升需繼續提速），並且在最後半圈用最快的速度奔跑。

③ 結果：記錄心率錶在最後半圈直到結束後 10 秒之內的最高心率，此時的數據已經非常接近你目前的實際最大心率。

方法 2：多組 800 公尺測試

場地：正規 400 公尺跑道

測試距離：跑 2~5 組 800 公尺

測量儀器：心率錶

測試內容：

① 首先進行熱身。

② 在 400 公尺跑道上盡全力跑 2 圈，即跑 800 公尺，記錄到達終點時刻的心率。

③ 休息 3~5 分鐘，不要超過 5 分鐘，進行第 2 次 800 公尺全力跑測試。如果第 2 次測試的心率高於第 1 次的心率，則再進行第 3 次測試，直到達到最大心率。如果第 2 次測試的心率不及第 1 次的心率或者與第 1 次的心率齊平，那麼這就是你的最大心率。通常情況下，經過 3~4 組 800 公尺測試，就能測試出你的最大心率。

四、很多跑者常常跑步時心率較高，「虐」不一定就好

很多跑者跑步時非常在意配速，似乎一定要累到氣喘吁吁，跑步才有效果；或者看到別人快，自己也要追求速度，導致跑步時非常累，體驗非常差。縱然你有堅強的毅力，能堅持下來，

但仍然背離了自己的跑步目標。其實並非不能快，而是該快則快，該慢則慢。如果你的目標就是提高跑步能力，那麼進行乳酸閾跑、間歇跑時，你的速度就要非常快，讓心率真正處於應該在的那個區間；而如果你的目標是減肥，你是為了健康而跑步，那麼你真的沒必要跑那麼快，你應該讓你的心率處於輕鬆跑的那個區間。而很多時候，跑者沒有過多思考這一點，導致自己的速度快也不是很快，慢也不是很慢。

紡錘形訓練模式

也就是說，很多跑者的訓練模式是紡錘形訓練模式。什麼叫紡錘形訓練模式？意思是指很多跑者平時很少做間歇跑、衝刺跑這類速度很快的訓練，而速度較慢的輕鬆跑也不屑於做，他們的訓練多數是不慢不快的中等強度跑步。這種訓練方式帶來的問題就是儘管訓練不輕鬆，但能力提高緩慢、成績停滯不前，還因為訓練太過單調而容易受傷，**陷入「慢不下來，快不上去」的陷阱。**

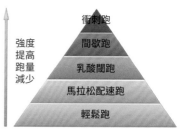

金字塔訓練模式

其實真正好的跑步訓練模式應該如右圖所示，不同配速訓練呈現金字塔式分布，速度慢的訓練所占跑量比例很大，而速度最快的間歇跑、衝刺跑所占跑量比例小。

相較於專業運動員，由於大眾跑者的訓練時間比較有限，所以他們希望透過加快速度來彌補訓練量的不足，或者不自覺就容易跑快。這種方法的問題是：這種高強度（接近乳酸閾）的訓練容易增加對交感神經系統的負擔。心率很高就意味著反而給身體施加了很大的壓力，阻止了我們提升！所以，我們為什麼不選擇速度更慢的跑步

呢？何苦自己為難自己呢？

　　其實最佳的訓練模式是這樣的：80% 低強度訓練，10% 中等強度訓練和 10% 的高強度訓練。這種訓練模式也被大多數馬拉松教練認可，我們稱之為 80/10/10 法則。而很多跑者實際卻是按照 30/65/5 的模式在進行訓練。

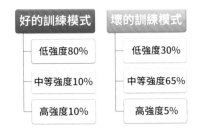

好的訓練模式	壞的訓練模式
低強度80%	低強度30%
中等強度10%	中等強度65%
高強度10%	高強度5%

五、總結

　　心率區間是跑者應該掌握的一個重要概念。你這次跑步的目標是什麼，就應該讓自己的心率區間處於相應的範圍。如果心率不在心率區間，你就應該調整配速，因為每天的狀態都不同。心率高時就應該果斷降配速，心率低、狀態好時則可以跑快一些。不要再一根筋地盯著配速，總之一句話：一流跑者跑步看心率，二流跑者跑步看配速，三流跑者跑步看感覺。

‹‹‹ 第十四節　配速與心率 ›››

　　配速與心率具有強關聯，配速越快，心率越高，心率與配速成典型的線性關係。不同耐力水平的人在同一配速下，心率表現具有巨大差異，如一個精英跑者在 6:00 配速時心率只有 130 次 / 分，一名初級跑者在 6:00 配速時心率已經高達 160 次 / 分。配速上升時，心率上升越慢，說明心肺功能越好；反之則越差。同樣的道理，停下腳步後，心率恢復越快則心肺功能越好。

　　配速是絕對強度指標，心率是相對強度指標。同等配速下，心率可以今天高，明天低，因為心率受到身體狀態、氣候、環境等因素影響。

　　心率雖然是相對強度指標，但心率高低和主觀感受的結果卻是幾乎完全一致的，這跟配速、氣候、環境都沒有太大關係。心率高感覺比較累，心率低感覺比較輕鬆，不太可能存在心率低但感覺卻比較累，而心率高卻感覺比較輕鬆的情況。

　　同等配速下，你的主觀疲勞感受可能是不完全相同的，如夏季跑步，在同等配速下，你會感覺更累，這時你看看你的心率，往往心率也會更高。而在涼爽、氣溫適宜的季節，同等配速下，你會感覺更輕鬆，這時你的心率也會更低。在某些極端氣候如 35℃ 以上跑步，看心率比看配速更重要，因為這時在同等配速下，心率會更高。如果保持配速，就有可能使得心率過高，加劇疲勞，甚至引發中暑。

　　假定氣象條件、環境、身體狀態都完全相同，以同等配速去跑步，你的心率降低了，這是心肺功能明顯提升的表現。例如，6:00 配速時原來心率是 155 次 / 分，經過訓練，6:00 配速時心率降到 145 次 / 分，這意味著你的心臟收縮力增強，工作更加省力，心臟不需要跳動那麼快就能滿足需要。同樣的道理，在同等心率情況下，如果配

速提升，也代表你的心肺功能得到提升。舉例來說，原來心率 150 次 / 分時，配速為 6:00，現在心率 150 次 / 分時，配速為 5:30，則代表同等心率下你可以承受更高的運動強度。

在日常跑步訓練中，嚴格按照配速去訓練是允許的，但本身能夠以穩定配速去跑步就不是一件容易的事情。因為在室外跑步，由於環境始終在變，如路面高低起伏，想要保持穩定配速需要有很好的節奏感和良好的耐力。多數情況下，大眾跑者都是時快時慢，能做到每公里速度誤差在 1~2 秒，並不簡單。

按照配速去跑有兩種情況：一種是每次跑步配速都完全相同，幾乎不做改變，健身跑就是這種情況；還有一種情況是為自己設定不同的配速要求，如今天是 6:30，明天是 5:30。為實現馬拉松 PB 而進行訓練，通常要求跑者按照不同配速進行不同訓練，這樣才能全面訓練跑步能力。

按照配速去跑，假定你能夠保持配速穩定，你每次的心率表現也是存在很大差異的。例如，都是以 6:00 配速去跑步，今天天氣潮濕悶熱，心率可能是 150 次 / 分；明天氣候涼爽，心率可能是 140 次 / 分。正如前文所說，這是因為每次跑步時身體狀態、氣象條件都是不一樣的，這會對心率產生很大影響。也就是說絕對強度沒有變，但相對強度每天都在變，今天在這個配速下可能是輕鬆跑，明天在這個配速下可能就變成乳酸閾跑。

按照心率去跑，本質是要求自己以同等的疲勞感受去跑。不管個人狀態、環境、氣象條件如何，只要心率穩定在某個水平，主觀疲勞感受都是幾乎一致的。只不過就算每次跑步心率相同，配速也會有很大差異。同樣心率保持在 140 次 / 分，今天配速可能是 6:30，明天配速就變成 6:15，但不管配速如何，個人跑步時的感覺都是差不多的。

在馬拉松比賽中，我們建議跑者按照心率去跑，這是什麼意思呢？如果你計劃 4 小時完成一場全馬，那麼這意味著你要以平均 5:40 的配速跑 4 小時才能實現。如果你在這 4 個小時以內心率都保持在 160 次 / 分以內，那麼你基本上是可以實現這個目標的。但如果你一開始心率就在 165 次 / 分左右，那麼 4 小時完賽的目標恐怕就不容易實現了。因為在全馬比賽後半程，由於體力的劇烈消耗、肌肉疲勞、出汗、中樞疲勞等因素，你不太可能全程保持心率穩定。在比賽後半程即使配速不變，你的心率也會逐步上升，當心率達到 175 次 / 分甚至更高時，這稱為「心率飄移」，你就會發生明顯的疲勞，並導致配速下降，即跑崩了。而按照心率去跑，則不會跑崩，就算最終會跑崩，至少也會推遲跑崩的時間。所以跑馬拉松時，一種穩妥的做法是：當心率上升則透過降低配速的方式來保持心率。這樣也許你不能實現 PB，但至少你可以全程比較匀速地跑下來，而不是跑跑走走，或者後半程配速嚴重下降。

按照配速跑，還是按照心率跑，其實都是可以的，關鍵是你要瞭解自己的配速與

心率之間的對應關係，即你大概什麼配速對應多高的心率，這樣按照配速跑還是按照心率跑就不會變成一件糾結的事情。這個問題的本質不是跑步時看心率重要還是看配速重要，都要看，都要關注。總結來說，不是配速重要還是心率重要的問題，而是遵循科學訓練原則最重要。

心率和配速都是跑步時最重要的反饋，跑步時經常看看這些反饋，對於科學跑步和進行自我指導都有重要意義。

⁺⁺⁺ 第十五節　馬拉松前 5 公里 ⁺⁺⁺

對於成熟跑者而言，想要實現 PB，就意味著你必須嚴格按照 PB 所需要的配速去跑，如跑全馬計劃 4 小時完賽，那麼就意味著你全程的平均配速要達到 5:41 左右。

一、勻速跑完全程最理想，先快後慢可以接受

對於馬拉松比賽而言，全程保持均勻配速當然是較為理想的情況。當然對於大多數跑者而言，前半程體力好的時候稍快一些，後半程體力下降時稍慢一些也是完全允許的。同時你可能還需要考慮因為進站補給而速度變慢甚至停下來，這也會損耗時間，所以在出站後你的速度要稍微加快一點。

為什麼說馬拉松比賽的前 5 公里就能在很大程度上決定你是否能實現 PB 呢？這句話的依據是什麼呢？依據就是你比賽時的心率表現！

由於馬拉松是競技性比賽，所以在比賽中你需要全力以赴。比賽中你的心率要比 LSD 訓練時的心率稍微高一些，速度也要比 LSD 快一些，這被稱為**馬拉松配速**，即馬拉松比賽時的配速。但同時你的心率又不能過高，過高的心率容易使你體內血乳酸濃度上升比較明顯，甚至進入無氧閾值以上，而且你還要考慮後半程「心率飄移」的問題。

二、前 5 公里如果心率相對較低說明你狀態佳

根據丹尼爾斯訓練法，馬拉松配速跑心率應當保持在最大心率的 79%~87%，這意味著馬拉松配速跑心率有一定範圍，下圖顯示了不同年齡跑者馬拉松配速跑心率範圍，即心率上限和下限，下面這兩段話很重要。

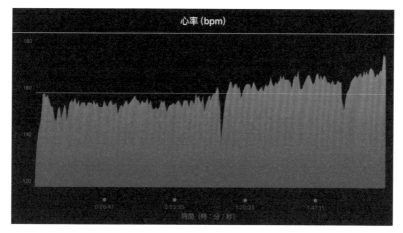

一位能力較弱的跑者半馬比賽時配速不變，但越到比賽後半程心率越高

　　如果你在前 5 公里以實現 PB 所需要的配速去跑，心率接近馬拉松配速跑心率的下限，同時自我感覺比較輕鬆，那麼恭喜你，你今天實現 PB 的機率將大大提高。舉例來說，如果你的年齡是 45 歲，那麼若前 5 公里你的心率接近 138~142 次 / 分，這說明你今天狀態較好。

　　如果你在前 5 公里以實現 PB 所需要的配速去跑，心率接近馬拉松配速跑心率的上限甚至略微超過上限，同時感覺身體發沉，那麼你今天實現 PB 的壓力蠻大的，能否實現不容樂觀。同樣舉例，如果你的年齡是 45 歲，那麼若前 5 公里，你的心率已經接近 152~ 155 次 / 分，這說明你今天需要付出較多的努力並擁有很強的意志力才有可能實現 PB。

　　由於馬拉松配速跑心率有一定範圍，所以即使是馬拉松配速跑，你也有一定提速空間，但提速會帶來心率的上升，這是你不得不面對的問題。如果比賽時，你以目標配速去跑，你的心率表現將在很大程度上決定你能否實現 PB。在比賽剛開始，在能夠保持配速的情況下，心率相對越低，則表明狀態越好；心率相對越高，則表明實現 PB難度越大。

三、重視「心率飄移」現象

　　隨著比賽的進行，即使你的配速不變，你的心率也勢必進一步升高，這個現象被稱為「心率飄移」。

　　馬拉松比賽時間很長，由於疲勞、大量出汗導致身體脫水、體溫升高等因素，很多跑者基本不太可能全程保持心率平穩，而是出現越到比賽後半程，心率越高的現象，這種現象又被稱為「心率飄移」。也就是說在馬拉松比賽後半程，即使配速不變，心率也會隨著時間推移而緩慢上升，上升幅度可以達到每分鐘 10~20 次。

對於能力較強的跑者而言，如果補給合理，全程都能保持穩定配速、穩定心率。

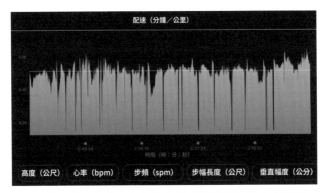

一位能力較強的跑者全馬比賽時配速不變同時心率穩定

備註：心率大幅下降時基本代表進站補給。

所以，考慮到「心率飄移」，前 5 公里如果心率較低，表明你今天狀態佳，實現 PB 希望很大；如果前 5 公里心率較高，則表明今天你的狀態並不是最好，PB 更難實現。因為如果前 5 公里心率就比較高，越到後面心率會越高，就容易跑崩。

四、前 5 公里不用刻意壓配速，以目標配速觀察心率

可能有跑者會問：前 5 公里要不要壓配速？比賽開始後，人流較大，人員密集，受到人流影響，你可能提速會受影響，特別是跟你的出發區域有關係。如果你是水平比較高的跑者，站位靠前，前面阻擋少，配速就不會受到多大影響；而如果你的出發區域靠後，同時你速度還比較快，那麼比賽剛開始你的配速就容易受到影響。

一般來說，比賽剛開始你並不需要刻意壓配速。一開始按照預定的目標配速跑就可以，也不需要在前幾公里跑得慢一點讓自己熱身，熱身應當在比賽之前做好，比賽開始後須全身心投入。**當然，一開始比目標配速快 5~15 秒也是完全允許的，**但不要超出太多，超太多血乳酸濃度升上來就不容易降下去。在前 5 公里，如果實際配速比實現 PB 所需要的平均配速快 5~15 秒，這時心率不超過馬拉松配速跑心率上限或者在上限附近，也說明你的狀態很好！

安全理性跑馬的一個重要策略是按照心率去跑馬，始終把心率控制在一個合理水平，當心率和配速衝突時，應當優先考慮心率。舉例來說，如果一名跑者 45 歲，在比賽後半程，在保持目標配速時，心率已經明顯超過馬拉松配速跑的心率上限，如達到 160 次 / 分甚至更快，這時就應該把配速降低，從而讓自己的心率降下來。當然，這種情況下，意味著你無法按照預定配速完賽，你的完賽時間將長於實現 PB 的計劃時間，但這樣可以避免你跑崩，避免引發安全問題。

　　這也提示你接下來還是只能透過訓練提升心臟功能、改善耐力，到那個時候，你就可以以更低的心率、更快的速度完成跑馬了。

五、總結

　　馬拉松比賽要實現 PB 意味著你需要嚴格按照配速去跑。如果前 5 公里在保持目標配速的情況下，心率能保持在 140 次 / 分左右，說明你今天狀態很好；而如果目標配速下，前 5 公里心率就達到 150~155 次 / 分，甚至超過 160 次 / 分，則說明你今天狀態並非最好，實現 PB 難度較大。能不能實現 PB，基本上前 5 公里就已經決定了！

◄◄◄ 第十六節　馬拉松體力分配 ►►►

　　馬拉松比賽的體力合理分配問題關係到你是按照自己的目標順利完成比賽，還是跑崩。所以，如果能做到平均分配體力、全程勻速跑下來當然是一種比較理想的情況。由於體力下降，前半程快一些，後半程配速有所下降，甚至走走跑跑，對於很多跑者而言也是十分正常的現象。而如果前半程跑太猛、跑太快，通常就意味著後半程非常容易崩掉。

　　節省體力，避免前半程跑太快，這是跑者，哪怕是不跑步的人都能想到的一個基本邏輯。為什麼前半程跑太快，後半程就容易出問題呢？這裡面就絕不僅僅是體力的問題了。其背後還有兩個重要指標在發揮作用，**一個是「乳酸」，一個是「心率」**。

　　馬拉松比賽並不是純粹的有氧運動，馬拉松比賽從本質上來說屬於混氧運動。比賽時體內會有一定乳酸產生，只不過體內並不會堆積乳酸，因為這時乳酸生成並不會太多，乳酸一邊生成一邊清除，血乳酸濃度比較穩定。體內只要有乳酸，你跑起來就不會顯得特別輕鬆，血乳酸濃度越高，你就越累。所以跑馬時，如果你有一定成績要求，而不僅僅滿足於關門時間內完賽，那麼這幾個小時的跑步通常就是混氧跑。你會挺累的，壓根不輕鬆，因為體內有一定乳酸。

　　如果你前半程衝太快，帶來的問題就是你的血乳酸濃度升得比較高，而到了後半程，即便你跑不動了，被迫降速，這時你的血乳酸濃度並不會發生明顯下降。雖然此時你的乳酸生成有所減少，但想要把體內堆積的乳酸及時有效地清除掉，卻並非易事。

　　因為雖然降速了，但體內的乳酸還是在繼續生成，而乳酸清除速度卻開始變慢。這其中的機制包括後半程肌肉彈性下降，肌肉開始變得緊張、僵硬，僵硬的肌肉加重了對血管的壓迫，血液循環通暢性下降，導致乳酸清除變慢；大量出汗導致有效循環血量減少，血液不容易帶走乳酸，也間接使得乳酸清除效率降低。

換句話說，前半程衝太快，使得血乳酸濃度上升更多，後半程掉速後，已經上升上去的血乳酸濃度很難降下來，使身體長時間處於血乳酸濃度比較高的狀態下，導致內環境穩態遭到破壞，加劇疲勞，進一步使得配速下降，並最終導致跑崩。

一、馬拉松比賽並不是輕鬆的有氧跑，而是有一定難度的混氧跑

當跑步速度比較慢時，糖和脂肪充分氧化分解，除了產生二氧化碳和水以外，基本沒有其他代謝廢物產生，這時就是純粹的有氧運動。我們所說的慢跑、輕鬆跑、養生跑、健康跑，往往就屬於有氧運動，這種運動理論上可以堅持很長時間。

在安靜狀態下，體內正常血液中也有一定血乳酸濃度，大約為 1 毫莫耳 / 升，不是 0，因為紅血球只能靠無氧分解提供能量。而在純粹的有氧運動狀態下，體內血乳酸濃度一般為 2 毫莫耳 / 升左右。

而隨著運動強度提升，糖開始無氧酵解，此時就會產生乳酸，你這時就會感覺有點難受，但還是能夠堅持。因為這時乳酸不斷產生，又在不斷被清除。也就是說血乳酸能保持恆定的濃度，同時濃度又不是那麼高，一般介於 3~4 毫莫耳 / 升，有些人介於 3~6 毫莫耳 / 升，此時的運動就稱為混氧運動。因為這時能量供應既包括有氧供能，又包括無氧供能，所以稱為混氧運動。

混氧運動時，血乳酸濃度雖然有所升高，但處於乳酸一邊產生一邊消除的動態平衡狀態，也就是說沒有乳酸越積越多的情況。在馬拉松比賽中，如果你不是以在關門時間內完賽作為目標，而是希望獲得好成績，你會竭盡全力跑 3~4 個多小時，這時的狀態基本就是混氧狀態。在這種情況下，你能堅持比較長的時間，但又比較累，絕對談不上輕鬆。

二、前半程衝太快導致血乳酸濃度上升，升上去的血乳酸濃度想降下來就沒那麼容易了

進行逐級遞增運動負荷測試時，科學家們發現存在兩個乳酸閾轉折點，分別是第一乳酸轉折點和第二乳酸轉折點，第一乳酸轉折點為 2 毫莫耳 / 升左右，此時表明身體從有氧運動進入混氧運動。第二乳酸轉折點為 4~6 毫莫耳 / 升，此時則表明身體從混氧運動進入真正意義上的無氧運動。因此，乳酸閾存在兩個閾值，第一乳酸閾用有氧閾表示更直觀，代表著身體從純粹的有氧運動進入混氧運動，這個閾值的血乳酸濃度為 2 毫莫耳 / 升左右；而第二乳酸閾則用無氧閾表示更直觀，代表身體從混氧運動進入無氧運動，這個閾值的血乳酸濃度為 4~6 毫莫耳 / 升。

輕鬆跑就是有氧閾以內的跑步，馬拉松配速跑的本質就是混氧跑，強度介於有氧閾與無氧閾之間。如果馬拉松比賽前半程衝太快，會使血乳酸濃度上升過多，不是靠近有氧閾，而是靠近無氧閾，這樣必然導致身體長時間處於酸性環境，身體自然更加

容易疲勞。而疲勞時，雖然你自覺不自覺地會降低速度，但升上去的血乳酸濃度想要降下來就沒那麼容易了，其機制在前文已經充分解釋過了。持續處於高乳酸環境中，會破壞身體內環境，跑崩也就在所難免。

三、前半程衝太快使得心率過高，後半程由於「心率飄移」現象導致心率進一步飆升

馬拉松比賽時間很長，由於疲勞、大量出汗導致身體脫水、體溫升高等因素，基本不太可能全程保持心率平穩，而是出現越到比賽後半程，心率越高的現象，這種現象又被稱為「心率飄移」。也就是說在馬拉松比賽後半程，即使配速不變，心率也會隨著時間推移而緩慢上升。

因此，你在跑馬過程中，前半程如果衝太快，比賽初期你的心率就會較高，那麼比賽後半程由於「心率飄移」，心率勢必更高。而在高心率下，心臟由於收縮期和舒張期明顯縮短，特別是舒張期的縮短，得不到休息，回心血量不足，這就導致「巧婦難為無米之炊」。回心血量不足自然導致心臟搏出量下降，這就意味著雖然心臟拚命跳動，但其實效率已經明顯降低，成了強弩之末。打個形象的比方就是：一輛破舊的汽車，踩油門時發動機拚命「嘶吼」，但就不見車加速往前跑。因此，跑馬過程中全程心率過高是導致跑者跑崩的重要原因。

四、跑馬時應該是遵循心率而不是遵循配速

安全理性跑馬的一個重要策略是按照心率去跑馬，始終把心率控制在一個合理水平，當心率和配速衝突時，應當優先考慮心率。舉例來說，如果你跑馬時計劃配速為 6:00，但是當配速達到 6:00 時，你的心率已經超過 170 次 / 分，你就應該把配速降低，如降為 6:30 甚至更慢，從而讓自己的心率降下來。當然，這種情況下，意味著你無法按照預定配速完賽，你的完賽時間將長於計劃時間，但這樣可以避免你跑崩。

五、總結

綜上所述，馬拉松比賽前半程衝得過快，表面上看起來是因為前半程消耗了太多體力，導致後半程體力衰竭，這個說法肯定沒有錯，但並不是科學意義上的解釋。從具體原理上解釋，馬拉松前半程衝太快會導致血乳酸濃度和心率上升較多，而升上去的血乳酸濃度和心率想要降下來就沒那麼容易了。身體長時間處於高乳酸和高心率狀態，很難不跑崩。

在馬拉松比賽中制定合理的配速策略，包括一上來不要跑太快，給予身體更多活化和調動的時間，慢慢進入狀態，這樣不僅可以避免高乳酸和高心率對後半程明顯的負面影響，更能延緩或者避免疲勞出現。這才是合理制定馬拉松配速策略的真正意義所在！

◂◂ 第十七節　月跑量 300 公里是如何做到的 ▸▸

一定的跑量累積是順利完成馬拉松，乃至在馬拉松比賽中實現 PB 的基礎。沒有跑量累積就無法打下堅實的耐力基礎，雖然不乏天賦異稟者用較少的跑量就能達到比較好的成績，也有很多人聲稱要避免垃圾跑量。但總體而言，沒有跑量作為基礎，不太能取得相對比較好的成績，特別是對於訓練時間有限、訓練水平有限的大眾跑者而言。

全馬 3 小時是很多跑者心中的最高目標之一，但能達到者畢竟是少數，哪怕你拚盡全力恐怕也難以實現。這與基礎、天賦、訓練等多個方面都有關。而全馬 3 小時 30 分鐘相對而言，實現起來難度就要低一些，也是許多成熟跑者希望透過努力可以逐步實現，並且更為實際的目標。事實上，能達到全馬 3 小時 30 分鐘左右，按照中國田徑協會（簡稱「中國田協」）現行大眾跑者水平等級，已經跨入精英跑者行列了。

對於全馬參加者而言，至少月跑量要達到 200 公里以上，想要取得更好的成績，比如想要實現全馬 3 小時 30 分鐘，200 公里顯然就不夠了。累積更多跑量，如達到 300 公里，是不是更有可能實現目標呢？答案基本是肯定的。

中國田協大眾精英選手等級標準（免抽籤標準）

年齡	全程	
	男子 (小時：分：秒)	女子 (小時：分：秒)
29 歲及以下	3:24:00	3:48:00
30～34 歲	3:25:00	3:49:00
35～39 歲	3:26:00	3:50:00

40～44歲	3:27:00	3:51:00
45～49歲	3:28:00	3:52:00
50～54歲	3:29:00	3:53:00
55～59歲	3:33:00	3:54:00
60～64歲	3:39:00	4:04:00
65歲及以上	3:50:00	4:30:00

一、月跑量 300 公里是靠每天跑 10 公里實現的嗎？基本不是這樣

假設一個月 30 天，一個月跑 300 公里，最簡單的計算方式就是平均每天跑 10 公里，耗費一個小時左右。但這樣的計算看起來是沒問題的，可能也有少數跑者是這樣做的，但如果你是一名成熟的跑者，你基本不會採用這種非常平均的訓練方式。

為什麼這麼說呢？

- 平均每天跑 10 公里這種過於平均的訓練方式使得跑者完全沒有休息日，有可能導致疲勞累積，引發損傷。
- 只是跑步，不進行一定力量訓練，這樣的跑步訓練容易受傷。
- 一個月完全不下雨的情況很少見，如果遇到下雨天，可能就沒法順利跑步，同時不是人人都有室內跑步的條件。下雨天進行室內力量訓練不僅正確而且很有必要。
- 如果只是按照某種固定速度完成每天 10 公里的 LSD 訓練，不能說沒效果，但效果可能沒有距離有長有短、速度有快有慢的多樣化訓練好。

當然，不是說每天跑 10 公里，一個月跑 300 公里的訓練就一定不好，有時簡單方法也能解決問題，但對於多數目標為全馬 3 小時 30 分鐘的跑者，不建議採用這種訓練方式。

二、月跑量 300 公里用怎樣的訓練方式實現最理想

其實前文已經說了，距離有長有短、速度有快有慢的多樣化訓練更為科學，也能更有效地提升大眾跑者的跑步能力，這就是所謂的週期化系統跑步訓練。

週期化系統跑步訓練是指按照一定訓練計劃或者安排，有目的地堅持訓練，並且在訓練中按照一定週期將不同配速、不同跑量的訓練有機組合。系統訓練是實現全馬 3 小時 30 分鐘的必經之路和根本保證，跑者透過週期化系統跑步訓練能循序漸進地提升耐力，最終具備實現全馬 3 小時 30 分鐘所需的能力。

馬拉松的準備階段可以分為一般準備階段、專門準備階段，一般準備階段的主要

任務是發展基礎耐力，專門準備階段的目的是提高專項耐力。一般準備階段最主要的訓練方法是 LSD 訓練；專門準備階段則是指透過最大攝氧量強度訓練，進一步提升有氧耐力的空間，此時除了 LSD 訓練，還應增加更多間歇跑、乳酸閾跑、馬拉松配速跑等訓練。

這些訓練方法的運用並不是說每週進行 1~2 次 LSD 訓練、1 次馬拉松配速跑訓練、1 次乳酸閾跑訓練等，而是結合備賽週期進行合理、有機的組合。在一般準備階段主要進行 LSD 訓練；專門準備階段在繼續保持一定 LSD 訓練的基礎上，要增加更多的間歇跑、乳酸閾跑訓練；而在賽前或者長達兩三個月的比賽階段，則要更加重視馬拉松配速跑訓練。只有學會組合才能將週期訓練理論運用起來，並在這個過程中實現耐力的遞進式增長。當然，這也就意味著即使是嚴謹地按照跑步訓練計劃訓練，也不一定每個月跑量都是一模一樣的。

三、月跑量 300 公里需要每週訓練幾次

月跑量 300 公里的跑者顯然屬於精英級別跑者，所以他們的訓練次數比一般大眾跑者要多一些，這樣才能有足夠時間完成跑量。以追求健康為目的普通跑者每週跑步 3 次，每次跑步半小時就足夠了。但月跑量 300 公里的精英跑者，每週跑步 3 次肯定是遠遠不夠的，**他們的訓練頻次基本可以達到每週 6 次**，一般只有一天跑休，有些精英跑者可能一週都不會休息，基本屬於不跑步就難受的那種。

那麼每週 6 次訓練怎樣安排較為合理呢？相對比較合理的運動模式是這樣的。

- 每週二、三、四、五、六、日一共 6 天訓練，週一跑休。
- 週二進行 10~12 公里慢跑。
- 週三進行一次間歇跑，如 8 組 ×1000 公尺、10 組 ×800 公尺，另外進行 3 公里熱身跑、3 公里恢復跑。
- 週四安排一次全身力量訓練，包括上肢、核心和下肢，時長 1 小時左右。
- 週五進行 10 公里馬拉松配速跑。
- 週六安排一次 10~12 公里慢跑。
- 週日進行 20~25 公里慢跑。

四、月跑量 300 公里需要花多長時間才能完成

下表顯示了全馬成績為 3 小時 30 分鐘跑者不同速度訓練的最佳配速，如其馬拉松配速基本為 5:00，乳酸閾跑為 4:40，LSD 為 5:45 左右。由於 LSD 訓練佔據其中大頭，我們可以以 5:45 的配速進行計算。

全馬3小時30分鐘內完賽水平跑者不同跑法的配速標準

不同訓練方法	配速標準（分：秒）
LSD	5:37~6:11
馬拉松配速跑	4:59
乳酸閾跑	4:40
間歇跑	4:18

月跑量 300 公里意味著每週平均要跑 75 公里才能完成，其中含一天跑休、一天力量訓練，用 5~6 天時間跑完 75 公里，平均每天 12.5 公里，每公里平均配速 5:45，差不多需要 70 分鐘，加上熱身及拉伸基本意味著**每天要花一個半小時在訓練上**。當然，這只是一個大略的平均計算，有時一小時就能完成訓練，週休二日拉練則要長達 2~3 小時。

所以好好訓練本身就是需要花費相當多時間的事情。一些跑者平時工作較忙，訓練時間不足，總是中斷訓練，訓練不系統就成為一個大問題。

五、總結

月跑量 300 公里對於大眾跑者來說還是相當有難度的。花費的時間和精力相當多，運動量大導致疲勞恢復慢並容易因此受傷，工作繁忙缺乏時間訓練，都是大眾跑者累積跑量過程中不得不面對的問題。但也有不少跑者月跑量 200 多公里，由於方法得當，適合自己，他們也能取得馬拉松 3 小時 30 分鐘內完賽的優異成績。

◂◂◂ 第十八節　恢復時間 ▸▸▸

沒有疲勞就沒有訓練，沒有恢復就沒有提升，這是一句訓練學的經典總結。前半句的意思是訓練要達到使人疲勞的程度才能促進運動能力的提高，沒有疲勞或者疲勞感不太明顯的運動可以姑且稱為健身，而具有一定疲勞感的運動則可稱為訓練，訓練和健身還是有較為明顯的區別的。後半句的意思為，透過訓練感到疲勞並不是終極目標，否則就不是訓練而是自虐，提升才是終極目標。只不過為了提升，你必須要經歷疲勞，疲勞是實現提升的路徑，從疲勞到提升，還缺少一步，那就是恢復。所以說沒有恢復就沒有提升，疲勞的連續累積不僅不能帶來提升，還會引發過度訓練和運動損傷，**訓練－疲勞－恢復－提升 4 個環節缺一不可**。

尤其是訓練後的恢復在專業訓練領域越來越受到重視。恢復不是可有可無，恢復是訓練的延續和組成，訓練越疲勞，越要重視恢復。恢復手段的多樣化、專業化和細緻化是運動訓練大勢所趨。但是大眾跑者往往對恢復認識不足，不重視恢復，這也是大眾跑者提升緩慢、容易受傷的又一個重要原因。今天我們就來聊聊疲勞恢復，以及

運動手錶提供的一個重要參數——恢復時間究竟如何理解。

一、能力提高來源於超量恢復

　　超量恢復是運動生理學的一個經典術語，它是指運動持續一段時間後，人體會疲勞，但如果負荷合理、休息得當，經過一段時間後，你的運動能力不僅可以恢復到個人原有水平，甚至會超過身體原有水平。這個超出部分，就是你透過運動所獲得的能力的提高。

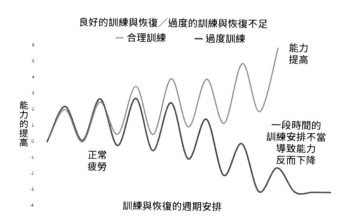

超量恢復這一說法較好地解釋了人為什麼可以透過不斷地訓練有效提高運動能力，對於跑者而言，就是透過不斷地跑步，提高配速和耐力。這背後其實都是「超量恢復」這隻看不見的手在發揮作用。更高、更快、更強，從運動科學角度而言，就是不斷實現超量恢復的過程。

二、合理地進行訓練和恢復，才能促進運動能力不斷提高

　　訓練會帶來疲勞，所以需要經過一段時間的休息，運動能力才能恢復，甚至是超量恢復。如果下一次訓練的時間恰好落在超量恢復區間，那麼這樣的訓練是最理想的。從理論上說，這會促進運動能力的不斷提高，如下圖所示。

　　但如果恢復不足就開始下一次訓練，這時身體還比較疲勞，帶著疲勞訓練一方面容易引發運動損傷，另一方面有可能導致狀態不斷下滑從而引發過度訓練。而如果恢復時間過長，所獲得的超量恢復消退了，訓練會回到起點。

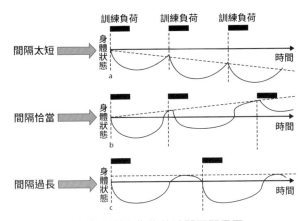

把握好訓練和恢復的時間至關重要

　　當然，也不是說訓練就一定不能在疲勞的情況下進行。下圖顯示了不同類型的訓練負荷，可以疊加，透過連續小階段超負荷，促使產生更大、更全面的超量恢復。但這裡有一個重要前提，那就是所施加的是不同類型或者不同方式的負荷，而不能是每天高強度、大運動量訓練的簡單重複，這為接下來講解運動手錶提供的恢復時間建議埋下伏筆。

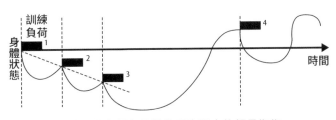

連續小階段超負荷促使產生更大的超量恢復

三、運動手錶提供的恢復時間究竟是什麼意思

　　Garmin、華為等品牌的運動手錶，基於芬蘭著名心率算法公司 Firstbeat 所提供的算法，都能提供訓練後恢復時間這個參數，算法會根據你的訓練時長、心率區間等數據，給出恢復時間的建議。比如恢復時間顯示為 19 小時，那麼這是不是意味著第二天就不能跑步，要完全休息呢？

　　其實並非如此！一些成熟跑者如果每次訓練的訓練量或者訓練強度都比較大，那麼手錶上顯示的恢復時間都長達 24~48 小時，這就意味著每訓練一次，需要休息 2 天，這樣算下來每週幾乎就只能訓練 3 天左右了，而這樣的訓練頻率顯然是遠遠不夠的。

　　出現這種情況，就是因為跑者誤解了「恢復時間」這個指標的真實含義，這裡的恢復時間是指：如果你按照跟這次一模一樣的訓練去進行下一次訓練，你至少要休息多少

時間，而如果你換了別的訓練內容，那麼明天你其實還是可以正常訓練的。也就是說，你不能將相似的訓練連續進行兩天或者多天。舉例來說，如果你今天進行了 15 公里長距離拉練，手錶上面顯示恢復時間是 26 小時，這意味著，如果你計劃再進行一次 15 公里的拉練，至少應當間隔 26 小時，即後天再跑。但你明天可以進行間歇跑或者力量訓練，而不是說完全停下來休息。這樣一方面不會導致過度訓練和恢復不足的問題，另一方面也使得訓練不中斷而是連續進行。

四、運動手錶提供的恢復時間其實是告訴我們一個道理：相同訓練不可以連續高密度進行

恢復時間告訴我們，如果按照跟這次一模一樣的訓練去進行下一次訓練，至少要間隔多少時間。這裡面其實有一個重要的訓練邏輯：如果連續兩天訓練內容是一模一樣的，並且都是大運動量或者高強度的，缺乏休息，那麼這樣的訓練只需要進行幾次，就會導致人體衰竭或者過度訓練。恢復時間的本質就是：連續兩次相同的訓練至少要間隔多長時間，而不是說訓練後要完全休息多長時間。

而很多跑者誤以為恢復時間就是指需要停下來完全休息的時間，其實並不是這樣的。當然，真按照運動手錶的恢復時間建議去完全休息，也不是不可以，這樣是安全的。但對於成熟跑者而言，這會導致訓練頻率降低從而降低訓練效果，恢復時間告訴跑者應該採用多樣化的訓練方式，今天 LSD、明天間歇跑、後天力量訓練，或者今天 15 公里 LSD，明天 10 公里 LSD，總之不要讓每天的訓練內容千篇一律。單一化的訓練內容更加容易引發損傷，而多樣化的訓練，哪怕比較累，也不一定會引發損傷。

不同負荷訓練課所需恢復時間

一堂課的訓練負荷	恢復時間(小時)
極端	≥72
很大	48~72
大	24~48
中等	12~24
小	<12

那麼可能有跑者會問：運動手錶上提示恢復時間是 48 小時，說明這次跑步訓練很累，如果明天再訓練會有風險嗎？如果你第二天安排負荷小、低強度的訓練，或者改變訓練形式，做一些力量訓練，訓練風險是很低的。正如前文所說，連續小階段不同形式、內容的超負荷，有利於機體產生更大、更全面的超量恢復。

所以說，恢復時間是一個十分重要的參數，告訴跑者如何把握訓練。簡單來說就是同樣的訓練至少要在建議的恢復時間之後再安排，如今天 LSD 拉練 10 公里，提示恢復時間是 28 小時，那麼你計劃再次進行同樣強度和量的 10 公里拉練，至少要在後天。但你明天可以做一些別的訓練，如輕鬆跑 5 公里，或者做一些力量訓練。

五、總結

運動手錶提供的恢復時間是一個提示跑者科學訓練的重要參數。你進行下一次一模一樣的訓練，就需要在建議的恢復時間之後再進行，但並不代表你在此期間就一定要完全休息，你可以做一些別的訓練。也就是說，訓練內容要富有變化、訓練強度要高低錯落，這樣的訓練才是有效的訓練。

◂◂ 第十九節　訓練效果 ▸▸

以 Garmin 為代表的現代運動手錶提供的功能已經相當強大，除了配速、心率、步頻、恢復時間等參數，配備內建運動感測器的 Garmin 心率帶或者「綠豆芽」（Garmin 跑步動態感測器）更可獲得垂直振幅、著地平衡等跑姿參數。運動學和生理學參數集合在一起，讓跑步中那些看不見的東西完全清晰地呈現在你的眼前。只有你會看這些參數，你的手錶才能成為你的「智能教練」，從而為你科學評估每次跑步，幫助你實現科學訓練。

這其中有一個反映訓練負荷的參數，一直不被跑者瞭解，這個參數就是「訓練效果」。早期運動手錶的「訓練效果」只是一個參數，近兩年的 Garmin 運動手錶則提供有氧訓練效果和無氧訓練效果兩個參數，這兩個參數是什麼含義？本節為你詳細解釋。

一、不是 Garmin 厲害，而是心率算法厲害

首先，跑者需要瞭解，佳明（Garmin）、松拓（Suunto）、華為（Huawei）、博能（Polar）這些知名可穿戴設備廠家本質上都是硬體提供商，他們的心率算法其實都不是自己研發的，而是來自芬蘭著名的運動負荷分析廠家 Firstbeat。Firstbeat 雖然也生產硬體，但相比其硬體，它以心率算法精確、豐富、專業性強而聞名於世，Firstbeat 的硬體主要以團隊心率監控為主，在世界頂級專業運動隊，包括很多中超球隊應用廣泛。Firstbeat 幾乎不生產針對個人用戶的產品，其為個人提供的服務都是透過大大小小的可穿戴設備廠家實現的。

Firstbeat 作為全球知名的運動心率算法研發廠家為很多知名運動手錶提供了心率算法。換句話說，只要你的可穿戴手錶（手環）本身測量心率是準確的，那麼理論上

說，所有手錶得到的訓練效果、能量消耗等參數都應該是一致的，因為他們所採用的心率算法都是來自同一個供應商。

二、訓練效果與訓練負荷高度相關，越累相對訓練效果越好

訓練效果（training effect）從字面上看，就是指訓練所取得的效果，那麼什麼樣的訓練才能獲得好的訓練效果呢？跑者很容易想到，比較累的訓練通常能取得比較好的效果，如長距離拉練、間歇跑。長距離訓練量大，而間歇跑強度大，也就是說量大或者強度大都能取得比較好的效果，當然一般而言，你不可能同時做到量大、強度也大。這也就是所謂的沒有付出就沒有收穫（no pain, no gain），沒有疲勞就沒有提高。如果訓練不能讓你疲勞，也就沒有什麼效果，如 2~3 公里健身性質的慢跑。這樣的訓練不能說完全沒有效果，畢竟還是有促進健康的效果，但想要獲得心肺功能的提升，這種幾公里的慢跑可以說是基本無效的。

因此，訓練效果是根據訓練負荷計算得到的。訓練負荷相對越大，訓練效果越好；訓練負荷較輕，則訓練效果一般。但如果訓練負荷過量，也有可能導致過度疲勞。問題是訓練負荷是如何得到的呢？

一些資深跑者可能認為訓練負荷＝訓練強度 × 訓練時間，這個公式看起來簡單實用，但實際上這樣直接計算乘積的方式卻並不是計算訓練負荷的最佳方式。為什麼這麼說呢？因為這個公式應用於持續運動，是容易計算出結果的。但如果是間歇跑，這個公式的應用就會受到很大限制，如在 800 公尺 ×8 組的間歇跑中，如果採用這個公式，訓練時間的計算是否包括間歇時間呢？如果不包括間歇時間，間歇時間的長度事實上也會對訓練密度產生很大影響，而訓練密度又會對最終訓練負荷產生很大影響。

再比如說，如果按照訓練強度 × 訓練時間來計算，訓練強度增加 0.5 倍，訓練負荷也只增加訓練強度乘以訓練時間的 0.5 倍。但事實上，訓練強度一旦上升，訓練負荷就會成倍上升。區別在於以最大心率的 85% 運動和以最大心率的 100% 運動，看起來心率只是上升了 15%，但其訓練強度和訓練負荷顯然不是只增加了 15%，而是呈指數級增加。以最大心率的 85% 跑步，許多跑者跑上 1 個小時不在話下，而要你以最大心率的 100% 奔跑，你可能只能撐一兩分鐘。也就是說訓練強度會對訓練負荷產生非常大的影響。

所以 Firstbeat 心率算法在計算訓練負荷時採用了一個名為訓練衝量（TRIMP）的名詞，所使用的公式也非常複雜，是一個指數公式。該公式除了考慮訓練時間，還考慮了訓練時的平均心率、最大心率、安靜心率等，透過這個公式就可以得到一個較為精準的訓練負荷的評估。**採用該方式計算訓練負荷，訓練強度所占權重較大。訓練強度增加，訓練負荷顯著增加，而量的增加如只是訓練時間延長，那麼訓練負荷增加就不太明顯。**

其實在 Garmin 運動手錶中訓練負荷是可以看到的，只不過不是在 App 中呈現的，而是在 Garmin 運動手錶中可以看到。

而在丹尼爾斯訓練法中，同樣給予不同強度的訓練相應的點數，這個點數也可以近似代表訓練效果。輕鬆跑記為 0.2/ 分鐘，馬拉松配速跑記為 0.4/ 分鐘，乳酸閾跑記為 0.6/ 分鐘，間歇跑記為 1.0/ 分鐘，而衝刺跑記為 1.6/ 分鐘，可見從輕鬆跑到間歇跑，知名跑步專家丹尼爾斯認為訓練效果是等比例增加，而衝刺跑則可以透過較短時間訓練實現較大訓練效果。當然上述點數只是平均值，在《丹尼爾斯經典跑步訓練法》那本書中，有詳細說明多少最大心率百分比對應多少訓練點數的表格。你可以這樣理解：5 分鐘輕鬆跑的效果與 1 分鐘間歇跑近似，60 分鐘輕鬆跑的效果與 12 分鐘間歇跑類似。

三、訓練強度大比訓練時間長更容易取得好的訓練效果

為了讓大家理解訓練效果、訓練負荷、訓練強度之間的關係，我們選取了南京某 42 歲中等水平男性跑者（全馬 PB 4 小時左右，月跑量 250 公里，為保護隱私隱去該跑者跑步地理資訊），該跑者近期進行了兩次跑步，所使用的心率錶是 Garmin 945。

- 一次是進行了 12 公里 LSD，平均配速 5:54（據瞭解含多次等待紅燈時間，實際配速約為 5:40），平均心率 141 次 / 分。
- 一次在田徑場進行了 7 組 400 公尺間歇跑，每組用時 1 分 20 秒，間歇時沒有完全停止，而是慢跑一圈約耗費 2 分 20 秒，最大心率達到 182 次 / 分，超過本人最大心率。

12 公里 LSD 有氧訓練效果為 3.1，無氧訓練效果為 0.2，有氧訓練效果顯示為有所提高，其訓練負荷達到 92（仔細看手錶顯示）。而其 6 公里間歇跑，有氧訓練效果為 3.2，無氧訓練效果達到 2.4，有氧訓練效果顯示有所提升，而無氧訓練效果顯示為維持效果，但其訓練負荷達到 146，也就是說 6 公里間歇訓練的訓練負荷比 12 公里 LSD 的訓練負荷高出許多。

根據 Firstbeat 算法：訓練負荷小於 70 為負荷輕鬆，訓練負荷介於 70~140 為負荷中等，訓練負荷大於 140 為負荷很大。說明一次 12 公里的輕鬆跑負荷為中等，訓練量是這名跑者所習慣的，這個訓練可以稍微帶來一些有氧訓練效果。而一次 6 公里的間歇跑，對這名跑者而言訓練負荷很大，可以獲得一些無氧訓練效果，同時有氧訓練效果也不錯。這也就意味著一次距離不長的間歇跑，獲得了比 12 公里輕鬆跑還要好的訓練效果。

　　正如前文所說，訓練強度的增加會明顯提升訓練負荷，一次高強度的無氧間歇跑訓練比一次長距離 LSD 所獲得的訓練效果提升要大。而要透過純粹有氧運動提升訓練負荷就比較難，你需要將距離拉到足夠長，同時還要適當增大訓練強度，進行所謂訓練強度較大、訓練時間較長的訓練，專業隊教練稱之為「大有氧訓練」。這種「**大有氧訓練**」比通常我們所說的 LSD 輕鬆跑強度要大，**「大有氧訓練」近似可以理解為馬拉松配速跑或者節奏跑。**

　　該跑者以平均 5:54 的配速跑 12 公里的訓練效果如下所示。

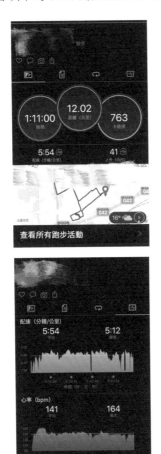

　　該跑者以 1 分 20 秒完成 400 公尺，共計完成 7 組的訓練效果（間歇時採用 400 公尺慢跑）。

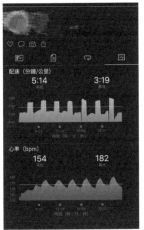

四、訓練效果評分並非越高越好,訓練需要的是高低錯落

Garmin 運動手錶對於訓練效果的評價大家可以點擊「幫助」查看。

- 0.0~0.9 代表無作用,成熟跑者即使輕鬆跑幾公里,一般評分也不會位於這個區間。
- 1.0~1.9 代表微小作用,表示訓練效果較低,長期進行這樣的訓練會導致耐力退步。
- 2.0~2.9 代表維持效果,表示該訓練雖然不能提高心肺功能,但可以保持心肺功能。
- 3.0~3.9 代表有所提高,表明訓練效果良好,能帶來心肺耐力的有效提升。
- 4.0~4.9 代表大幅提高,表明訓練量或者強度相當大,能帶來顯著的訓練效果。

● 大於等於 5.0 代表過度訓練，這個負荷有可能對身體有害。

訓練效果位於 3.0~4.9 是很理想的，那麼是不是每次訓練都要達到這個區間才代表訓練效果好，其餘都是垃圾跑量呢？當然不是這樣。如果你每次訓練的效果都位於 3.0~4.9，那麼你距離過度訓練也就不遠了。訓練強度應當高低錯落，有高強度的間歇跑，就得有中低強度的輕鬆跑，連續評分較高，其實代表訓練缺乏節奏。一味地堆積訓練負荷，很容易導致過度訓練。也就是說並非達到 5.0 以上才代表過度訓練，連續得分過高照樣會引發過度訓練。

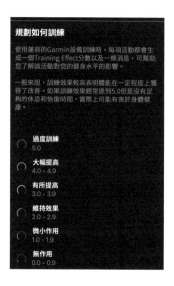

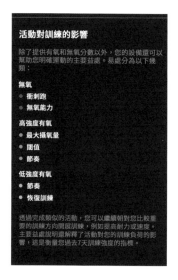

其實，想要訓練效果達到 3.0~4.9，最直接的方法是上強度，這裡所說的上強度不僅是說在 LSD 訓練中提升配速，而且要多進行間歇跑訓練。一些跑者即使經過了一場全馬，訓練效果評分也僅僅介於 3.5~3.9，說明想要訓練效果得高分，就得多進行間歇跑，想要透過堆積跑量得到高分比較難。而間歇跑是不可以連續運用的，雖然眾所周知間歇跑被視為有效提升耐力的訓練方法，但如果強度把控不好，也非常容易傷害身體，而連續幾天進行間歇跑訓練更是不可取，那樣非常容易導致過度訓練。事實上也不可能有跑者連續幾天反覆進行間歇跑訓練。

五、現代跑步手錶已經可以推測你進行的是何種訓練

在 Firstbeat 之前的心率算法中，訓練效果只是一個指標，而 Firstbeat 在這一兩年更新了算法，將訓練效果分為有氧訓練效果和無氧訓練效果。顧名思義，有氧訓練效果主要是指心率位於有氧心率區間的訓練效果，而無氧訓練效果則是心率位於高心率，即無氧心率區間的訓練效果。

由於將訓練效果進一步細化，並且跑步又是典型的橫跨有氧運動與無氧運動的運

動方式，所以 Garmin 運動手錶依據 Firstbeat 心率算法可以大略估算出你在進行何種訓練。

- 如果有氧訓練效果評分介於 1.0~2.9，多數情況下，你可能進行的是恢復跑。跑者常常使用的排酸跑的本質就是恢復跑，當然這裡需要指出的是排酸跑這種說法是錯誤的，排酸跑的本質就是比輕鬆跑強度更低的一種以促進疲勞消除為目的的跑法。此外如果你進行的是 LSD 跑，效果評分多數也會介於 1.0~2.9。
- 如果有氧訓練效果評分介於 3.0~3.9，多數情況下，你可能進行的是長距離拉練，如乳酸閾跑、馬拉松配速跑、節奏跑或者間歇跑。所謂節奏跑基本可以理解為比馬拉松配速跑快，但比間歇跑慢的跑法，也可以將節奏跑視作乳酸閾跑。
- 如果有氧訓練效果評分介於 4.0~4.9，十有八九你進行的是多組極高強度的間歇跑訓練。

而無氧訓練效果不同於有氧訓練效果。由於無氧運動本身就屬於高強度運動，心率區間不如有氧運動心率區間寬，無氧訓練心率區間較窄，所以可以理解為無氧訓練效果想要得到高分是非常困難的。一般情況下，跑者在無氧訓練效果上得分都很低，因為馬拉松訓練畢竟是以有氧運動為主。雖然間歇跑等高強度訓練可以有效提升耐力，但間歇跑畢竟在馬拉松訓練中所占比例不是太高，如果太高，那麼就不是在進行馬拉松訓練，而變成進行從事 800~1500 公尺專項運動的運動員的訓練了。無氧訓練主要是高強度間歇跑、衝刺跑訓練。跑者主要關注有氧訓練效果就行了，而如果進行的是間歇跑訓練，那麼則要看一下無氧訓練效果。但根據經驗，如果你進行的是間歇跑訓練，那麼往往你的有氧和無氧訓練效果得分都會較高。

六、總結

以 Garmin 為代表的現代運動手錶已經提供了非常強大的功能，其中既包括跑姿參數這樣的運動學指標，也包括心率、訓練效果這樣的生理學指標，而訓練負荷是跑者訓練的核心要素，但這個指標的含義絕大部分跑者不太理解，其有以下幾個關鍵點。

- Garmin 運動手錶中可以顯示訓練負荷，訓練負荷小於 70 為負荷輕鬆，訓練負荷介於 70~140 為負荷中等，大於 140 為負荷很大。
- 訓練效果評分如果位於 2.0~4.9，訓練效果較好，但跑者不必追求每次訓練的訓練效果評分都很高，這樣不現實也非常容易受傷。想要評分高，可多進行高強度的間歇訓練，而拉長距離並不容易得到高分。
- 應當準確設置個人最大心率，因為最大心率會直接影響訓練效果評分的計

算。換句話說，手錶默認根據你的年齡計算最大心率，但如果你的最大心率達不到 220 減去年齡的結果，或者超過這個推測值，你就要手動輸入，否則訓練效果會有偏差。當然當你的心率超過本人最大心率時，心率手錶也會自動修正。

- 建議跑者用 Excel 長期記錄自己的訓練量，並且作圖，這樣可以長期觀察訓練效果與訓練負荷之間的關係。當然，這樣的工作看起來很專業，就看你對於訓練投入多大熱情。Firstbeat 面對專業用戶的軟體就能提供長期分析，這樣的分析對於科學把握訓練特別有幫助；而對於個人用戶來說，Firstbeat 是透過合作方提供服務的，這無法完全展示長期訓練動態變化，就需要跑者自己用 Excel 進行記錄。

- 換句話說，跑者除了記錄跑量，記錄訓練強度也很重要，這也是有些跑者跑量不大，但訓練效果好的重要原因。他們更加關注訓練強度，重視中高強度訓練。因為短時間高強度訓練與長時間低強度訓練的效果接近一致，但這並不是說低強度訓練不重要，而是跑者要辯證、科學地看待跑量。跑量大，不代表訓練負荷一定大，訓練強度、訓練時間、跑量、訓練負荷的複雜關係是一門高級學問，跑者要清楚自己在某個階段的訓練側重的是什麼，而不是讓訓練千篇一律，一味追求在配速不變下的跑量堆積。

- 訓練強度與訓練負荷存在一定換算關係，但這種關係並非線性關係，而是某種倍數或者指數關係。也就是說訓練強度增加一倍，不代表訓練負荷增加一倍，而有可能是幾倍。

如果想做一名成熟且訓練效率高，不斷實現 PB 的跑者，你必須好好把控你的訓練負荷，真正理解「訓練效果」這個指標極為重要！換句話說，如果想做跑步深度「愛好者」，你要學會讀懂跑步手錶！

⁌⁌ 第二十節　運動心臟 ⁍⁍

長期以來，無數的流行病學和生物科學研究證明了這樣幾個重要觀點：①運動可以顯著提升心肺耐力水平，減少心血管疾病發生；②更多的運動可以帶來更多的健康收益。正是由於運動具有不可替代的重要價值，所以在全球範圍內，越來越多人樂於參加強度很大或者運動量很大的運動，如馬拉松和高強度間歇訓練等。

但是運動量過大的運動，缺乏基礎、體質不夠好的人如果進行這樣的運動，有可能造成易感人群猝死及急性心肌梗塞。最近的確也有研究指出大運動量運動或者高強

度運動都有可能造成潛在的心臟適應不良，由此引發的問題包括加速動脈鈣化斑塊的形成、心臟損傷標誌物水平上升（一些物質原本存在於心肌細胞內，正常情況下血液中檢測不到，如果血液中檢測到這類物質，就表明心肌細胞發生了破壞，從而導致這些物質的流出）、房顫等。也有不少學者認為運動量與健康之間存在著倒 U 形曲線或者 J 形曲線，所謂倒 U 形曲線是指較低的運動量和較高的運動量都不利於健康，只有合理的運動量才有益健康。

正是基於這樣的擔心，為了更好地向大眾傳遞科學運動的知識，美國心臟協會組織專家重

新審查了從中等強度運動到高強度運動對心血管健康的影響，特別是在基於文獻研究的基礎上，深入分析了大運動量、高強度運動的收益及風險。在充分研究的基礎之上，美國心臟協會於 2020 年年初在著名的《循環》雜誌（Circulation）發佈了一篇重要聲明《運動導致的心血管事件和長期進行運動訓練的潛在不良適應：更新對於運動風險的客觀看待》。這篇聲明其實就是要回答大眾疑問，特別是大眾運動愛好者的疑問：運動的潛在心臟風險究竟有多大？隨著運動量的增加，發生猝死和其他心血管事件的風險是不是也隨之增加？本節為你講述這篇文獻的答案究竟是什麼。

一、從運動健康角度而言，美國心臟協會的重要結論

有大量的證據顯示運動量與心血管疾病的發病率和死亡率呈現負相關，即運動量越大，心血管疾病的發病率和死亡率越低。

經常鍛鍊的人群發生心血管疾病的風險顯著降低，心肺耐力最好的那部分人的全因死亡率（所謂全因死亡率是指不考慮疾病原因和種類的所有死亡）低80%。

運動最為積極的人群從壽命角度而言，每活 50 年可以延長 7~8 年壽命。

運動的益處絕不僅僅限於健康人群，對於診斷出心血管疾病的人群，運動同樣可以減少他們發生危險事件的風險。研究發現那些積極運動的心血管疾

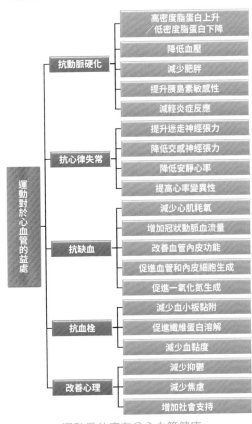

運動為什麼有益心血管健康

病患者，他們患急性冠狀動脈症候群等的風險更低，生存率更高。

在運動量等同的情況下，強度更大的運動比中等強度運動的健康益處看起來要更多。

二、美國心臟協會對於運動所導致的短期心臟事件的重要觀點

最近 10 年，參加高強度、大運動量運動的人正在急速增加，這些運動包括半馬／全馬、鐵人三項、長距離騎行等，這篇聲明重點討論了健康人群和疾病人群參加這類運動的短期和長期風險。

運動所導致的心臟急性危險事件主要是兩類：猝死和心肌梗塞。運動作為一種應激，會短暫地增加發生猝死和心肌梗塞的風險，這種風險最容易發生在不習慣運動的人身上，而鍛鍊規律的人發生這類危險事件的機率比前者要低。

如果用絕對風險值來衡量，每 10 萬人一年運動中發生猝死的機率為 0.31~2.1，換句話說，10 萬人次在各種運動中，發生猝死的有 0.31 人到 2.1 人。運動會導致猝死，但運動並不是導致猝死最主要的誘因，運動中發生猝死的機率也很低。

中老年人發生運動性猝死最常見的原因是冠心病（冠狀動脈粥樣硬化性心臟病）急性發作，而年輕人發生運動性猝死的原因尚有很大爭議，最近的研究證明年輕人發生猝死的原因並非傳統觀點認為的肥厚性心肌病。很多猝死的年輕人心臟結構是正常的，所以有觀點認為心臟結構正常的年輕人發生猝死的情況更多，他們可能不是死於心臟結構異常引發的功能失調，而是死於致死性的惡性心律不整如心室顫動。而這種心律不整與心臟結構無關，心律不整的誘發因素多種多樣。

三、美國心臟協會對於長期運動所導致的風險的重要觀點

長期運動會導致心臟的重塑，非常有限的證據顯示在少數運動量極大的運動員中，訓練導致了不良的心臟適應。有研究也發現了運動量與心房顫動之間的 J 形曲線。

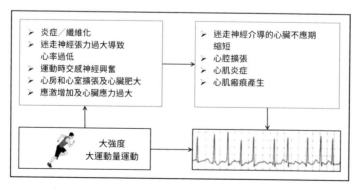

高強度、大運動量運動對於心血管潛在的不良影響

中年運動員的冠狀動脈斑塊發生率甚至高於缺乏鍛鍊的人群，而那些運動量最大的運動員中，動脈斑塊出現率最高，但目前尚沒有足夠證據顯示運動員血管中出現的斑塊會導致他們的心血管事件發生率提高。而且研究發現，即便是動脈鈣化斑塊評分相同，經常鍛鍊的人群發生心血管事件的風險也比缺乏鍛鍊的人群要低。

心肌纖維化在高水平運動員中也比較常見。所謂心肌纖維化又稱為心肌鈣化，往往因反覆加重的心肌缺血缺氧而產生，並導致心肌收縮力的下降，甚至逐步加重發展為心臟衰竭。心肌纖維化程度被認為是長期運動對心臟的影響的重要效應指標，長期運動是否會導致冠狀動脈硬化，以及長期運動是否會讓運動員更加容易發生心肌纖維化，這方面還需要進一步研究，目前尚無定論。

不是運動越多，健康風險越大，而恰恰是運動越少，健康風險越大。運動量與健康風險的負相關關係是明確和肯定的，但 U 形曲線假設其實並沒有被充分論證，也就是說運動量有最低限度，但沒有上限。

雖然之前一直有觀點認為運動量與健康之間存在 U 形曲線，即當運動量過大時，健康風險也會增加，但 U 形曲線並沒有得到充分證明。事實上，研究發現運動員的平均壽命比普通人長 3~6 年。有關長期運動訓練對於心臟健康影響的前瞻性隊列研究顯示，透過運動提高心肺功能、降低全因死亡率，其實並沒有運動量的上限。換句話說，要明確一個大眾運動量的上限的具體值，這幾乎是不可能的事情。當然這是對於健康大眾而言，對於患有疾病的人，並不能讓他們去完成不顧實際的高強度、大運動量的運動，這樣的運動對他們顯然是有害的。

四、總結

在馬拉松比賽中偶爾發生的猝死或者心臟意外事件在警告著我們，但對於絕大多數大眾而言，長期、系統的運動訓練所帶來的益處仍然明顯大於其風險。事實上，我們所面臨的主要問題是大眾普遍存在的缺乏運動問題。美國心臟協會、美國運動醫學會、世界衛生組織對大眾運動的基本建議都是一致的：一週進行 5 次，每次 30 分鐘的中等強度運動；或者一週進行 3 次，每次 20 分鐘的高強度運動；如果人們要增加運動量，應當循序漸進地進行，而不應該突然增加運動量。對於大眾來說，並不存在運動量有一個明確的，人人皆適用的標準上限，超過這個上限心臟風險就會增加。但由於個體差異巨大，**時刻關注個人心臟健康，循序漸進地科學運動，運動中出現明顯不適要立即停止並到醫院檢查，每年進行一次運動心電圖檢查或者心臟超音波檢查是確保安全運動的措施。**

總結：大眾保持健康的運動量有下限，但沒有上限，也就是說保持健康的運動有最少運動量的要求，但沒有最多運動量的限制，一切因人而異！

國家圖書館出版品預行編目(CIP)資料

無傷跑步全方位指南 :馬拉松學院路跑指導員培訓師x全馬成績252大滿貫2星跑者
教你跑步技術優化與提升技巧訓練/
戴劍松, 鄭家軒著.
-- 初版. -- 臺北市 : 笛藤出版圖書有限公司, 2024.06
　面；　公分
ISBN 978-957-710-923-1(平裝)

1.CST: 賽跑 2.CST: 運動訓練

528.946　　　　　　　113007529

無傷跑步全方位指南

田徑協會馬拉松學院路跑指導員培訓師　全馬成績252大滿貫2星跑者
教你跑步技術優化與提升技巧訓練

2024年7月27日　初版第1刷　定價520元

著　　　者	戴劍松、鄭家軒
總 編 輯	洪季楨
編 輯 協 力	邱于軒
封 面 設 計	王舒玕
編 輯 企 劃	笛藤出版
發 行 所	八方出版股份有限公司
發 行 人	林建仲
地　　　址	台北市中山區長安東路二段171號3樓3室
電　　　話	(02) 2777-3682
傳　　　真	(02) 2777-3672
總 經 銷	聯合發行股份有限公司
地　　　址	新北市新店區寶橋路235巷6弄6號2樓
電　　　話	(02) 2917-8022・(02) 2917-8042
製 版 廠	造極彩色印刷製版股份有限公司
地　　　址	新北市中和區中山路二段380巷7號1樓
電　　　話	(02) 2240-0333・(02) 2248-3904
印 刷 廠	皇甫彩藝印刷股份有限公司
地　　　址	新北市中和區中正路988巷10號
電　　　話	(02) 3234-5871
郵 撥 帳 戶	八方出版股份有限公司
郵 撥 帳 號	19809050